U0937909

本书由
中央高校建设世界一流大学（学科）
和特色发展引导专项资金
资助

中南财经政法大学“双一流”建设文库

中 | 国 | 经 | 济 | 发 | 展 | 系 | 列 |

生产力与效率测度：新方法与新应用

New Methods and Applications for Productivity and Efficiency Measurement

王 川 著

中国财经出版传媒集团

经济科学出版社
Economic Science Press

图书在版编目（CIP）数据

生产力与效率测度：新方法与新应用/王川著．—北京：经济科学出版社，2020.12
（中南财经政法大学“双一流”建设文库）
ISBN 978－7－5218－2104－8

Ⅰ.①生…　Ⅱ.①王…　Ⅲ.①生产力－研究②生产效率－研究　Ⅳ.①F014.1②F406.2

中国版本图书馆 CIP 数据核字（2020）第 229241 号

责任编辑：杨　洋　卢玥丞
责任校对：蒋子明
版式设计：陈宇琰
责任印制：王世伟

生产力与效率测度：
新方法与新应用
王　川　著
经济科学出版社出版、发行　新华书店经销
社址：北京市海淀区阜成路甲 28 号　邮编：100142
总编部电话：010－88191217　发行部电话：010－88191522
网址：www.esp.com.cn
电子邮箱：esp@esp.com.cn
天猫网店：经济科学出版社旗舰店
网址：http://jjkxcbs.tmall.com
北京季蜂印刷有限公司印装
787×1092　16 开　13.5 印张　230000 字
2021 年 4 月第 1 版　2021 年 4 月第 1 次印刷
ISBN 978－7－5218－2104－8　定价：54.00 元
（图书出现印装问题，本社负责调换。电话：010－88191510）

总　序

“中南财经政法大学‘双一流’建设文库”是中南财经政法大学组织出版的系列学术丛书，是学校“双一流”建设的特色项目和重要学术成果的展现。

中南财经政法大学源起于1948年以邓小平为第一书记的中共中央中原局在挺进中原、解放全中国的革命烽烟中创建的中原大学。1953年，以中原大学财经学院、政法学院为基础，荟萃中南地区多所高等院校的财经、政法系科与学术精英，成立中南财经学院和中南政法学院。之后学校历经湖北大学、湖北财经专科学校、湖北财经学院、复建中南政法学院、中南财经大学的发展时期。2000年5月26日，同根同源的中南财经大学与中南政法学院合并组建“中南财经政法大学”，成为一所财经、政法“强强联合”的人文社科类高校。2005年，学校入选国家“211工程”重点建设高校；2011年，学校入选国家“985工程优势学科创新平台”项目重点建设高校；2017年，学校入选世界一流大学和一流学科（简称“双一流”）建设高校。70年来，中南财经政法大学与新中国同呼吸、共命运，奋勇投身于中华民族从自强独立走向民主富强的复兴征程，参与缔造了新中国高等财经、政法教育从创立到繁荣的学科历史。

“板凳要坐十年冷，文章不写一句空”，作为一所传承红色基因的人文社科大学，中南财经政法大学将范文澜和潘梓年等前贤们坚守的马克思主义革命学风和严谨务实的学术品格内化为学术文化基因。学校继承优良学术传统，深入推进师德师风建设，改革完善人才引育机制，营造风清气正的学术氛围，为人才辈出提供良好的学术环境。入选“双一流”建设高校，是党和国家对学校70年办学历史、办学成就和办学特色的充分认可。“中南大”人不忘初心，牢记使命，以立德树人为根本，以“中国特色、世界一流”为核心，坚持内涵发展，“双一流”建设取得显著进步：学科体系不断健全，人才体系初步成型，师资队伍不断壮大，研究水平和创新能力不断提高，现代大学治理体系不断完善，国际交流合作优化升级，综合实力和核心竞争力显著提升，为在2048年建校百年时，实现主干学科跻身世界一流学科行列的发展愿景打下了坚实根基。

“当代中国正经历着我国历史上最为广泛而深刻的社会变革，也正在进行着人类历史上最为宏大而独特的实践创新”，“这是一个需要理论而且一定能够产生理论的时代，这是一个需要思想而且一定能够产生思想的时代”①。坚持和发展中国特色社会主义，统筹推进“五位一体”总体布局和协调推进“四个全面”战略布局，实现“两个一百年”奋斗目标、实现中华民族伟大复兴的中国梦，需要构建中国特色哲学社会科学体系。市场经济就是法治经济，法学和经济学是哲学社会科学的重要支撑学科，是新时代构建中国特色哲学社会科学体系的着力点、着重点。法学与经济学交叉融合成为哲学社会科学创新发展的重要动力，也为塑造中国学术自主性提供了重大机遇。学校坚持财经政法融通的办学定位和学科学术发展战略，“双一流”建设以来，以“法与经济学科群”为引领，以构建中国特色法学和经济学学科、学术、话语体系为己任，立足新时代中国特色社会主义伟大实践，发掘中国传统经济思想、法律文化智慧，提炼中国经济发展与法治实践经验，推动马克思主义法学和经济学中国化、现代化、国际化，产出了一批高质量的研究成果，“中南财经政法大学‘双一流’建设文库”即为其中部分学术成果的展现。

文库首批遴选、出版二百余册专著，以区域发展、长江经济带、“一带一路”、创新治理、中国经济发展、贸易冲突、全球治理、数字经济、文化传承、生态文明等十个主题系列呈现，通过问题导向、概念共享，探寻中华文明生生不息的内在复杂性与合理性，阐释新时代中国经济、法治成就与自信，展望人类命运共同体构建过程中所呈现的新生态体系，为解决全球经济、法治问题提供创新性思路和方案，进一步促进财经政法融合发展、范式更新。本文库的著者有德高望重的学科开拓者、奠基人，有风华正茂的学术带头人和领军人物，亦有崭露头角的青年一代，老中青学者秉持家国情怀，述学立论、建言献策，彰显“中南大”经世济民的学术底蕴和薪火相传的人才体系。放眼未来、走向世界，我们以习近平新时代中国特色社会主义思想为指导，砥砺前行，凝心聚

① 习近平：《在哲学社会科学工作座谈会上的讲话》，2016年5月17日。

力推进“双一流”加快建设、特色建设、高质量建设，开创“中南学派”，以中国理论、中国实践引领法学和经济学研究的国际前沿，为世界经济发展、法治建设做出卓越贡献。为此，我们将积极回应社会发展出现的新问题、新趋势，不断推出新的主题系列，以增强文库的开放性和丰富性。

“中南财经政法大学‘双一流’建设文库”的出版工作是一个系统工程，它的推进得到相关学院和出版单位的鼎力支持，学者们精益求精、数易其稿，付出极大辛劳。在此，我们向所有作者以及参与编纂工作的同志们致以诚挚的谢意！

因时间所囿，不妥之处还恳请广大读者和同行包涵、指正！

中南财经政法大学校长

前　言

习近平总书记在中国共产党第十九次全国代表大会的报告中指出贯彻新发展理念，建设现代化经济体系，其中强调“必须坚持质量第一、效益优先，以供给侧结构性改革为主线，推动经济发展质量变革、效率变革、动力变革，提高全要素生产率，着力加快建设实体经济、科技创新、现代金融、人力资源协同发展的产业体系，着力构建市场机制有效、微观主体有活力、宏观调控有度的经济体制，不断增强我国经济创新力和竞争力”[①]。可见生产率以及生产效率是我国经济综合竞争力的重要一环。国家统计局2019年1月28日发布的工业企业财务数据显示：“2018年，全国规模以上工业企业利润总额比上年增长10.3%，增速比1～11月份减缓1.5个百分点，总体保持较快增长。12月份当月利润同比下降1.9%。”国家统计局网站上的报告还称：“从近五年看，2014年，规模以上工业企业利润增长3.3%，2015年下降2.3%，2016年增长8.5%，2017年增长21%。2018年，规模以上工业企业利润在上年实现快速增长的基础上，继续保持较快增长。”实体经济应是一个健康经济体的发动机，而组成实体经济的各种企业便是这个发动机里的零部件。机器的良好运行离不开各个部件的高效运作。在微观层面上对生产力和效率及其影响因素的研究便成了学界和政界所关注的重要领域之一。

下面从学术的角度探讨一下生产力和效率测度能够解决的问题。为了便于量化，生产力对于一个生产者来说可以被简单的定义为产出与投入的一种比。在一种简单的情况下，即生产者只用一种生产要素来生产一种产品或提供一种服务，这个比率的计算是相当简单的；如果生产者用多种要素来生产多种产品或提供多种服务的话，这个比率的计算就会涉及构建相关的要素和产品的指数。

---

① 习近平代表第十八届中央委员会于2017年10月18日在中国共产党第十九次全国代表大会上向大会作的报告。

基于此逻辑，接下来，生产力增长便可以被理解为产品指数增长和生产要素指数增长的差异。在给出生产力及其增长的定义之后，研究生产力的变异（variation）机制便成了一个十分重要的议题。在早期的生产力文献中，比如早期的阿布拉莫维兹（Abramovitz，1956）、索洛（Solow，1957），以及斯当（Stone，1980）等认为生产力的波动其实是反映了人们的一种“无知”，就像回归模型中的误差项一样，这种思想一直对生产力研究产生着深刻的影响。学者们把很多的功夫用在削弱这种残差影响。这种削弱主要体现在最小化在构建产品和要素指数中所产生的观测误差。努力使得所有变量都符合经济理论所构想的某种原生形态。关于“削弱”的方法在格林尼治（Griliches，1996）和经济合作与发展组织（OECD，2001）中有很详细的介绍，在此不做赘述。

净化后的生产力可以被进行分解式研究以便找到其变化的因素。美国劳工统计局（BLS，2005）和 OECD（2001）总结生产力变化（不管是对于时间还是在不同生产者之间）主要有来自四个方面的动力：一是生产技术的进步；二是生产规模的改变；三是运行效率的提升；四是所谓外部效应的改变。前三个因素被认为是内生因素，因为它们更多地取决于生产者自身属性，由生产者自身决定。而最后一个更多地被视为外生因素。在以上三个内生因素中，研究的重点通常被聚焦在分析效率变化对生产力变化的贡献。

效率（efficiency）与非效率（inefficiency）好像是一个硬币的两面，理解了非效率便会理解效率，反之亦然。考夫曼斯（Koopmans，1951）已经给出了关于技术效率的定义，德布鲁（Debreu，1951）和法雷尔（Farrell，1957）引入了技术非效率（或者技术效率）的测度，遗憾的是非效率的理论模型在学术界至今没有被严格给出（Parmeter and Kumbhakar，2014）。尽管如此，非效率（或效率）的实证研究一刻都没有停止，因为大量观察证据表示企业几乎不可能完全实现它们的最优化目标，怎样解释实际产出与最优产出的差距往往需要效率的介入。更重要的是，比如，如何在行业内同质性很强的情形下来解释生产单位之间的生产力差别。有两个例子，第一个例子是赛弗森（Syverson，2011），其研究发现很多相似的美国制造业企业在同样的要素水平下，按生产力排名，处在前 10% 的企业的产能要比排名后 10% 的企业的产能高出一倍。同样的情况也在中国与印度发生（Hsieh and Klenow，2009）。再比如朱等（Chew et al.，

1990）通过研究美国商业食品生产厂家的生产力发现，即便在最大限度保障同质性的情况下选择了40个生产单位，产能最高的单位的产能竟是最低者的3倍。进一步控制了其他影响因素后（比如地理原因等），差距仍为两倍。从上述实例中均可看出非效率的身影，所以需要相应的计量工具去捕捉这个现象。

回到非效率本身，它可以是技术的（technical）也可以是经济的（economic），完全取决于生产者所追求的目标。如果生产者追求最大化产出，或者最小化要素使用量的话，那么技术非效率可以被定义为其实际产出与理论最优产出的差距，或者实际要素使用量与理论最小要素使用量的差距。如果生产者追求某种经济目标的话，比如追求成本最小，那么成本非效率可以被表示成生产者的实际成本与理论最小成本的差距。应用同样的逻辑，还可以定义收入非效率和利润非效率等。由于理论上的最优生产模式是不可观测的（比如在给定要素用度下最大的产出），实证研究中的效率测度因此具有相对的意义，即所谓某一生产者的技术非效率（或经济效率）是指此生产者的生产模式相对于样本中“最优”生产者的生产模式差距的度量。接下来的重要任务就是怎样从这些可观测的相对效率来更加准确地推断理论上的效率。要达到这一目的很大程度上取决于精准的构建及紧扣经济学原理的统计模型，以便更有效地提取数据中蕴藏的有用信息，这也是本书的重点努力方向之一。

在这里需强调为什么要以微观的视角来研究生产力和效率问题：首先，为了提高和促进各行各业的效能，尤其是跟国家核心竞争力相关部门与企业的效能，需要区分和识别影响生产力的可控内因（比如效率）与不可控外因。这样会便于政策制定者来检验或测试各种产业政策对影响生产力内因的促进效果，为进一步改进相关政策提供依据。瑞斯等（Zeitsch et al.，1994）对澳大利亚电力输送的研究就很好地说明了这一点。其次，上到国家下到行业的效能取决于组成这些主体的微观个体的效能。刘易斯（Lewis，2004）关于13个国家跨越12年的生产力研究可以很好地揭示这一点。最后，研究生产力是研究生产者的财务效用的关键一环，正如米勒（Miller's，1984）的研究所示“Profitability = Productivity + Price Recovery”，即盈利能力 = 生产力 + 价格补偿。生产力的增长甚至可以抵消价格风险，为企业的财务能力助力。格里菲尔·塔杰和洛维尔（Grifell Tatje and Lovell，1999）关于西班牙商业银行应对欧元区竞争的研究，萨利安（Salerian，2003）关于澳大利亚铁路运输业应对价格风险的研究，霍里根（Horrigan，1968）与埃隆（Eilon，1984）对于“DuPont 三角”关系的研究，班克（Banker et al.，1993）对于美国电信企业盈利能力的分解研究等可以佐证以上观点。

过去的半个世纪中，无论在经济学、管理学，或是运筹学等领域，量化企业的生产力和生产效率的早期用途是为了给管理者提供评估企业运行状况的指标化依据，但是关于一系列外部性因素对于生产力的影响研究大大丰富了这个领域的内容。第一个例子来自研究竞争与生产力的关系。早期的观点比如希克斯（Hicks，1935）认为追求生产效率的优化是在高强度的市场竞争环境下为了生存而采取的手段，随着企业垄断力的增强，这种追求效率的意愿将会降低。鲍莫尔（Baumol，1959）、高登（Gordon，1961）与威廉姆森（Williamson，1964）的研究表明，拥有更大市场力量的企业会更游刃有余地选择最大化自身效用（utility）而并不是只关注利润。因为利润最大化可能只是其效用最大化的一个组成部分，甚至是达到某些特定目标的一个限制条件。贝格与汉南（Berger and Hannan，1998）关于在高市场聚集度下美国银行业的实证研究表明，美国大银行的成本效率相对比较低。而随着市场的开放，国际交易的频繁，市场竞争的加剧，使企业重新重视对生产力和生产效用的提升。卡尔森（Carlsson，1972）的实证研究中所发现瑞典企业的生产效能与国内市场保护力度的反向关系；塔伯与威斯布鲁克（Tybout and Westbrook，1995）、帕夫尼克（Pavcnik，2002）与肖（Schor，2004）的实证研究发现在诸多拉丁美洲国家中存在的生产力与开放程度的正向关系，均可以佐证外部竞争刺激企业提高生产效率这一观点。

作为外部性影响的经典例子，政府对市场的管控行为是一个在学界、政界和商界被广泛讨论的议题。比如在研究“回报率监控政策”对发电企业效用的影响中，一些理论和实证研究，比如博格特等（Bogetoft et al.，2000）发现此政策对于发电企业的发电效能有负面影响，进而影响到电价。另外的例子来自对环保政策与企业效能关系的研究。从波特（Porter，1991）开始，人们认识到经过精心设计的环保规则很有可能刺激企业创新，提升其效能，设置增加其利润。安贝克和巴拉（Ambec and Barla，2002）、菲尔等（Fare et al.，1989，1993）、莱因哈德等（Reinhard et al.，1999）、比尔等（Ball et al.，2004）等在农业领域的实证与理论研究都可以佐证上述论点。

影响企业生产力和效率的外部因素也包括企业所有制。不光在中国，在发达国家里关于所有制对经济活动的影响也是一个由来已久的议题，此研究主要集中在教育、医疗、能源等行业。相关的研究包括尼斯卡宁（Niskanen，1971）、德·阿莱西（De Alessi，1974）、林赛（Lindsay，1976）、汉斯曼（Hansmann，1988）、佩斯蒂奥与图尔肯斯（Pestieau and Tulkens，1993）、贾马什与波利特（Jamash and Pollitt，2001）等基本倾向于表示公有制企业在效率上，尤其是成本效率上要逊于私有制企业，其原因很可能是公有制企业本身的目标和限制条件都与私有制企业不同。

实证研究微观层面的生产力与效率（包括以上提及的议题）离不开合适的工具。下面我们简单回顾在此领域中数量工具的发展背景和历程。生产力分析的关键是对非效率的估计，到目前为止，有两个主要的方法：（1）随机前沿分析法（SFA）；（2）数据包络分析（DEA）及其衍生方法（robust-frontier、FDH 等）。

随机前沿分析法的发展与微观计量经济学的发展紧密相连，与传统回归模型大类的区别主要集中在两点：其一，在建模过程中需要严格考虑微观理论的种种规范，在有限制条件的情况下对模型的系统参数进行统计推断；其二，非效率通常被作为合成误差项的一个组成部分，另外的组成部分则是传统意义上的随机误差。最早使用计量模型来研究生产函数的可以追溯到温斯滕（Winsten，1957）的修正最小二乘法（corrected ordinary least square），其后具有代表性的是艾格纳与楚（Aigner and Chu，1968）提出确定性的生产函数模型，正式把非效率作为误差项来处理。随机前沿模型的基本框架则是由艾格纳等（Aigner et al.，1977）和迈森与范登布罗克（Meeusen and van den Broeck，1977）几乎同时提出的，合成误差项的概念也随之被确立。通过引进和改善计量领域的先进成果，在此基础上大量的学者开始迅速推动此领域的发展。包括基于最大似然估计思想的史蒂文森（Stevenson，1980）、格林（Greene，1990）、琼德罗（Jondrow et al.，1982）、巴泰语与考利（Battese and Coelli，1988）等；基于面板数据估计方法的施密特和塞戈斯（Schmidt and Sickles，1984）等；基于贝叶斯估计思想的库普等（Koop et al.，1997）、奥唐奈与考利（O'Donnell and Coelli，2005）

等。最新的计量方法将会在第一章第三节详细讨论。

数据包络分析及其衍生方法在学术界被用于量化效率的历史可能更长，其最初主要应用在管理学和运筹学领域。查恩斯等（Charnes et al.，1978）首次提出了DEA方法；班克等（Banker et al.，1984）在DEA中加入了多种规模回报的设定；彼德森（Petersen，1990）对DEA的凸性进行了修正；德普林等（Deprins et al.，1984）则彻底放弃凸性从而提出了FDH（free disposal hull）方法；菲尔等（Fare et al.，1985）运用DEA的估计方法研究一系列的经济效率；西马尔与威尔逊（Simar and Wilson，1998）为DEA估计量提供了进行统计推断的方法。

本书主要包含五大章节。第一章具体介绍本书的三个核心贡献的理论背景知识，其中包括怎样定义全要素生产率和生产效率；效率的种类；以及用什么样的计量方法可以测度效率；效率与全要素生产率的关系；怎样计量以上的关系。第二章具体介绍一种新的估计技术效率的半参数计量方法。第三章介绍当存在技术异质性的情况下，怎样更加精确地估计碳排放的影子价格，同时第三章会用欧洲电力企业作为实证案例来展示新方法的估计效果。第四章介绍一种新的盈利能力指数分解方法，用这种方法可以很好地比较欧洲银行业和美国银行业盈利能力的差别。第五章介绍未来通过本书所介绍的方法论可以研究跟中国发展高度相关的议题，以此寄望进一步推进生产力与效率研究在中国的发展。

目　录

第一章 综述

本书的主要研究领域是生产率和生产效率，包含三个主要内容。首先是使用贝叶斯核估计法来估计随机前沿模型的生产效率。其次是使用随机系数、随机向量定向输出距离函数法来估计欧盟电力部门二氧化碳（CO_2）排放的影子价格。最后是使用分解的方法来比较欧洲和美国银行的盈利能力的差异。

在本书的第二章，我们提出了一个基于核估计的贝叶斯估计框架，用来进行对随机前沿的分析和对技术效率的测量。这个框架的主要特征是由于技术非效率项的分布是未知的，本书可以通过转换的 Rosenblatt – Parzen 核密度估计来近似估计技术非效率的分布。为了说明这个模型的合理性，本书进行了蒙特卡罗模拟，并将该模型应用于美国大型银行的面板数据。模拟的结果表明，本书提出的核估计模型的估计结果比常用的指数随机边界模型得出的估计结果更精确。在实证应用中，贝叶斯因子分析的结果也更支持核估计模型。

在本书的第三章，本书使用随机系数、随机向量定向输出距离函数模型（DODF 模型），估算了 25 个欧盟国家电力部门CO_2 排放的影子价格。该模型的主要特点是允许其系数和方向向量在生产单元之间发生变化，即不同的生产单元具有不同的生产技术和技术增长路径。贝叶斯因子分析的结果表明，本书的模型比起常用的固定系数 DODF 模型的估计结果更加精确。使用 DODF 模型进行估计的结果表明，对于所有的 25 个欧盟国家的电力部门来说，二氧化碳（CO_2）排放的影子价格范围在 16. 84 ~ 48. 66 美元，平均价格为 28. 71 美元。研究结果还表明，欧盟各国CO_2 排放的平均影子价格差别很大，最低的平均价格为 2. 46 美元每吨，最高的平均价格为 83. 29 美元每吨。另外，我们的模型估计出的CO_2 排放的影子价格在整体样本和大多数样本国家中都呈现出下降趋势。

在本书的第四章，可以注意到，相比起美国银行，欧洲银行的盈利能力较差，这一点引起了决策者和研究人员的关注。本章采用奥唐奈（O'Donnell，2012）所提出的分解方法来探究欧洲银行相对能力较差的原因。这一方法将欧洲银行的相对盈利能力分解为两个解释性因素——贸易条件指数和全要素生产率指数。对两个解释性因素进行进一步的分解，贸易生产指数可以被分解为两个价格指数，全要素生产指数可以被分解为四个生产率和技术效率。研究结果表明，与美国的银行相比，欧洲银行的盈利能力不仅呈现出较弱的状态，而且这一疲软状态正在随着时间的推移逐渐恶化。从分解的结果来看，欧洲银行相对盈利能力的恶化是贸易条件指数和生产率指数两个方面数据共同下降的结果，其中贸易条件指数占主导地位。进一步的分解结果显示，贸易条件指数的下降主要是由于投入要素价格的上升（特别是基金的成本），而生产率指数的下降主要是由于规模效率的下降所导致的。

在本书的第五章，将对本书的研究进行总结，并且对未来的研究计划作出阐述。

第一节 研究生产力的重要意义

当我们讨论生产者在经济上的绩效时，通常将其描述为“效率”的高低，或者“生产力”的多少。在本章节中，我们将对这两个概念之间的关系进行讨论。我们对影响生产者绩效的决定因素和生产者绩效的财务后果作出了一些假设，并进行研究。

所谓生产者的生产力，是指其产出和投入的比率。如果生产者使用单一的投入要素来生产单一的产品，这个比率是很容易计算的。但实际中更多的情况是，使用多种投入要素来生产多种产品。那么分子上的输出和分母上的投入必须以某种符合经济学原理的方式来进行聚合，以保证生产力是两个标量的比值。生产力的增长就变成了产出的增长和投入的增长之间的差异，同样地，当有多种产出和多种投入时，这些增长量也需要进行聚合。

因此，生产力的变化，无论是在生产者之间的变化还是在时间上的变化，其实都是一个残差的概念。阿布拉莫维兹（Abramovitz，1956）将其描述为“衡量我们无知程度的一个指标”。也许从索罗（Solow，1957）开始，许多研究都致力于通过“减少残差”来减少我们未知的部分（Stone，1980）。大部分的削减都着眼于在构建输入、输出指标时，尽量减小测量误差。将原始数据转换成符合经济学解释的变量是一项复杂的工作。格瑞李斯（Griliches，1996）研究了残差的经济学历史，并在经济合作与发展组织（OECD，2001）的报告中概述了削减残差的最新程序。削减完成之后，我们得到了一个适合用来分析的残差。

从理论上来讲，残差可以归因于生产技术的差异、经营规模的差异、生产效率的差异以及生产过程中经营环境的差异。美国劳工部劳工统计局（2005）和 OECD（2001）认为生产力随时间的变化也归因于这些因素。合理的归因对于提高管理水平和制定提高生产力的公共政策是很重要的。我们自然有兴趣把在管理控制之下的前三个组成部分同不在管理控制之下的第四个组成部分分开。在这三个内生因素中，我们的兴趣集中在效率因素，以及衡量其对生产率变化的横截面贡献和对生产率变化的跨时间贡献。通常，我们会把前三个内生因素与第四个环境因素分开。在这三个内生因素中，我们更关注生产效率的差异，以及它对生产力在横截面上的变化和时间维度上的变化影响。

生产效率是其投入和产出的观察值与最优值之间的比较。具体来说，从产出的角度来研究，技术效率是当投入要素固定时，实际观测到的产出与最优产出之间的比值；从投入的角度来看，技术效率是在控制一定产出的条件下，实际观测到的投入量与最小的投入量之间的比值。这种效率是技术性的，因为最优值是按照生产可能性集来定义的。也可以根据生产者的行为目标来定义最优。在这种情况下，效率是通过比较成本、收入、利润的观测值与其可能达到的最优目标来衡量的。当然，这些目标必须受到数量和价格方面的适当限制。在这些比较中，最优值用价值表示，效率是经济的。

在相关研究的早期阶段，出现了三个问题，本节的大部分内容都致力于探索解决每个问题的方法。第一，比较中包括哪些输出和输入？第二，在比较中如何对多个输出和多个输入进行加权？第三，如何确定生产者的技术潜力或经济潜力？许多年前，开奈特（Knight，1933）解决了第一个问题，他指出，如果所有的产出和所有的投入都包括在内，那么既然物质和能量都不能被创造或摧毁，那么所有的生产者都将实现相同的统一生产力评估。在这种情况下，开奈特提议将生产率重新定义为有用产出与投入的比率。将开奈特的重新定义扩展到有用产出输出与有用输入的比率，并用包含市场价格的权重表示有用性，来构建现代经济生产力指数。然而，作为一个实际问题，第一个问题不是当在包括所有的输入输出时如何进行衡量，而是当没有包括所有的输入输出要素时如何进行评估。

正如斯蒂格勒（Stigler，1976）所观察到的，在没有将所有的相关变量均纳入分析时，可能会导致效率低下。不能指定正确的经济目标和正确的约束，这使得第一个问题变得复杂化。斯蒂格勒批评了莱本斯坦（Leibenstein，1966，1976）的工作，将重点放在动机不足、信息不对称、合同不完备、代理问题以及随之而来的公司内部监控困难等方面，并将所有这些特征放在一起，将其称为“x－低效率”。当代理人的行为与委托人的目标不一致时，就会出现低效率的情况。因此，那些被莱本斯坦认为是效率低下的现象，是斯蒂格勒认为模型不完整的依据。斯蒂格勒将其称为浪费，并得出结论：浪费不是一个有用的经济概念。浪费是现代经济分析框架内的错误，这种改变的实际意义是，如果斯蒂格勒的愿望没有得到满足，并且不是所有反映委托代理问题的变量都被纳入模型，那么代理问题和其相关问题就会成为测量时效率低下（如果不是实际的效率低下）的潜在根源。

莱本斯坦并不是在真空中进行研究，他的方法很好地符合了与代理相关的文献。关于代理问题，至少可以追溯到波尔和米斯（Berle and Means，1932）的开创性研究，该研究分析了所有权与控制权分离的后果，其中所有者是委托方，管理者是代理方。莱本斯坦关于“x－低效率”的概念与西蒙（Simon，1955）的观点也有很多相似之处，西蒙认为在信息处理能力有限的世界中，管理者表现出“有限理性”并从事“迎合”行为。威廉姆森（1975，1985）也持类似观点，认为企业致力于节约交易成本，在他看来，这可以归结为有限理性。有限理性和交易成本都是测量中低效率的潜在来源。

如果构建和实现包含上面提到的所有复杂性的斯蒂格勒的完整模型非常困难，那么它将是可取的。构建完整的模型是不可能的。我们所看到的是简化模型，其中不同公司间所测量出的业绩差异反映了其处理现实世界复杂性的能力差异。事实上，基于简化模型的公司绩效评估常常是很有用的，有时也是必要的。当生产者的目标或面临的限制是未知的、非常规性的或者有争议的时候，简化模型是很有用的。在这种情况下，一种比较常用的研究策略是假定生产者追求无约束条件下的最优化，并假设在无约束条件下和有约束条件下的低效率是一致的。由于缺乏有关数据，在一些情况下使用这种简化模型是必要的。一个可供参考的政策引入的例子是，当记录了理想的产出（goods，或者可以测量和定价的产出）时，却没有记录不理想的副产品（bads，以及通常无法测量和定价的产出）。另一种情况是存在外部性的时候，公共基础设施的使用提高了私有产品的性能，但没有被记录。在上述情况下，测量到的效率或生产力可能与理想中的测量结果有很大差异。

即使模型中包含了所有相关的输出和输入，仍然存在向变量分配权重的第二个问题。市场价格是一组自然的权重，但会出现两类问题。首先，假设市场价格是存在的。如果市场价格随时间变化，或者会在生产者之间变化，是否有可能在相对绩效评估中产生影响？或者，如果市场价格反映了市场垄断或垄断权力，或者交叉补贴，或者监管机构的决定，它们是否还能在相对绩效评估中提供合适的权重？其次，假设某些商品的市场价格不存在。在上述环境影响和公共基础设施的情况下，会产生外部性。我们如何重视这些外部性？然而，加权问题比外部性更普遍。在大多数发达经济体中，非市场部门相对于市场部门的数量正在增长，根据定义，非市场部门的产出不会在市场上出售。那么，我们如何评估执法和消防服务，甚至公共教育服务等产出呢？这些服务都是由公共资金提供而非私人购买的。是否有可能为缺失的价格找到代理变量，从而在绩效评估中得到适当的权重？价格扭曲或者价格缺失，使问题更加复杂化。

第三个问题使前两个问题看起来很简单。对分析师来说，确定生产商的潜力和生产商实现潜力一样困难。也许正是由于这个原因，多年来生产率的文献忽略了劳工统计局和经合组织确定的效率组成部分。直到最近，随着专门研究生产效率的文献发展，如何确定生产潜力的问题才得到认真处理。这个问题的解决使得整合这两篇文献成为可能。这种整合对于政策目的很重要，因为在指定提高生产力的政策时，需要准确地对生产力进行衡量，并分析影响生产力的因素。

打个比方，我们不知道，也不可能知道一个人跑 100 米的速度可以有多快。但我们确实观测到了最佳成绩及其随时间的改进，我们也观测到不同跑步者的实际表现差异。体育世界充满了统计数据，我们有全明星球队，他们的成员被认为是这个领域中做得最好的人。在远离体育世界的地方，我们使用多种标准根据生活质量指标对城市进行排名（苏黎世和日内瓦位居榜首）。在宏观水平上，我们使用多个等级国家标准进行统计，如经济自由（挪威、瑞典和澳大利亚位居榜首）、环境可持续性（芬兰和挪威位居榜首）、商业风险（伊拉克和津巴布韦位居榜首）等。联合国人类发展指数（human development index）或许是最知名、研究最广泛的宏观经济表现指标（挪威和瑞典位居榜首）。在每一种情况下，我们都要面临本节开头提到的三个问题：应该包括哪些指标，如何对它们进行加权，以及如何对潜力进行定义。指标的选择和权重的确定在我们的标准中是有争议的，尽管我们是根据实际观测中的最优值而不是理论上的最优值进行比较。

同样的道理也适用于企业绩效的评估。无论经济目标是什么，我们都无法知道“真正”的潜力。但我们确实观察了最佳实践及其随时间的变化，我们还观察了在最佳实践之下生产者之间的绩效差异。这会将最具效率的值与存在效率损失的值联系起来，或者是将生产前沿上和在前沿内部的值联系在一起。我们感兴趣的是最具效率的生产者，并将其他的企业绩效与绩效最优的企业进行比较。企业本身经常将自己的业绩与同行业的基准进行比较，学术界对行业基准也很感兴趣，尽管两者采用的方法之间的潜在协同效应尚未得到充分利用。关于企业标杆管理，戴维斯和科哈（Davies and Kochhar，2002）提出一个有趣的学术批评。为什么人们会对效率和生产率的衡量感兴趣？我们可以想到三个原因。

第一，只有通过测量效率和生产力，并将它们的影响从经营环境的影响中分离出来，保证竞争环境的公平，我们才能更好地掌握关于效率或生产力差异来源。确定和区分效率或生产力的差异来源中的可控制因素和不可控制因素，对于提高个体的绩效和制定公共政策都很重要。瑞斯等（Zeitsch et al.，1994）的实证研究中，证明了将环境因素（在本例中为客户密度）与澳大利亚配电中生产率增长的可控来源分开是多么重要。

第二，宏观的表现取决于微观的表现。因此，同样的道理也适用于研究国家的经济增长。刘易斯（Lewis，2004）对麦肯锡全球研究所（mcKinsey global institute，MGI）12 年来对 13 个国家进行的生产率研究进行了总结，主要的发现是微观表现会驱动宏观表现，并且可以发现许多影响微观表现的制度障碍。本书及其所依据的研究清楚地表明，MGI 方法的绩效评估与学术方法的绩效评估之间存在着潜在的协同效应，但遗憾的是，这种协同效应尚未得到充分利用。

第三，生产效率和生产率是一种成功指标和绩效指标，通过这些指标我们可以对生产者进行评估。然而，对大多数生产商来说，最终的成功指标是财务业绩。米勒（Miller，1984）提出的“盈利能力 = 生产率 + 价格回报”，概括了生产率和财务表现之间的关系。因此，只要生产率增长不被产品价格下跌和/或投入要素的价格上涨所导致的价值下降所抵消，生产率增长就会导致财务业绩改善。格里菲尔-塔杰和洛维尔（Grifell-Tatje and Lovell，1999）研究了由于欧洲货币联盟而面临日益激烈竞争的西班牙银行之间的关系。萨利安（Salerian，2003）探讨了澳大利亚铁路的问题，日益增长的多式联运竞争导致了价格的下降，抵消了令人印象深刻的生产力增长带来的经济效益。这项研究还表明，虽然业绩在私营部门可能是最重要的，但在公共部门并非无关紧要；的确，许多国家政府不仅会监测其公共服务提供者的财政表现，也会考虑其非财政表现。

许多其他研究，主要是在商务文献中，采用了财务绩效的替代概念，如资产回报率或股本回报率。这些研究通常从“杜邦三角形”开始，将资产回报率分解为 $\pi/A=(\pi/R)(R/A)=$(销售收益率)(投资周转率)，其中 π 是利润，A 是资产，R 是收入。下一步是将杜邦三角形的第一个角分解为 $(\pi/R)=[(R/C)/R]=[1-(R/C)^{-1}]$，其中 C 是成本，R/C 是盈利能力。最后一步是将盈利能力分解为生产力和价格回报，这是米勒附加关系的乘法替代。目标是研究生产率变化对财务绩效的影响。霍里根（Horrigan，1968）提供了杜邦三角形的简短历史，作为财务比率分析的一个组成部分，埃隆（Eilon，1984）对不同的分解策略进行了研究。班克等（Banker et al.，1993）将分解技术应用于美国电信行业，在该行业中，放松管制导致生产率提高，而竞争加剧导致的价格下降抵消了这种提高。在某些情况下，测量使我们能够量化经济理论定性预测能力的差异。市场结构对绩效的影响就是一个例子。人们普遍认为，生产效率是竞争环境中的生存条件，随着竞争压力的减弱，生产效率的重要性也会降低。希克斯（Hicks，1935）断言，拥有市场势力的厂商更有可能利用他们的优势，不费什么力气地实现相对较高地利润，而不是竭尽全力去实现利润最大化。伯杰和汉南（Berger and Hannan，1998）对美国银行业的“平静生活假说”进行了检验，发现在相对集中的市场中，银行的成本效率相对较低。拥有市场势力的企业可能不是“纯粹的”利润最大化的追求者。阿尔奇安和凯塞尔（Alchian and Kessel，1962）用更广泛的效用最大化假设取代了狭隘的利润最大化假设，在这种情况下，垄断者和完全竞争者都致力于追求效用最大化。然后，完全竞争者选择更多利润（可以被观测到的）和垄断者选择更多空闲时间（未被观测到的）来解释表面上的效率差异。这当然会让人想起分析师在确定生产过程相关产出和投入的问题。阿尔奇安和凯塞尔提供了另一种解释来说明完全竞争者效率更高的原因。垄断企业要么受到监管，从而在追求效率方面受到约束；要么不受监管，但受到监管（或反垄断行动）的威胁，因此受到类似的约束。如果这些生产者能够赚取比管制利润更多的利润，如果他们对利润的财产权受到管制或反托拉斯环境的削弱，很自然地就会导致生产者的效率低下。在存在市场势力、所有权与控制权分离的环境中，会为“管理自主权”留出空间。有了自由选择的空间，管理者就会追求效用最大化，利润是其中的标准之一，或者更可能是对其追求其他目标的约束。这个想法，以及它的变种观点，经常在代理问题的文献中出现。

因此，竞争有望提高业绩，要么是因为它迫使生产商以牺牲“希克斯平静的生活”为代价，专注于“可观察到的”盈利活动，要么是因为它将生产商从监管和反垄断程序施加的实际或潜在约束中解放出来。市场结构假说的一个有趣例证是衡量国际贸易壁垒对国内产业绩效的影响。许多年前，卡尔森（Carlsson，1972）采用原始的前沿技术，揭示了瑞典工业的绩效与多项贸易保护措施之间具有统计学上显著的反向关系。最近泰伯和威斯布鲁克（Tybout and Westbrook，1995）、帕夫尼克（Pavcnik，2002）和肖尔（Schor，2004）将现代前沿技术应用于纵向微观数据，试图说明墨西哥、智利和巴西的开放性与生产率之间的联系。具体的研究结果各不相同，但出现了一个普遍的主题。贸易自由化带来的总生产率增长，除其他因素外，主要是由于企业生产率的持续提高，以及生产力相对较高企业的进入和生产力相对低下企业的退出。

第二种情况是在经济调节领域，测量能够量化效率或生产率差异，而这些差异是由理论相当一致地预测出来的。最常被引用的例子是回报率的监管，许多公用事业企业多年来一直受到收益率监管的影响，对此阿弗奇和约翰逊（Averch and Johnson，1962）提出了一种易于处理的分析范式。对模型的可处理性和监管机构提供的数据催生了大量的实证研究，几乎所有这些研究都发现，回报率监管导致了过度资本化，对公用事业绩效产生了负面影响，进而对消费者价格产生了负面影响。这些发现推动了向激励性监管的转变，在这种监管中，公用事业企业的补偿是基于价格上限或收入上限公式 RPI－X 进行，其中 X 是生产力（或效率），它抵消了一部分价格指数 RPI 的变动。补偿公式允许公用事业单位将 RPI 中包含的任何成本增加传递下去，减去偏移量 X 中包含的任何预期性能改进。

由于 X 是一个绩效指标，这一趋势催生了大量的理论和经验文献，使用效率和生产率测量技术来衡量受监管的公用事业公司的绩效。博格特（Bogetoft，2000）在前沿框架下拓展了这一理论，其中 X 可以被解释为一个所有者（监管者）和多个代理（公用事业企业）之间博弈的结果。荷兰经济政策分析局（2000）对这些技术进行了详细的阐述。金努嫩（Kinnunen，2005）报告了芬兰、挪威和瑞典的用户电价下降或稳定的趋势，这些国家的各种激励性监管措施已经实施了一段时间。由于涉及巨额资金，有关变量的规格和权重以及样本选择标准在监管程序中变得非常重要，而且常常引起争议。

通过实证调查量化理论预测的另一个监管背景是环境控制对生产者绩效的影响。然而，在这方面，效率或生产力下降的私人代价必须与环境保护的社会利益相平衡。当然，假设环境约束的私人成本的标准范式可能是错误的；波特（Porter，1991）认为，设计良好的环境法规可以刺激创新，提高生产力，从而使私营企业有利可图。安贝克和巴拉（Ambec and Barla，2002）提出了一个预测波特假说的理论。无论如何，相关变量的选择和度量问题再次出现。菲尔等（Färe et al.，1989，1993）在前沿框架下发展了这一理论。莱因哈德等（Reinhard et al.，1999）研究了荷兰一组产生过剩肥料的奶牛场，其中的氮含量会污染地下水和地表水，并导致酸雨。他们计算出每公斤氮肥过剩的平均影子价格略高于每公斤 3 荷兰盾，略高于实际征收的每公斤 1.5 荷兰盾的政治限制税。鲍尔等（Ball et al.，2004）计算了美国农业的排他性和广泛生产率指数，其中杀虫剂的使用导致水污染。他们发现，广泛生产率增长最初落后于排他性生产率增长。然而，当美国环境保护局（Environmental Protection Agency）开始规范杀虫剂的生产时，正如人们所预期的那样，广泛生产率增长赶上并最终超过了排他生产率增长。与这些发现相一致的是，他们发现了一个倒“U”型的影子价格模式，反映了一段监管松懈之后，在监管收紧的时期，最终会导致相对良性和更有效的杀虫剂的发现和使用。

测量可以量化理论命题的第三种情况是所有权对绩效的影响。阿尔奇安（Alchian，1965）指出，公共部门所有者无法通过交易公共部门生产者的股票来影响业绩，这意味着公共部门管理者比私营部门管理者更不用考虑承担决策的成本。他们的决策自由实际上受到合同的限制，可以说，他们的选择自由更少。“由于这些额外的限制——或者因为它们的‘成本’——公共安排的成本（从‘效率较低’的意义上讲）要高于私人产权代理的成本。”有一种文献是基于这样一种假设发展起来的：公共管理人员有更大的自由去追求他们自己的目标而牺牲了传统的目标。尼斯卡宁（Niskanen，1971）认为公共经理是预算最大化者，德亚莱西（de Alessi，1974）认为公共经理更喜欢资本密集型预算，琳赛（Lindsay，1976）认为公共经理更喜欢“可见的”变量。上述每一种假设都表明，公共部门的衡量绩效低于私营部门。霍尔姆斯特罗姆和蒂罗尔（Holmstrom and Tirole，1989）调查了大量的理论文献，汉斯曼（Hansmann，1988）也做了同样的调查，他将私营非营利性生产商分为第三类。公共/私人部门绩效差异假说的实证检验数不胜数。许多比较是使用受管制的公用事业数据进行的，因为公共和私营公司经常在这些行业中竞争，因为公共事业私有化的全球趋势，也因为管制机构收集和提供数据。贾玛什和波利特（Jamash and Pollitt，2001）调查了电力分配的经验证据。教育和卫生保健是另外两个领域，在这两个领域进行了许多公营/私营部门的业绩比较。公共/私人部门绩效差异假说的实证检验数不胜数。许多比较是使用受管制的公用事业数据进行的，由于公共和私营公司经常在这些行业中竞争，由于公共事业私有化的全球趋势，也因为管制机构收集和提供数据。在任何公共/私人业绩比较中，人们都面临着如何衡量其业绩的问题。佩斯蒂欧和图尔肯斯（Pestieau and Tulkens，1993）为狭隘地关注技术效率提供了有力的辩护，从而创造了公平的竞争环境。他们认为公共企业的目标和约束（例如，财政平衡和普遍服务，统一价格的需求，软预算约束）不同于民营企业，唯一绩效共同点是以他们的技术效率为基础的。

在某些情况下，理论没有给出关于某些现象对性能影响的指导或提供相互矛盾的信号。在这种情况下，经验测量提供了定性和定量证据。四个例子说明了这一点。利润最大化的公司比合作社更有效率吗？一种形式的佃农比另一种形式更有效率吗？奴隶制是一种有效的组织生产方式吗？有组织的犯罪组织有效吗？每个问题的答案似乎都是“视情况而定”，因此需要进行经验测量。彭卡维尔（Pencavel，2001）为合作社提供理论和证据，大冢等（1992）、加勒特和徐（Garrett and Xu，2003）为佃农制提供理论和证据，福格尔和恩格尔曼（1974）为奴隶制提供理论和证据，菲奥伦蒂尼和佩尔兹曼（1995）为有组织犯罪提供理论和证据。最后，量化效率和生产力的能力为管理部门提供了一种控制机制，以监测其控制下的生产单位的业绩。经济学、管理科学和运筹学文献中包含了大量使用效率和生产力的测量技术来实现这一目标和相关目的的例子。然而，对这些技术的兴趣已经远远超出了它们的起源，表 1 –1 中引用的经验应用证明了这一点。最近这些研究的日期和它们发表的期刊表明，这些技术目前在远离其起源的领域得到应用。在这些应用程序中，都会出现有关适当的行为目标和约束、相关变量的规范及其度量的有趣性且具有挑战性的问题。这些应用程序还说明了可用于进行效率和生产率比较的各种各样的分析技术。值得思考的是，这些示例如何处理本节讨论的一长串问题。

表 1 –1　　　　效率与生产率分析的实证应用

会计、广告、审计、保险和律师事务所	班克等（Banker et al.，2005） 罗和唐图（Luo and Donthu，2005） 多普奇等（Dopuch et al.，2003） 康明斯等（Cummins et al.，2005） 王（Wang，2000）
航空业	乌姆和于（Oum and Yu，2004） 萨基斯和塔卢里（Sarkis and Talluri，2004） 吉田和藤本（Yoshida and Fujimoto，2004） 余（Yu，2004）
航空运输	考利等（Coelli et al.，2002） 斯克等（Sickles et al.，2002） 舍拉加（Scheraga，2004） 迪克和托雷斯（Duke and Torres，2005）
银行分支机构	戴维斯和奥尔布赖特（Davis and Albright，2004） 卡曼纽和戴森（Camanho and Dyson，2005） 波伦斯基等（Porembski et al.，2005） 席尔瓦·波特拉和塔纳索里斯（Silva Portela and Thanassoulis，2005）
破产的预测	会德丰和威尔逊（Wheelock and Wilson，2000） 贝切蒂和塞拉（Becchetti and Sierra，2003） 赛任等（Cielen et al.，2004）

续表

效益—成本分析	戈尔达和米斯拉（Goldar and Misra，2001） 霍夫勒和李斯特（Hofler and List，2004）
社区和农村卫生保健	伯曼等（Birman et al.，2003） 德沃等（Dervaux et al.，2003） 吉门尼斯等（Jiménez et al.，2003） 基里吉亚（Kirigia et al.，2004）
惩教设施	吉马–蓬蓬（Gyimah–Brempong，2000） 尼汗（Nyhan，2002）
信用风险评估	埃梅尔等（Emel et al.，2003） 培若等（Paradi et al.，2004）
牙科	巴克（Buck，2000） 格里滕和荣根（Grytten and Rongen，2000） 琳娜等（Linna et al.，2003） 维斯特伦等（Widstrom et al.，2004）
歧视	克罗彭施泰特和梅斯基（Croppenstedt and Meschi，2000） 鲍林等（Bowlin et al.，2003） 莫汉和鲁吉耶罗（Mohan and Ruggiero，2003）
学历：小学和中学	多尔顿等（Dolton et al.，2003） 梅斯顿（Mayston，2003） 阿玛等（Ammar et al.，2004） 多德森和加勒特（Dodson and Garrett，2004）
选举	奥巴塔和石井（Obata and Ishii，2003） 福鲁吉等（Foroughi et al.，2005）
配电	阿霍迪亚和彼得罗夫（Ajodhia and Petrov，2004） 菲律宾等（Filippini et al.，2004） 阿格雷尔等（Agrell et al.，2005） 埃德瓦尔森等（Edvardsen et al.，2006）
发电	阿罗塞纳和沃德姆（Arocena and Waddams Price，2003） 科隆宁和卢帕塔克（Korhonen and Luptacik，2004） 阿特金森和哈拉比（Atkinson and Halabi，2005） 库克和格林（Cook and Green，2005）

续表

环境：宏观应用程序	乔伊和斯克（Jeon and Sickles，2004） 林德马克（Lindmark，2004） 扎伊姆（Zaim，2004） 亨德森和米利梅特（Henderson and Millimet，2005）
环境：微应用程序	林顿（Linton，2002） 杨等（Yang et al.，2003） 孔多里和西坡德斯（Koundouri and Xepapadeas，2004） 班扎夫（Banzhaf，2005）
财务报表分析	陈和朱（Chen and Zhu，2003） 费罗斯等（Feroz et al.，2003）
渔业	蒋等（Chiang et al.，2004） 赫雷罗（Herrero，2004） 科帕斯等（Kompas et al.，2004） 马丁内斯·科德罗和梁（Martinez - Cordero and Leung，2004）
林业	大冢等（Otsuki et al.，2002） 毕（Bi，2004） 浩夫等（Hof et al.，2004） 刘和尹（Liu and Yin，2004）
油气分布	柔斯（Rossi，2001） 卡林顿等（Carrington et al.，2002） 哈蒙德等（Hammond et al.，2002） 霍顿（Hawdon，2003）
医院	常等（Chang et al.，2004） 斯坦福（Stanford，2004） 文图拉等（Ventura et al.，2004） 高等（Gao et al.，2006）
旅馆	黄和昌（Hwang and Chang，2003） 蒋等（Chiang et al.，2004） 波罗斯（Barros，2005） 斯格拉等（Sigala et al.，2005）

续表

互联网服务	温等（Wen et al.，2003） 巴鲁阿等（Barua et al.，2004） 陈（Chen et al.，2004） 塞拉诺－辛卡等（Serrano－Sinca et al.，2005）
劳动市场	谢尔顿（Sheldon，2003） 迪亚兹·玛雅和桑切斯（Diaz－Mayans and Sanchez，2004） 伊堡等（Ibourk et al.，2004） 密勒特（Millimet，2005）
图书馆	哈蒙德（Hammond，2002） 赛门（Shim，2003） 考和林（Kao and Lin，2004） 雷克曼（Reichmann，2004）
位置	托马斯等（Thomas et al.，2002） 库克和格林（Cook and Green，2003） 高村和声（Takamura and Tone，2003）
宏观经济学	谢尔希耶等（Cherchye et al.，2004） 格拉夫顿等（Grafton et al.，2004） 蒂珀特（Despotis，2005） 拉瓦雷（Ravallion，2005）
企业合并	奎斯塔和奥雷亚（Cuesta and Orea，2002） 费里尔和瓦尔德曼尼斯（Ferrier and Valdmanis，2004） 博格托夫特和王（Bogetoft and Wang，2005） 谢尔曼和鲁伯特（Sherman and Rupert，2006）
军队	波罗斯（Barros，2002） 博林（Bowlin，2004） 布罗克特等（Brockett et al.，2004） 沙昂（Sun，2004）
市政服务	休斯和爱德华兹（Hughes and Edwards，2000） 摩尔等（Moore et al.，2001） 普里托和佐菲奥（Prieto and Zofio，2001） 索斯威克（Southwick，2005）

续表

博物馆	米斯与范登（Mairesse and Vanden Eeckaut，2002） 毕肖普和布兰德（Bishop and Brand，2003） 巴索和福尔（Basso and Funari，2004）
养老院	弗里德等（Fried et al.，2002） 福斯和夫勒比（Farsi and Filippini，2004） 胡加德等（Hougaard et al.，2004） 兰尼等（Laine et al.，2005）
医生和医生执业	瓦格纳等（Wagner et al.，2003） 罗森曼和弗里斯纳（Rosenman and Friesner，2004）
警察	斯波蒂斯伍德。（Spottiswoode，2000） 维斯涅夫斯基和迪克森（Wisniewski and Dickson，2001） 斯当（Stone，2002） 德雷克和西蒙（Drake and Simper，2004）
港口	桑切斯等（Sánchez et al.，2003） 克拉克等（Clark et al.，2004） 劳伦斯和理查兹（Lawrence and Richards，2004） 特纳等（Turner et al.，2004）
邮政服务	皮门塔等（Pimenta et al.，2000） 丸山和中岛（Maruyama and Nakajima，2002） 波伦斯坦等（Borenstein et al.，2004）
公共基础设施	马马扎基斯（Mamatzakis，2003） 马丁等（Martín et al.，2004） 保罗等（Paul et al.，2004） 萨利纳斯·吉米内斯（Salinas – Jiminez，2004）
铁路运输	巴尔比诺（Baños – Pino et al.，2002） 安斯克等（Estache et al.，2002），肯尼迪和斯密斯（Kennedy and Smith，2004） 卢齐兹和齐奥纳斯（Loizides and Tsionas，2004）
房地产投资信托	刘易斯等（Lewis et al.，2003） 安德森等（Anderson et al.，2004）
废物收集及循环再造	波斯等（Bosch et al.，2000） 沃辛顿和多利（Worthington and Dollery，2001） 洛扎诺等（Lozano et al.，2004）

续表

体育	汉斯（Haas，2003） 林斯等（Lins et al.，2003） 弗里德等（Fried et al.，2004） 安摩丝等（Amos et al.，2005）
股票、基金	巴索和福诺（Basso and Funari，2003） 阿巴德等（Abad et al.，2004） 常（Chang，2004） 拓图（Troutt et al.，2005）
税务	塞拉（Serra，2003）
电信	盖代·德·阿韦拉尔等（Guedes de Avellar et al.，2002） 潘扎鲁普洛斯和吉奥卡斯（Pentzaroupoulos and Giokas，2002） 福克尼和雷森迪（Façanha and Resende，2004） 乌里（Uri，2004）
城市交通	博格等（De Borger et al.，2002） 达伦和戈麦斯·罗伯（Dalen and Gómez Lobo，2003） 约瑟斯等（Jörss et al.，2004） 奥德克和阿尔卡迪（Odeck and Alkadi，2004）
配水	塔那苏利斯（Thanassoulis，2000） 傅和黄（Fu and Huang，2002） 科尔顿（Corton，2003） 图珀和雷迪森（Tupper and Resende，2004）
世界卫生组织	霍林斯沃思和怀德曼（Hollingsworth and Wildman，2003） 理查森等（Richardson et al.，2003） 格林（Greene，2004） 劳尔等（Lauer et al.，2004）

第二节 经济效率的定义和衡量方法

经济效率由技术性和配置性组成。技术组成部分指的是避免浪费的能力，要么在技术和投入要素允许的范围内生产尽可能多的产出，要么在技术和产出生产所需的范围内使用尽可能少的投入。因此，对技术效率的分析可以有产出增加的方向，也可以是节约投入的方向。分配部分是指根据现行价格以最佳比例组合进行投入/产出的能力。厂商的最优投入/产出比例满足一阶条件。

库普曼斯（Koopmans，1951）提供了一个正式的技术效率的定义：如果增加一种产出必须要减少另一种产出或至少增加一个投入，或者减少任何一种投入至少需要增加另一种投入或至少减少一个产出，我们说生产者是技术上有效的。因此，效率低下的厂商在生产相同的产出时使用更多的投入，或者在使用相同的投入时会生产更少的产品。

德斌（Debreu，1951）和法雷尔（Farrel，1957）提出了一种技术效率的测量方法。在保持输入方向的情况下，技术效率的测量被定义为在给定技术和输出可行时，所有输入的最大等比例减少量。在输出方向增加的情况下，其测量值被定义为在给定技术和输入条件下所有输入的最大等比例的增加。在两个方向中，单位值表示技术效率，因为没有径向调整是可行的，与单位值之间的差距表示技术非效率的大小。

为了将德斌-法雷尔方法与库普曼斯定义联系起来，并将其与生产技术的结构联系起来，引入一些符号和术语是很有用的。我们用 $x=(x_1,\cdots\cdots,x_N)\in R_+^N$ 来表示投入，用 $y=(y_1,\cdots\cdots,y_M)\in R_+^M$ 来表示产出，生产技术可以用生产集来表示：

$$T=\{(x,y):x \text{ can produce } y\} \tag{1-1}$$

库普曼斯（Koopmans）对技术效率的定义可以被正式地表示成（y，x）$\in T$，当且仅当（y'，x'）$\geqslant(y,-x)$。

技术也可以用投入集来表示：

$$L(y)=\{x:(y,x)\in T\} \tag{1-2}$$

同样地，对于每个 $y\in R_+^M$，都有等投入线：

$$I(y)=\{x:x\in L(y),\lambda x\notin L(y),\lambda<1\} \tag{1-3}$$

产出有效集可以表示为：

$$E(y)=\{x:x\in L(y),x'\notin L(x),x'\leqslant x\} \tag{1-4}$$

这三个集合满足 $E(y)\subseteq I(y)\subseteq L(Y)$。谢泼德（Shephard，1953）引入输入距离函数，提出生产技术的函数表示。输入距离函数为：

$$D_I(y, x) = \max\{\lambda: (x/\lambda) \in L(y)\} \tag{1-5}$$

对于 $x \in L(y)$，$D_I(y, x) \geqslant 1$，对于 $x \in I(y)$，$D_I(y, x) = 1$。在 T 的标准假设下，输入距离函数 $D_I(y, x)$ 是在 x 上是非增函数，在 x 上是一阶齐次的非递减凹函数。德斌 - 法雷尔输入维度的技术效率度量现在可以作为函数的值给出更正式的解释：

$$TE_I(y, x) = \min\{\theta: \theta x \in L(y)\} \tag{1-6}$$

也可以表示成：

$$TE_I(y, x) = 1/D_I(y, x) \tag{1-7}$$

对于 $x \in L(y)$，$TE_I(y, x) \leqslant 1$，对于 $x \in I(y)$，$TE_I(y, x) = 1$。

由于很多效率度量都是输出维度的，因此在这个方向上重复上面的设定是有用的。生产技术可以用输出集来表示：

$$P(x) = \{y: (x, y) \in T\} \tag{1-8}$$

同样地，对于每个 $x \in R_+^N$，都有等产量线：

$$I(x) = \{y: y \in P(x), \lambda y \notin P(x), \lambda > 1\} \tag{1-9}$$

有效产出子集可以表示为：

$$E(x) = \{y: y \in P(x), y' \notin P(x), y' \geqslant y\} \tag{1-10}$$

这三个集合满足 $E(x) \subseteq I(x) \subseteq P(x)$。谢泼德（Shephard，1970）的输出距离函数提供了生产技术的另一种函数表示。输出距离函数为：

$$D_O(x, y) = \min\{\lambda: (y/\lambda) \in P(x)\} \tag{1-11}$$

对于 $y \in P(x)$，$D_O(x, y) \leqslant 1$，对于 $y \in I(x)$，$D_O(x, y) = 1$。在 T 的标准假设下，输出距离函数 $D_O(x, y)$ 是在 x 上是非增函数，在 y 上是一阶齐次的非递减凹函数。

德斌 - 法雷尔输入维度的技术效率度量现在可以作为函数的值给出更正式的解释：

$$TE_O(x, y) = \max\{\phi: \phi y \in P(x)\} \tag{1-12}$$

也可以表示成：

$$TE_O(x, y) = [D_O(x, y)]^{-1} \tag{1-13}$$

对于 $y \in P(x)$，$TE_O(x, y) \geqslant 1$，对于 $y \in I(x)$，$TE_O(x, y) = 1$（有时候上述表达也可以写成是 $TE_O(x, y) = [\max\{\phi: \phi y \in P(x)\}]^{-1} = D_O(x, y)$，我们遵循将效率定义为最佳效率与实际效率之比的惯例。$TE_I(y, x) \leqslant 1$ 且 $TE_O(x, y) \geqslant 1$）。

上述分析假设 $M>1$ 且 $N>1$。当只有一种投入要素时：

$$D_I(y, x)=x/g(y)\geqslant 1\Leftrightarrow x\geqslant g(y) \tag{1-14}$$

其中，$g(y)=\min\{x: x\in L(y)\}$ 是投入要素的前沿，它定义了在输出为 y 时所需要的投入 x 的最小数量。在这种情况下，投入维度的技术效率的度量变成了最小值和实际投入的比值：

$$TE_I(y, x)=\frac{1}{D_I(y, x)}=g(y)/x\leqslant 1 \tag{1-15}$$

当只有一种产出时，

$$D_O(x, y)=y/f(x)\leqslant 1\Leftrightarrow y\leqslant f(x) \tag{1-16}$$

其中，$f(x)=\max\{y: y\in P(x)\}$ 是生产前沿，它定义了在固定投入要素 x 时所能实现的最大产出数量。在这种情况下，产出维度的技术效率的度量变成了最大产出和实际产出的比值：

$$TE_O(x, y)=\frac{1}{D_O(x, y)}=f(x)/y\geqslant 1 \tag{1-17}$$

图 1-1 至图 1-3 说明这两种维度的技术效率度量。技术在图 1-1 中是平滑的，在图 1-2 和图 1-3 中是分段线性的，这反映了使用数据来评估技术的不同方法。将在本章第五节中介绍的计量经济学方法会在第二章中进一步拓展，该方法估计的是平滑参数前沿。将在本章第六节中介绍的数学规划方法会在第三章中进一步拓展，这种方法估计的是分段线性非参数前沿。

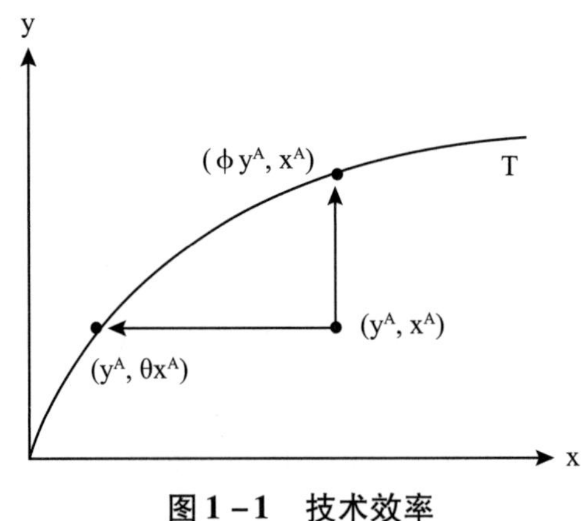

图 1-1　技术效率

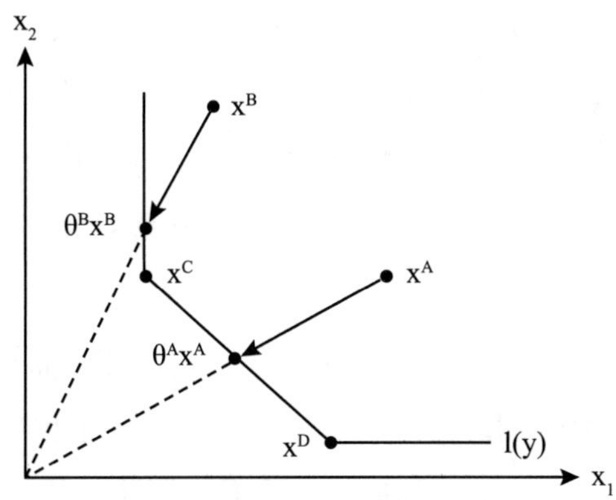

图 1－2 投入方向上的技术效率

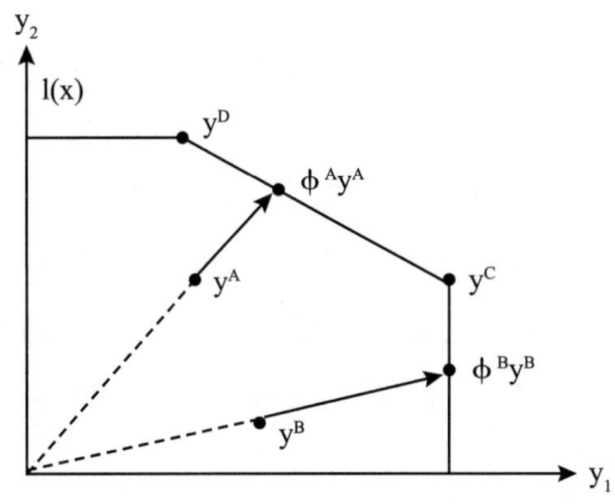

图 1－3 产出方向上的技术效率

在图 1－1 中，生产者 A 位于 T 的内部，其效率可以通过使用 $TE_I(y, x) = \min\{\theta: \theta x \in L(y)\}$ 进行投入维度上的度量，其中 $TE_I(y^A, x^A) = \theta x^A/x^A \leqslant 1$；也可以通过使用 $TE_O(x, y) = \max\{\phi: \phi y \in P(x)\}$ 进行产出维度上的度量，其中 $TE_O(x^A, y^A) = \phi y^A/y^A \geqslant 1$。

也可以通过同时增加或减少投入和产出（双曲线或沿直角）来将两个维度组合起来，以达到（y^A, θx^A）和（φy^A, x^A）之间 T 上的有效点。技术效率的双曲线度量可以定义为：

$$TE_H(y, x) = \max\{\alpha: (\alpha y, x/\alpha) \in T\} \tag{1-18}$$

$TE_H(y, x)$ 是双曲线距离函数 $D_H(y, x)$ 的倒数。在规模报酬不变的情况下，$TE_H(y, x) = [TE_O(x, y)]^2 = [TE_I(y, x)]^{-2}$，而且 $TE_H(y, x)$ 是对偶的利润函数，技术效率的方向度量的另一个定义为：

$$TE_D(y, x) = \max\{\beta: ((1+\beta)y, (1-\beta)x) \in T\} \geqslant 0 \quad (1-19)$$

$TE_D(y, x)$ 是方向距离函数 $D_D(y, x)$ 的等价函数。即使是在没有规模报酬不变的条件限制时，$TE_D(y, x)$ 也和 $TE_O(x, y)$、$TE_I(y, x)$ 相关，并且是一个对偶的利润函数。方向测量及其基本方向距离函数在后面的章节中得到了很好的利用。

在图 1-2 中，投入向量 x^A 和 x^B 在 $L(y)$ 的内部，而且两者都可以径向收缩并且依然能够产生输出向量 y。投入向量 x^C 和 x^D 不能够径向收缩，但仍然能够产生输出向量 y，因为它们位于等产量线 $L(y)$ 上。因此，$TE_I(y, x^C) = TE_I(y, x^D) = 1 > \max\{TE_I(y, x^A), TE_I(y, x^B)\}$。既然径向拓展的输入向量 $\theta^B x^B$ 包含松弛变量 x_2，那么在描述 $\theta^B x^B$ 作为 y 的输入变量时，可能会有一些犹豫。而 $\theta^A x^A$ 则不存在这个问题。因此，尽管 $\theta^A x^A \in E(y)$ 且 $\theta^B x^B \notin E(y)$ 时，也会有 $TE_I(y, \theta^A x^A) = TE_I(y, \theta^B x^B) = 1$。

图 1-3 实际上告诉了我们同样的故事，但是是面向产出来说明的。在给定投入 x 的情况下，产出向量 y^C 和 y^D 是技术上有效率的，y^A 和 y^B 则存在效率损失。径向拓展的 $\phi^A y^A$ 和 $\phi^B y^B$ 在技术上是有效率的，尽管输出 $\phi^B y^B$ 处于松弛状态。因此，即使 $\phi^A y^A \in E(x)$ 且 $\phi^B y^B \notin E(x)$ 时，也会有 $TE_O(x, \phi^A y^A) = TE_O(x, \phi^B y^B) = 1$。

德斌-法雷尔的技术效率测量被广泛应用。由于它们是距离函数的倒数，它们满足几个很好的性质［谢泼德（Shephard，1970）首先指出了这一点，拉塞尔（Russell，1988，1990）对此做了最彻底的说明］。这些属性包括：$TE_I(y, x)$ 在 x 上是 -1 阶齐次的，$TE_O(x, y)$ 在 y 上是 -1 阶齐次的；$TE_I(y, x)$ 在 x 上是弱单调递减的，$TE_O(x, y)$ 在 y 上是弱单调递减的；$TE_I(y, x)$ 和 $TE_O(x, y)$ 不随测量单位的变化而改变。

另外，它们并不完美。德斌—法雷尔技术效率测量法的一个显著特点是，它们与库普曼斯对技术效率的定义不一致。库普曼斯的定义很苛刻，要求不存在协调方面的改进（同时属于两个有效子集），而德斌—法雷尔度量只需要不存在径向改进。因此，德斌—法雷尔措施正确地将所有库普曼斯高效生产商识别为技术高效生产商，同时也将位于库普曼斯高效子集的外等量线上的厂商识别为技术高效生产商。

因此，对于库普曼斯技术效率而言，满足德斌—法雷尔的技术效率是必要条件，但不是充分条件。可能存在的情况如图 1 - 2 和图 1 - 3 所示，其中 $\theta^B x^B$ 和 $\phi^B y^B$ 满足德斌 - 法雷尔条件但不符合库普曼斯要求，因为存在松弛状态。

人们对德斌 - 法雷尔方法的这一特性做了很多研究，但我们认为这个问题被夸大了。这个问题的实际意义取决于有多少观测值不属于有效集。因此，这一问题在许多计量经济学分析中消失了，其中用于估计生产技术函数的参数形式（例如，科布 - 道格拉斯形式，但不是灵活的函数形式，例如 translog 形式）强加等量和有效子集之间的相等性，从而消除松弛。该问题在数学规划方法中具有更大的意义，在这种方法中，用于估计生产集边界的非参数形式通过强（或自由）可处置性假设造成松弛。如果这个问题在实践中被认为是重要的，那么就有可能将德斌 - 法雷尔的效率得分和松弛部分分别列出来。但这种情况很少发生。相反，人们一直致力于找到解决问题的“办法”，并提出了三种策略。用一个投射到有效子集的非径向度量替换径向德斌 - 法雷尔度量（Färe and Lovell，1978）。这保证了观测（或其投射）在技术上是有效的，只要它在库普曼斯的意义上是有效的。然而，非径向测量获得这一“指示”特性的代价是使均匀性（homogeneity）失效。制定一项将松弛和径向分量纳入包容性技术效率的措施（Cooper，1999）。该指标也具有指示特性，但也有自身的问题，包括负值的可能性。通过严格执行正的边际替代率和转换率来完全消除松弛。我们在本章第六节中以不同的设定方法实现了这种可能性。

令人高兴的是，经济效率的定义和衡量标准之间没有这样的区别。定义和衡量经济效率需要明确经济目标和有关价格的信息。如果生产单元的目标（或分析人员分配给它的目标）是成本最小化，那么成本效率的衡量方法是最小可行成本与实际成本的比值。当生产者具有成本效率时，其单位价值达到最大值，与单位值的差距可以表示成本效率的大小。投入要素配置效率是成本效率与投入维度技术效率之比的残差。因此，可以将菲尔成本效率分解转换为输出导向的收益效率分解。修改度量方法以适应不同的行为目标有时是很容易的，有时是具有挑战性的。监管和其他非技术约束的结合也阻碍了一些经济目标的实现。假设厂商面临的投入价格是 $w = (w_1, \cdots\cdots, w_N) \in R^N_{++}$ 而且追求成本最小化。那么成本最小化的方程，或者说成本前沿，可以表示为：

$$c(y, w) = \min_x \{w^T x: D_I(y, x) \geqslant 1\} \quad (1-20)$$

如果投入集 L(y) 是闭集且是凸集，并且如果投入时可自由支配的，则成本前沿与投入距离函数 c(y, w) 是对偶的。

$$D_I(y,\ x) = \min_w \{w^T x:\ c(y,\ w) \geqslant 1\} \quad (1-21)$$

最低成本与实际成本之比是一个衡量成本效率的指标。

$$CE(x,\ y,\ w) = c(y,\ w)/w^T x \quad (1-22)$$

进而可以得到投入的配置效率：

$$AE_I(x,\ y,\ w) = CE(x,\ y,\ w)/TE_I(y,\ x) \quad (1-23)$$

CE(x, y, w) 和它的两个组成部分的边界是同一个，而且 $CE(x,\ y,\ w) = TE_I(y,\ x) \times AE_I(x,\ y,\ w)$。

成本前沿的度量和分解分别由图1-4和图1-5表示。图1-4中 x^E 是产出为 y 价格为 w 情况下使得成本最小化的值。x^A 的成本效率是由 $w^T x^E / w^T x^A = c(y,\ w)/w^T x^A$ 计算得到的。x^A 的配置效率是由成本效率和技术效率的残差来定义的，或者可以用 $w^T x^E / w^T(\theta^A x^A)$ 计算。技术效率、配置效率和成本效率的大小都是由价格加权的投入向量的比值来表示的。配置非效率的方向是由投入向量的差 $(x^E - \theta^A x^A)$ 来决定的。图1-5提供了成本效率的另一种表示方法，$CE(x^A,\ y^A,\ w) = c(y^A,\ w)/w^T x^A$。

图1-6再次说明了成本效率的度量和分解，其中有效子集是等量集的子集。分析过程如上所述。投入向量 x^A 的成本效率可以分解为三个部分，径向技术分量 $[w^T(\theta^A x^A)/w^T x^A]$、投入松弛分量 $[w^T x^B / w^T(\theta^A x^A)]$、配置分量 $[w^T x^E / w^T x^B]$。已知投入价格的数据后，可以分别算出三个分量。松弛分量通常会分配给配置分量。

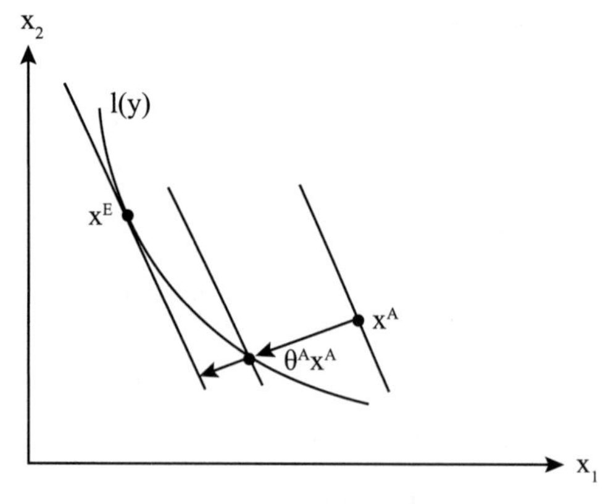

图1-4 成本效率1

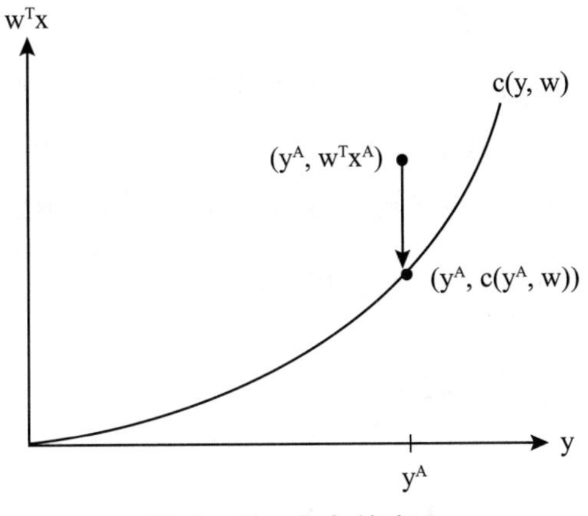

图 1-5　成本效率 2

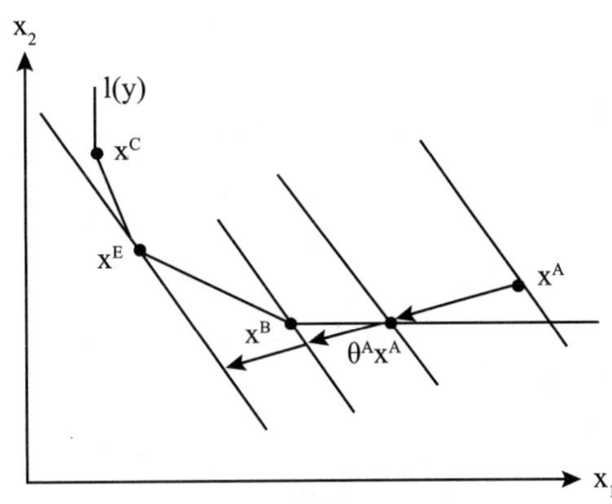

图 1-6　成本效率 3

假设厂商面临的投入价格是 $p = (p_1, \cdots\cdots, p_M) \in R^M_{++}$ 而且追求成本最小化。那么收益最大化的方程，或者说收益前沿，可以表示为：

$$r(x, p) = \min_x \{p^T y: D_O(x, y) \leqslant 1\} \tag{1-24}$$

如果投入集 L(y) 是闭集且是凸集，并且如果产出是可自由支配的，则收益前沿与产出距离函数 r(x, p) 是对偶的。

$$D_O(x, y) = \max_p \{p^T y: r(x, p) \leqslant 1\} \tag{1-25}$$

最低收益与实际收益之比是一个衡量收益效率的指标

$$RE(y, x, p) = r(x, p) / p^T y \tag{1-26}$$

进而可以得到产出的配置效率：

$$AE_O(y, x, p) = RE(y, x, p) / TE_O(x, y) \tag{1-27}$$

RE(y, x, p) 和它的两个组成部分的边界是同一个，而且 $RE(y, x, p) = TE_0(x, y) \times AE_0(y, x, p)$。收入前沿的度量和分解分别由图1－7和图1－8表示。在存在产出松弛的情况下，收益效率的度量和分解与图1－6相似。由于产出松弛而导致的收益损失通常被归类到收益效率的产出配置效率部分。

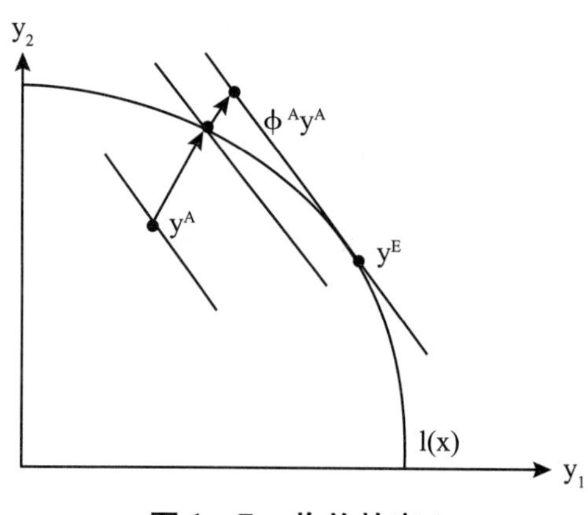

图1－7　收益效率1

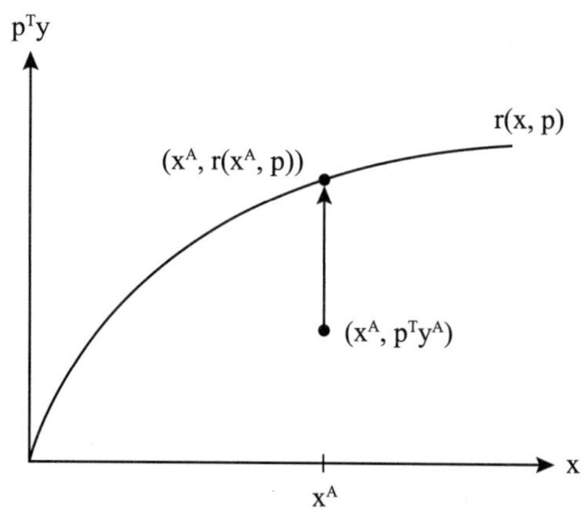

图1－8　收益效率2

成本效率和收益效率是重要的绩效指标，但它们都只反映了企业整体绩效的一个维度。利润效率的度量包含了这两个维度。假设生产者面对输出价格 $p = (p_1, \cdots\cdots, p_M) \in R^M_{++}$，输入价格 $w = (w_1, \cdots\cdots, w_N) \in R^N_{++}$，并寻求利润最大化。最大利润函数，或利润边界，可以定义为：

$$\pi(p, w) = \max_{y,x}\{(p^T y - w^T x): (y, x) \in T\} \tag{1-28}$$

如果生产集 T 是闭集且是凸集，并且如果产出和投入是可自由支配的，则利润前沿与 $\pi(p, w)$ 是对偶的。

$$T = \{(y, x): (p^T y - w^T x) \leqslant \pi(p, w), \ \forall p \in R^M_{++}, \ w \in R^N_{++}\} \tag{1-29}$$

利润效率是由最大利润与实际利润之比来衡量的

$$\pi E(y, x, p, w) = \pi(p, w) / (p^T y - w^T x) \tag{1-30}$$

其中，$(p^T y - w^T x) > 0$，$\pi E(y, x, p, w)$ 的下界是一致的。图 1－9 部分说明了利润效率的分解，方法基于图 1－1。其中 (y^A, x^A) 的利润要小于利润最大化的点 (y^E, x^E) 而且说明了两种可能的利润效率分解。一个采取投入径向减少的方法来衡量技术效率，剩余配置分量遵从从 $(y^A, \theta^A x^A)$ 到 (y^E, x^E) 的路径。另一个采取产出径向增加的方法来衡量技术效率，剩余配置分量遵从从 $(\phi y^A, x^A)$ 到 (y^E, x^E) 的路径。在两种方法中，剩余分配分量包含投入配置效率分量和产出配置效率分量，尽管每种分量的大小在两种方法中可以有所不同。这两个分量在二维图图 1－9 中是隐藏的。在这两种方法中，剩余配置效率分量还包括一个比例分量，如图 1－9 所示。比例分量的方向与技术效率的方向有关，产生了如何进行确定正确方向的难题。由于利润效率包括对产出和投入的调整，因此双曲线和定向技术效率措施是很合适的方法。无论技术效率指标的方向如何，利润效率低下都源于技术效率低下、生产规模不合适、产出组合不合适或投入组合不合适。

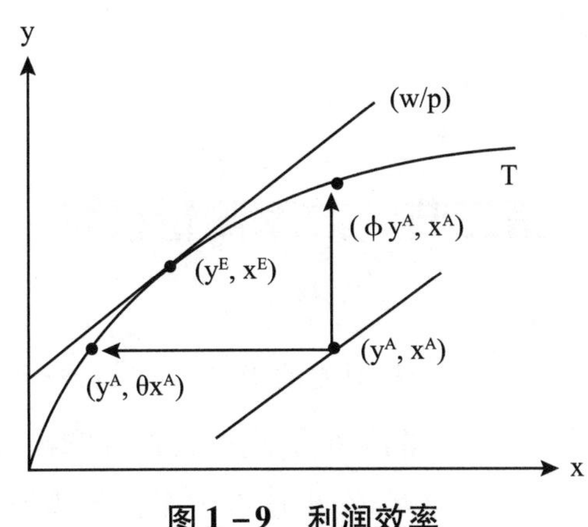

图 1－9 利润效率

最后，我们简要讨论一下占优。如果 $(y^A, -x^A) \geqslant (y, -x)$，则可以说生产者 A 优于其他任何的生产者。这一概念直接应用了库普曼斯对效率的定义，即生产者 A 比它所占优的所有其他生产者“更有效率”。与定义相反，如果 $(y, -x) \geqslant (y^A, -x^A)$，则其他的所有生产者都优于 A。在图 1－1 中，生产者 A 左上方所有属于 T 的生产者都优于生产者 A。类似的关系可以在图 1－2 和图 1－3 中构建。在每种情况下，占优都是一种物理的或者技术上的关系。然而占优也可以被赋予一种价值解释。图 1－5 中所有在 A 下方 c(y, w) 左上方的生产者都优于生产者 A，因为它们在不增加成本的情况下至少生产同样多的产品。在图 1－8 中所有在 A 上方 r(x, p) 下方的生产者都优于生产者 A，因为它们在不使用更多投入的情况下获得大于等于 A 的收益。

占优是在生产者绩效评估领域中未被充分利用的概念，其重点在于效率。占优信息为效率评估提供了一个潜在的有用补充，正如图尔肯斯和范登·埃克豪特（Tulkens and Vanden Eeckaut，1995，1999）所证明的那样。效率低下的生产者可能拥有许多占优者，因此需要学习许多潜在的榜样。例如，福瑞迪等（Fried et al.，1993）报告说，在美国近 9000 个信用合作社中，平均每个有 22 个占优者。确定占优者可以构成基准测试的第一步。占优者可以被认为是实现了最佳实践的基准生产者。然而，占优者也有可能是因为经营环境更有利。尽管这对确定基准来说可能是不起眼的，但对于不想混淆效率变化和环境变化的分析师来说，这可能非常有用。引入环境变化是任何绩效评估工作的重要组成部分，下面和后面的章节将会进行进一步的讨论。

第三节　效率测量技术

效率度量包括实际绩效与位于相关前沿的最优绩效相比较。因为真正的前沿是未知的，所以需要一个经验的近似。这种近似经常被称为“最佳实践”前沿。生产经济理论基于生产前沿和价值双重因素，如成本、收入和利润前沿，以及包络属性、成本最小化、收益最大化、利润最大化等。重点放在优化受约束的行为上。然而，自科布和道格拉斯开始进行回归分析以来，生产的实证分析一直基于最小二乘的统计方法。因此，这样的前沿理论已经成为被分析的函数，对包络数据的前沿兴趣已经被存在函数形式的实践数据所取代。忽视了不太可能有效的结果，取而代之的是可能性更大但效率更低的结果，所有这些都是由于人们的注意力从极端价值转向了中心趋势。

如果要对经济前沿结构的调查进行计量分析，并和以生产前沿为基准的效率进行测量，那么我们需要对传统的计量经济学技术进行修改。在过去的30年中，已经进行了许多的开发、改进和实施。关于计量经济学技术，我们会在本章第五节中进行介绍，并在第二章进行详细的介绍。

与计量经济学技术形成鲜明对比的是，数学规划技术本质上是一种包络技术，因此在效率分析中几乎不需要或根本不需要修改。这使得它们很有吸引力，但它们在经济学领域早已失宠。它们的理论吸引力已经让位于一种显而易见的实际劣势，即它们没有考虑到传统计量经济学分析的统计噪声。尽管有这个明显的缺点，但它们在管理科学和运筹学领域仍然很受欢迎，并且正在经济学领域卷土重来。规划技术在本章第六节中介绍，在第三章中详细介绍。

计量经济学的前沿构建方法与数学规划方法有相似之处，也有不同之处。两者都是会建立一个严谨的基准，利用本节中介绍的距离函数来度量相对于前沿的效率。然而，这两种方法使用不同的技术以不同的方式或多或少地紧密地对数据进行封装。在此过程中，它们对统计噪声和生产技术结构做出了不同的调整。正是这两种不同的调整引发了关于这两种方法相对优势的争论。冒着过于简单化的风险，这两种方法之间的差异可以归结为两个基本特征。

（1）计量经济学方法是随机的。这使它能够试图区分噪声的影响和效率低下的影响，从而为统计推断提供了基础。

（2）规划方法是非参数的。这使它能够避免混淆函数形式（技术和效率）的错误规范和效率低下的错误规范的影响。

十多年前，从这两个特征得出的结论是，规划方法是非随机的，计量经济学方法是参数的。这产生了一个令人不安的后果。如果要认真对待效率分析，生产者绩效评估必须对统计噪声和规范误差都具有稳健性。这两种方法都没有被认为是稳健的。

令人高兴的是，知识已经取得进展，而且差别已经模糊了。赞美一种随机性的方法并不是否认另一种方法也是随机性的，并且称赞一种方法是非参数的并不是将另一种方法视为严格参数化。对规划方法的统计基础的探索为统计推断提供了基础，灵活方程形式以及半参数、非参数和贝叶斯技术的应用已经将计量经济学方法从其参数化的紧身衣中解放出来。这两种技术都比以前想象的更强大。差距不再介于一种技术与另一种技术之间，而是介于最佳实践知识和平均实践实施之间。其中挑战在于缩小差距。

值得一问的是，当应用于相同的数据时，这两种技术是否得到一致的结论。答案似乎是肯定的，数据质量越高，两组效率估计之间的一致性就越大。在现有的众多比较文献中，我们推荐使用美国银行数据（Bauer et al.，1998）和使用美国寿险公司数据（Cummins and Zi，1998）。这两项研究都发现，在计量经济学模型替代对和规划模型的替代对之间，效率的点估计的正等级相关很强，而在计量经济学模型和规划模型的替代对之间，效率的点估计的正等级相关较弱，但不明显。

第二章和第三章发展了这两种方法，从它们的基本公式开始，发展到更高级的方法。第四章将第二章的参数计量方法重新构建为非参数统计框架，并探讨了第三章规划方法的统计基础。除了这些章节之外，我们建议对昆巴卡尔和洛弗尔（Kumbhakar and Lovell，2000）的计量经济学方法和库珀等（Cooper et al.，2000）的规划方法进行综合处理。两者都包含了对分析发展和经验应用的广泛参考。

第四节　效率测量的计量经济学方法

计量经济学模型可以根据使用的数据类型（横截面或面板）、使用的变量类型（仅使用数量，使用数量和价格）以及模型中方程的数量进行分类。

一、单方程横截面模型

假设生产者使用的投入 $x \in R_+^N$，来生产 $y \in R_+$，技术可以表示为：

$$y_i \leqslant f(x_i, \beta)\exp(v_i)$$

其中，β 是生产技术结构特征的参数，i=1，……，I 表示不同的生产者。$f(x_i, \beta)$ 是确定性生产前沿。y_i 是实际观测到的产出，v_i 是随机干扰项。随机生产前沿区分了外界环境的影响（好的和不好的）和不受厂商控制的影响 $\exp(v_i)$。上述弱不等式可以通过引入第二个扰动项来转化为等式：

$$y_i = f(x_i, \beta)\exp(v_i - u_i) \tag{1-31}$$

其中，扰动项 $u_i \geqslant 0$ 用来捕捉技术效率低下对产出观测值的影响。回顾本章第三节，德斌－法雷尔面向输出的技术效率度量是最大可能输出与实际输出的比值（一些作者使用了该度量的倒数）。然后可以得出：

$$TE_O(x_i, y_i) = \frac{f(x_i, \beta)\exp(v_i)}{y_i} = \exp(u_i) \geqslant 1 \tag{1-32}$$

因为 $u_i \geqslant 0$。通过式（1－32）我们对 $TE_O(x_i, y_i)$ 进行估计，这步很容易，并且还可以通过多种方法来完成，这取决于人们愿意做出的假设。它还需要将残差分解为 v_i 和 u_i 的单独估计值，这步并不容易。

第一种方法，温斯顿（Winsten，1957）首次提出并且现在称为校正的普通最小二乘（COLS）方法，假设 $u_i = 0$ 并且 $v_i \sim N(0, \sigma_v^2)$。在这种情况下，$y_i = f(x_i, \beta)\exp(v_i - u_i)$ 可以被修正成为标准回归模型，通过 OLS 得到一致估计。然后，将估计出的生产函数向上移动，将最大正残差添加到估计截距中，创建一个生产边界，所有的数据都位于前沿的下方。残差在相反的方向被校正，变成 $\hat{v}_i = v_i - v_i^{max} \leqslant 0$。每个厂商的技术效率可以用下面的式子进行估计：

$$\widehat{TE}_O(x_i, y_i) = \exp(-\hat{v}_i) \geqslant 1 \tag{1-33}$$

$\widehat{TE}_O(x_i, y_i) - 1 \geqslant 0$ 表示在 $u_i = 0$ 时，效率可以达到百分之百。具有最大正 OLS 残差的生产者支持 COLS 生产前沿。这使得 COLS 容易受到异常值的影响，尽管已经提出了特别的敏感性测试。此外，除了平移截距外，COLS 边界的结构与 OLS 函数的结构相同。这种结构上的相似性排除了高效生产者之所以高效的可能性，正是因为它们利用了普通生产者所没有的可用经济和替代可能性。认为最佳实践与一般实践是一样的，但最佳实践更好，这种假设既违背常识，也违背大量的经验证据。最后，令人担忧的是，所有生产者的效率估计都是通过技术非效率部分 u_i 得到的，并且单个生产者的噪声 v_i^{max} 决定 $\exp(-\hat{v}_i)$ 是 $\exp(u_i)$ 的代理变量。尽管存在一些保留意见，以及第二章和第四章中提出的其他问题，但 COLS 被广泛使用，大概是因为它很容易。

第二种方法，由艾格纳和朱（Aigner and Chu，1968）提出，假设 $v_i=0$。在这种情况下确定性前沿边界可以通过线性的方法或二次规划技术来解决（最小化 $\sum_i u_i$ 的和，或最小化 $\sum_i u_i^2$），约束条件为 $u_i=\ln[f(x_i, \beta)/y_i]\geqslant 0$（对于所有厂商）。每个厂商的技术效率可以由下式进行估计：

$$\widehat{TE}_0(x_i, y_i)=\exp(-\hat{u}_i)\geqslant 1 \tag{1-34}$$

$\widehat{TE}_0(x_i, y_i)-1\geqslant 0$ 表示在 $u_i=0$ 时，效率可以达到百分之百。$\hat{u}_i$ 是约束条件$u_i=\ln[f(x_i, \beta)/y_i]\geqslant 0$ 的松弛部分。虽然 $\exp(-\hat{u}_i)$ 看起来和第一种方法中的 $\exp(u_i)$ 相似，但第二种方法的 $\exp(-\hat{u}_i)$ 假设 $v_i=0$，这一点与第一种方法中的 $\exp(u_i)$ 不一样。既然没有对 u_i 的分布进行假设，就不能进行统计推断，也不能对一致性进行验证。然而，施密特（Schmidt，1976）指出，如果 u_i 服从指数分布，β 的线性"估计"是最大似然；如果 u_i 服从半正态分布，β 的二次规划"估计"是最大似然。不幸的是，我们几乎不知道这些估计量的统计性质，即使它们是最大似然。然而，格林（Greene，1980）指出，假设 u_i 遵循 Gamma 分布，会生成一个行为良好的似然函数，允许统计推断。尽管该模型不符合任何已知的规划问题。尽管其确定性公式存在明显的统计缺陷，但规划方法也得到了广泛的应用。其流行的一个原因是很容易在程序中附加单调性和曲率约束，正如海露和维曼（Hailu and Veeman，2000）在加拿大制浆造纸工业的水污染研究中所做的那样。

第三种方法，由艾格纳等（Aigner et al.，1977）和米豪森和范登布罗克（Meeusen and van den Broeck，1977）各自提出的，试图弥补前两种方法的不足，称为随机前沿分析（SFA）。在这种方法中假设 $v_i\sim N(0, \sigma_v^2)$，u_i 服从半正态分布或指数分布。这两种分配假设背后的动机是，对相对高效比相对低效更有可能将这一概念进行简单的参数化。毕竟，生产结构是参数化的，所以我们也可以参数化非效率分布。此外，假设 v_i 和 u_i 是独立分布的，并且与 x_i 不相关。OLS 可用于获得斜率参数的一致估计，但不能获得截距，因为 $E(v_i-u_i)=E(-u_i)\leqslant 0$。然而，OLS 残差可以用来检验负偏度，这是一种检验技术效率是否存在变化的方法。如果发现负偏度的证据，OLS 斜率估计值可以作为极大似然程序的初始值。根据分布和独立性假设，可以导出似然函数，该似然函数可以对所有参数（β，σ_v^2，σ_u^2）进行最大化，以获得 β 的一致估计。然而，即使有了这些信息，也没有团队能够在 $TE_0(x_i, y_i) = \frac{f(x_i, \beta)\exp(v_i)}{y_i} = \exp(u_i) \geqslant 1$ 中估计 $TE_0(x_i, y_i)$，因为它们不能将 u_i 和 v_i 从残差中分离出来，琼德罗等（Jondrow et al.，1982）提供了一个初始的解决方案，通过推导出件分布 $[u_i \mid (v_i - u_i)]$ 条件分布。这使他们能够推导出这个条件分布的期望值，他们建议从这个期望值来估计每个生产者的技术效率。

$$\widehat{TE}_0(x_i, y_i) = \frac{1}{\exp E[-\hat{u}_i \mid (v_i - u_i)]} \geqslant 1 \tag{1-35}$$

这是 MLE 参数估计的方程。后来，巴蒂斯和科利（Battese and Coelli, 1988）提出用下面的式子进行估计：

$$\widehat{TE}_0(x_i, y_i) = \frac{1}{E[\exp(-\hat{u}_i) \mid (v_i - u_i)]} \geqslant 1 \tag{1-36}$$

这是同一 MLE 参数估计值的一个稍有不同的方程，而且更好用。因为前面的式子只有一阶项的幂级数近似 $\exp(-\hat{u}_i)$。与前两种抑制 v_i 或 u_i 的方法不同，SFA 方法明智地将噪声和非效率合并到模型规范中。所付出的代价是需要强加分配性和独立性假设，其主要好处是能够分离这两个误差。单参数半正态分布和指数分布可以推广到更灵活的双参数截断正态分布和伽马分布，正如史蒂文森（Stevenson，1980）和格林（Greene，1980）所建议的。独立假设对 MLE 过程似乎至关重要，它们可以在面板数据存在的情况下被放松，这一事实可以让我们初步了解面板数据的价值，我们将在本章第五节中对此进行讨论。

从 $\widehat{TE}_0(x_i, y_i) = \frac{1}{\exp\{E[-\hat{u}_i \mid (v_i - u_i)]\}}$ 和 $\widehat{TE}_0(x_i, y_i) = \frac{1}{E[\exp(-\hat{u}_i) \mid (v_i - u_i)]}$ 获得的效率估计是无偏的，但它们的一致性受到质疑，不是因为它们收敛到错误的值，而是因为在横截面上，我们对每个生产商只有一个观察，并且观察次数不能增加。然而，将来我们会在第二章中提出一个新的相反的一致性主张。参数很简单，运行方式如下（第三种方法提到的两个估计技术效率的方法都是通过 MLE 的方法，得到的估计结果满足一致性，即使是在截面数据中）：

在超过十年的时间里，研究中都使用的是 $\widehat{TE}_0(x_i, y_i) = \frac{1}{\exp\{E[-\hat{u}_i \mid (v_i - u_i)]\}}$ 和 $\widehat{TE}_0(x_i, y_i) = \frac{1}{E[\exp(-\hat{u}_i) \mid (v_i - u_i)]}$ 来估计个人

效率。为了检验效率差异的统计学意义，经常对效率的方差的显著性［u2/(v2或其某些变体)］进行假设检验。然而，我们没有对 $TE_0(x_i, y_i)$ 的任何一个估计值进行假设检验，因为我们没有意识到我们有足够的信息来这样做。我们付出了在 v_i 和 u_i 上强加分布的代价，但没有获得任何好处；我们没有利用强加于 v_i 和 u_i 上的分布为 $[-\hat{u}_i | (v_i - u_i)]$ 和 $[\exp(-\hat{u}_i) | (v_i - u_i)]$ 创建分布的事实，这些分布可用于构造置信区间和测试关于单个效率的假设。这本来应是显而易见的，但是霍拉斯和施密特（Horrace and Schmidt，1996）以及贝拉和莎玛（Bera and Sharma，1999）作为第一批为效率估计器开发置信区间，我们所看到其公布的置信区间大得令人沮丧，可能是因为 $u_2/(v_2)$ 的估计值相对较小。在这种情况下可以看出一份评估效率得分的排名所包含的信息是有限的，往往是指区分最佳实践者和一般实践者的能力。

前面的讨论是基于单一的产出生产前沿，然而，多个输出可以通过多种方式合并，估计随机收入边界，用 pTy 代替 y 和（x，p）使单边误差分量为衡量收入效率提供了基础，但这种应用很少。估计随机利润边界，用（pTy - wTx）代替 y，用（p，w）代替 x，使单边误差分量为衡量利润效率提供了依据。利润边界估计是流行的，特别是在金融机构文献中。伯格和梅斯特（Berger and Mester，1997）对美国银行提供了广泛的应用。估计随机成本前沿，用 wTx 代替 y，用（y，w）代替 x，由于 $wTx \geqslant c(y, w)\exp(v_i)$，这需要改变单边误差部分的符号，以提供衡量成本效率的基础。应用程序很多。估计一个随机输入需求边界，x 和 y 在 $y_i = f(x_i, \beta)\exp(v_i - u_i)$ 中的角色被颠倒。这还需要更改单边误差项的符号，这为衡量输入使用效率提供了基础。应用仅限于劳动力成本占比非常大的情况，或者没有其他投入情况。昆巴卡和贾马尔森（Kumbhakar and Hjalmarsson，1995）向瑞典社会保险办事处的就业进行了应用，估计随机产出距离函数 $D_O(x, y)\exp(v_i) \leqslant 1 \Rightarrow D_O(x_i, y_i; \beta)\exp(v_i - u_i) = 1$。单边误差分量为面向输出的技术效率度量提供了依据。与上面的模型不同，距离函数没有自然的因变量，并且已经提出了至少三种替代方案。丰特斯等（Fuentes et al.，2001）和阿特金森等（Atkinson et al.，2003）说明替代规范，并分别向西班牙保险公司和美国铁路公司进行了应用，估计随机输入距离函数 $D_I(y, x)\exp(v_i) \geqslant 1 \Rightarrow D_I(y_i, x_i; \beta)\exp(v_i + u_i) = 1$。注意单侧误差分量的符号变化，单边误差分量为面向输入的技术效率度量提供了依据，并按上述步骤进行操作。

在前面的讨论中，主要兴趣都集中在对效率的估计上。本章第二节首先提出的第二个问题涉及合并潜在的效率决定因素。决定因素可以包括环境的特征，以及经理人的特征，如人力资本禀赋，其逻辑是，如果要提高效率，我们需要知道影响效率的因素是什么，这就需要把潜在决定因素的影响同投入和产出本身的影响区分开来，现已发展了两种方法。

设 $z \in R^K$ 与生产活动相关的外生变量向量。用（x_i；β）替换 $f(x_i, z_i; \beta, \gamma)$。最流行的例子是以 z 作为技术变化的代理变量，它改变了生产（或成本）边界。另一个流行的例子是在分析航空公司业绩时纳入阶段长度和负载因素；两者都被认为会影响运营成本。虽然 z 与生产活动的一个重要特征有关，但它并不影响生产效率。考虑到对生产效率的潜在影响，需要另一种方法，其中 z 影响生产者与相关前沿的距离。

在过去，通常采用两阶段的方法将生产效率的潜在决定因素结合起来。在这种方法中，效率在第一阶段使用 $\widehat{TE}_0(x_i, y_i) = \dfrac{1}{\exp\{E[-\hat{u}_i \mid (v_i - u_i)]\}}$ 或 $\widehat{TE}_0(x_i, y_i) = \dfrac{1}{E[\exp(-\hat{u}_i) \mid (v_i - u_i)]}$ 进行估算，在第二阶段使用潜在影响向量对估计效率进行回归。德普林斯和西玛（Deprins and Simar，1989）可能是第一个质疑这两阶段方法统计有效性的人。后来，巴蒂斯和科利（Battese and Coelli，1995）提出了一般形式的单阶段模型。

$$y_i = f(x_i, \beta)\exp(v_i - u_i(z_i; \gamma)) \tag{1-37}$$

其中，$u_i(z_i; \gamma) \geqslant 0$，z 是参数为 γ 的潜在影响因素变量。他们展示了如何以 SFA 方法估计模型。后来，王和施密特（Wang and Schmidt，2002）在单阶段方法中分析了 $u_i(z_i; \gamma)$ 的替代规范；例如，可以将分布的平均值或方差截断到零以下作为 z_i 的函数。他们还提供了详细的理论论据，并以令人信服的蒙特卡罗证据为依据，解释了为什么旧的两阶段的两个阶段过程都有严重偏差。希望我们不会再看到两阶段的 SFA 模型。

二、单方程面板数据模型

在横截面上，每个生产者只观察一次。如果对每个生产者进行一段时间的观察，就可以利用面板数据技术来处理这个问题。该方法的核心是将面板数据文献中的“公司效应”与前沿文献中的单边非效率术语联系起来。这种关联是如何形成的，以及模型是如何估计的，这些都是区分一个模型和另一个模型的关键。无论模型是什么，拥有面板数据的主要优势是能够不止一次地观察每个生产者。应该有可能利用这种能力来“更好”地估计效率，而不是从单个横截面获得效率。施密特和斯克勒（Schmidt and Sickles，1984）是最早考虑在前沿领域使用传统面板数据技术的学者之一。我们通过将横截面生产前沿模型改写为面板数据的形式：

$$y_{it} = f(x_{it}, \beta)\exp(v_{it} - u_i) \tag{1-38}$$

其中，时间下标 t = 1，…，t 被添加到 y、x 和 v 中，但（尚未）被添加到 u 中。我们首先假设技术效率是不随时间变化的，而不是外生影响的函数。有四种评估策略。正如皮特和李（Pitt and Lee，1981）首次指出的，将本节要点一中横截面 MLE 方法应用于面板数据上是很简单的。允许 u_i 依赖于潜在因素的影响也很简单，就像巴蒂斯和科利（Battese and Coelli，1995）所证明的那样。通过设置 $u_{it} = u_{it}(z_{it}; \gamma)$ 并指定 z_{it} 的一个元素存在时间趋势或时间虚拟变量，尤其是在长面板中。从 $\widehat{TE}_0(x_i, y_i) = \frac{1}{\exp\{E[-\hat{u}_i \mid (v_i - u_i)]\}}$ 或 $\widehat{TE}_0(x_i, y_i) = \frac{1}{E[\exp(-\hat{u}_i) \mid (v_i - u_i)]}$ 得到的技术效率的 MLE 估计值在 T 和 i 中是一致的。然而，MLE 需要很强的分布性和独立性假设，而面板数据技术的可用性使我们能够放松其中的一些假设。

固定效应模型与截面 COLS 相似。它没有对 u_i 强加分布假设，并且允许 u_i 与 v_{it} 和 x_{it} 相关联。u_i 被视为固定的，总截距项是 $\beta_{0i} = (\beta_0 - u_i)$，可以通过 OLS 进行一致估计。通过一般化估计得到 $\beta_0^* = \beta_{0i}^{max}$ 和 $\hat{u}_i = \beta_0^* - \beta_{0i} \geqslant 0$。然后可以估计出厂商特定的技术效率：

$$\widehat{TE}_0(x_i, y_i) = \frac{1}{\exp - \hat{u}_i} \tag{1-39}$$

这些估计在 T 和 i 中是一致的，并且它们具有允许 u_i 与回归量相关的巨大优点。然而，T 的一致性理想特性被假设在长面板中 u_i 不随时间变化的缺点所抵消。此外，固定效应模型具有潜在的严重缺陷。企业效应旨在捕捉技术效率的变化，但它们也可以捕捉所有现象的影响，这些现象在不同的生产者之间变化，而不是随着时间变化，例如地域特征和监管制度。

随机效应模型对 u_i 做出相反的假设，允许 u_i 是随机的、是具有恒定均值和方差的未指定分布，但假设 u_i 与 v_{it} 和 x_{it} 不相关。这允许在模型中包含不随时间变化的回归量。定义 $\beta_0^{**}=\beta_0-E(u_i)$，$u_i^{**}=u_i-E(u_i)$，模型可以用 GLS 进行估计。厂商特定的 u_i^{**} 可以从残差的时间均值得到。最后，将这些值归一化以获得 $\hat{u}_i=u_i^{**\max}-u_i^{**}$，从中获得生产者特定的技术效率估计值：

$$\widehat{TE}_O(x_i, y_i)=\frac{1}{\exp-\hat{u}_i} \tag{1-40}$$

这些估计在 T 和 i 中也是一致的。GLS 的主要优点是它允许包含时不变回归量，在固定效果模型中，这些回归量的影响会与效率变化混淆。最后，豪斯曼·泰勒（Hausman Taylor，1981）估计量可适用于 $y_{it}=f(x_{it}, \beta)\exp(v_{it}-u_i)$。它是固定效应和随机效应估计量的混合，允许 u_i 与一些（而不是全部）回归量相关联，并且可以包括不随时间变化的回归量。如今，我们已经探索了众所周知的冰山一角，面板数据计量经济学正在迅速发展，其在前沿模型中的应用也在迅速发展，详情见第二章。

三、多方程模型

我们首先复制一个很久以前由克里斯滕森和格林（Christensen and Greene，1976）推广的模型：

$$\ln(w^T x)_i=c(\ln y_i, \ln w_i; \beta)+v_i \tag{1-41}$$

$$(w_n x_n/w^T x)_i=s_n(\ln y_i, \ln w_i; \beta)+v_{ni},\ n=1, \cdots\cdots, N-1 \tag{1-42}$$

该模型系统地描述了成本最小化生产者的行为，第一个方程是成本函数，其余方程利用谢泼德（Shephard，1953）原理生成成本最小化的投入成本份额。误差（v_i，v_{ni}）反映统计噪声，并且假设是零均值分布的多元正态分布。附加成本份额方程的最初动机是提高估算的统计效率，因为它们不包含成本函数中没有出现的参数。在生产（和消费）经济学中，这种多方程主题的变体经常出现，通常会使用诸如广义超越对数成本函数（generalized translog cost function）这样灵活的函数形式。追求统计效率是值得赞扬的，但当这项工作的目标是估计经济效率时，就会造成困难。我们不想强加驱动谢泼德原理的成本最小化假设，因此我们将上面的克里斯滕森·格林模型转化为随机成本前沿模型，如下所示：

$$\ln(w^T x)_i = c(\ln y_i, \ln w_i; \beta) + v_i + T_i + A_i \quad (1-43)$$

$$(w_n x_n / w^T x)_i = s_n(\ln y_i, \ln w_i; \beta) + v_{ni} + u_{ni}, \ n = 1, \cdots\cdots, N-1 \quad (1-44)$$

其中 v_i 和 v_{ni} 捕捉统计上随机噪声的影响。$T_i \geqslant 0$ 反映了技术非效率的成本，$A_i \geqslant 0$ 反映了投入配置非效率的成本。最后 u_{ni} 反映实际投入成本与成本效率前沿之间的偏差大小。由于对技术非效率的度量是径向的，因此它保留了观测到的投入组合，并且不受投入份额方程的影响。然而分配效率低代表投入组合不恰当，其成本必须通过 A_i 与 u_{ni} 之间的关系与成本份额方程联系起来。这种联系必须考虑到这样一个事实，即在任何方向的输入中，分配错误都会增加成本。最棘手的问题是估计每个生产商的技术参数 β 和效率误差分量（T_i，A_i 和 u_{ni}）。

这个问题既是概念上的，也是统计上的。概念上的挑战是在配置非效率（u_{ni}）与其成本（A_i）之间建立令人满意的联系。统计上的挑战是估计一个包含如此多误差项的模型，每个误差项都需要一个分布。直到昆巴卡尔（Kumbhakar，1997）得到分析结果，昆巴卡尔和特深（Kumbhakar and Tsionas，2005）将分析结果扩展到使用贝叶斯技术估计模型时，这个问题才得到解决。这是令人鼓舞的，因为克里斯滕森和格林（Christensen and Greene，1976）的模型仍然是非前沿文献的主流，更重要的是，将它拓展为随机前沿模型之后，能够估计和分解经济效率。还有一个很有吸引力的选择，解决方法是从误差项中去掉配置非效率（u_{ni}）的影响，并在成本边界及其投入成本份额范围内对其进行参数化。我们在下面对这个方法进行讨论。

四、影子价格模型

要点一至四描述的计量经济学技术是包络技术。每一种方法都把技术效率看作是到生产前沿的距离，把经济效率看作是到适当经济前沿的距离，把分配效率看作是经济效率与技术效率的比值。它们在前沿和距离的基本概念上大致一致，符合本章第三节的理论阐述。它们的主要区别在于它们用于构建边界和测量距离的技术。然而，它们都通过引入单边误差分量将弱不等式转化为等式。有一种研究试图在没有明确求助于边界的情况下衡量效率，实际上它包含许多论文，但其中“前沿”这个词没有出现。在已有文献中，很少尝试数据包络或将效率与包络前沿的距离相关联。与大多数计量经济效率分析不同，它关注的重点是配置效率，不是试图通过误差分量来模拟配置的低效率，如要点三拓展后的随机前沿模型中那样，而是通过加入需要估计的附加参数对分配效率进行参数化建模。这些研究似乎起源于霍珀（Hopper，1965），他发现印度的自给农业达到了较高的分配效率，支持了“贫穷但有效”的假设。他通过使用 OLS 来估计科布－道格拉斯生产函数（而不是边界），然后计算每个输入的边际产出值，进行两两比较：同一个输入的不同产出的边际产品值，以及一定价格下输入的边际产品价值。在每一个比较中，等式都意味着配置效率，不等式的符号和大小表示配置非效率的方向和程度（以及成本，可以通过估计生产函数的参数来计算）。霍珀的工作受到了严厉的批评，影响巨大。简而言之，随后的影子价格模型只是简单地参数化了霍珀的比较，将不等式被替换为要估计的参数。因此，假设 M = 1 来简化和遵循刘和约托普洛斯（Lau and Yotopoulos，1971）、刘和约托普洛斯（Lau and Yotopoulos，1973）的研究，不等式为：

$$y \leqslant f(x_{it}, \beta) \tag{1-45}$$

可以写成参数化形式：

$$y = \phi f(x_{it}, \beta) \tag{1-46}$$

这里没有生产边界的概念，因为从不等式到等式时，明显要求忽略 $\max\{\phi\} \leqslant 1$。实际上，到目前为止，这只是一个霍奇（Hoch，1955）、蒙德拉克（Mundlak，1961）管理偏差的生产函数模型，其中不同的截距旨在捕获（未观察）管理输入变化的影响，但它会变得更好。如果厂商追求利润最大化，那么不等式可以写成：

$$\frac{\partial \phi f(x, \beta)}{\partial x_n} \lesseqgtr \frac{w_n}{p}, \quad n = 1, \cdots, N \tag{1-47}$$

可以写成参数化形式：

$$\frac{\partial \phi f(x, \beta)}{\partial x_n} = \theta_n \frac{w_n}{p} \tag{1-48}$$

其中，$\theta_n \lesseqgtr 1$ 表示相对于利润最大化值对 x_n 的不足或者过度使用。剩下的工作就是赋予 $f(x, \beta)$ 以函数形式。对（β，ϕ，θ_n）的估计提供了一个更复杂的框架来实现霍珀的程序。关于技术效率和分配效率的存在性和性质，尚有许多假设可供检验，而不用求助于边界和误差分量的概念。随着阿韦尔奇－约翰逊（Averch－Johnson，1962）假设的普及，影子价格方法获得了迅速发展。这一假设断言，如果受监管的公用事业公司允许其投资资本获得“公平”的回报率，将会造成理性地过度投资，导致资本高于最低成本，从而导致利率高于必要的客户利率。

分析过程大致如上文所述。场上的成本可以表示为：

$$w^T x \geqslant c(y, w; \beta) \tag{1-49}$$

写成参数化形式：

$$w^T x = \frac{1}{\phi} c(y, w; \beta) \tag{1-50}$$

其中，θw 是影子价格。$\phi \leqslant 1$ 表示技术非效率，$\theta_n \lesseqgtr 1$ 表示配置非效率。这里有一个明确的成本前沿概念，生产者的投入需求为：

$$x_n \lesseqgtr x_n(y, \theta w; \beta) \tag{1-51}$$

写成参数化形式：

$$x_n = \frac{1}{\phi} x_n(y, \theta w; \beta) \tag{1-52}$$

虽然对于生产者实际支付的投入要素价格 w，x_n 可能是配置低效的，但它对于影子价格矢量 θw 是配置有效的。

阿韦尔奇－约翰逊假说认为，收益率调节降低了资本成本之下的资本影子价格，导致了理性的过度资本化，情况如图 1－10 所示。考虑到外生的产出 y 和投入价格 w_K 和 w_L，成本最小化投入组合发生在 x^E。实际的投入组合发生在 x^A，它在技术上是有效的，但在配置上是无效的，涉及过度资本化。由于实际的投入组合对于某些价格比必须具有配置效率，因此问题归结为估计扭曲系数 θ 以及技术参数 β。在图 1－10 所示的两种投入情况下，有一个扭曲参数，而在 n 个输入情况下，有 n－1 个扭曲参数。假设利息是 $\theta < 1$，其成本由 $\frac{c(y, \theta w; \beta)}{c(y, w; \beta)} \geqslant 1$ 给出。

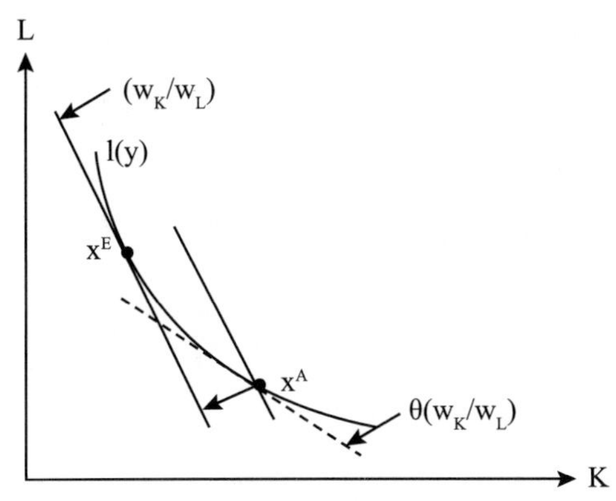

图 1－10 阿韦尔奇－约翰逊假说

将式（1－49）、式（1－51）与式（1－43）进行比较，可以清楚地看出，在影子价格方法中，成本非效率的两个来源都已从误差项转移到要估计的函数中。虽然到目前为止，估计和分解经济效率的误差项方法被证明是比较难处理的，但影子价格方法已被证明是成功的，并已变得非常流行。通过将技术效率建模为误差项，并对配置效率进行参数化建模，也可以将这两种方法结合起来。昆巴卡尔和洛弗尔（Kumbhakar and Lovell，2000）讨论了纯影子价格模型和组合模型的估计策略。当对那些在追求传统目标时受到约束的生产者或对追求非传统目标的生产者进行行为建模时，分析人员有两种选择。最优选择是正确地对目标和约束进行建模，推导一阶条件，并假设生产者是有效率的。这可能是一项艰苦的工作，一种方法就像菲尔和洛根（Färe and Logan，1983）在收益率受监管的生产商案例所证明的那样。另一种更简单的方法是：假设厂商在追求传统目标过程中是不受约束的，允许不满足一阶条件，并检查估计配置效率的方向是否符合，因为实际中厂商面临的约束或厂商追求的并不是传统目标所造成的扭曲或偏差。也就是说，使用一个不合适但熟悉的模型，通过比较影子价格比率和实际价格比率来研究配置效率低下的问题。

在相关的情况下，分析人员不知道生产者的约束或目标，这可能是因为手边有相互竞争的模型。在这种情况下，使用熟悉的模型并使用估计影子价格的方法来对竞争模型进行间接测试也是可行的。这是影子价格方法最常用的两个目的。因此，在不受约束地追求成本最小化或利润最大化的过程中，配置效率低下表明，在更复杂的环境中，配置效率更高。而影子价格比率与实际价格比率的偏差，可以用来检验这个假设。该模型已被频繁地用于检验阿韦尔奇－约翰逊的假说，更普遍地说，它是在各种各样的环境下检验配置效率假设的框架。在这里我想到了另外两个例子，主要是因为它们是最新的，还没有使用影子价格方法进行分析。可以在影子价格框架内探讨国内容立法的影响。另一个比较流行的检验是在这个框架下研究歧视、反对少数民族、反对移民或反对其他少数群体的问题。

第五节　效率测量的数学规划法

本书将使用一种闻名即知其意的方法——数据包络分析法，来构造边界并测量各生产单位相对于边界的效率，这一方法具有一个颇具趣味的英文首字母缩写：DEA。它实实在在地包络了数据集，所以无法很好地适应数据集中的噪声点。这一方法与利用核心确定概率和构造边界包络数据集的方法区别很大。如果以生产技术结构的某些假设为前提，那么该方法尽可能地包络了数据集。

正如计量方法可根据数据类型进行分类，数学规划法也可以根据获得的数据类型（横截面或面板）和获得的变量类型（只有数量变量或者兼有数量变量和价格变量）进行分类。只有数量变量，可以估计技术效率；兼有数量变量和价格变量，我们就可以估计经济效率，并可以把经济效率分解为技术和分配组成部分。由于 DEA 是在公共部门而非利润至上的环境中发展出来的，所以在这种环境中，数据所包含的价格变量容易引起争议，而遗弃价格变量并不影响技术效率的估计。因此，在大量使用 DEA 的研究中，学者们仅使用数量变量、测量技术效率，无视了现实中人们对经济效率的估计值更感兴趣这一现实。而如果想要得到经济效率的估计值，价格变量必不可少。

一、基本的 DEA

生产者使用投入 $x \in R_{+}^{N}$ 来生产产出 $y \in R_{+}^{M}$，研究目的是得到每个生产者相对于样本中表现最优者的表现的估计值，其样本中 i = 1，…，I 个生产者，为此每个生产者的投入与产出都被赋予了权重以解决下述最值问题：

$$\min_{\upsilon,\mu}\upsilon^T x_o/\mu^T y_o$$
$$\text{Subject to } \upsilon^T x_i/\mu^T y_i \geqslant 1,\ i=1,\ \cdots,\ 0,\ \cdots,\ I$$
$$\upsilon,\ \mu \geqslant 0 \qquad (1-53)$$

此处（x_o，y_o）是被估计的生产者的投入产出向量，（x_i，y_i）是样本中第 i 个生产者的投入产出向量。问题的本质为在受到限制的条件下寻找一组非负权重或乘数，以最小化被估计生产商的加权投入产出比，约束为：当这些权重分配给样本中的每个生产商时，其加权投入产出比总是不大于 1 的。把乘子（υ，μ）与影子价格联系在一起，将问题的目标视为最小化影子成本与影子收益之比。式（1 - 53）中的非线性规划可以转化为一对线性规划。第一个 DEA 模型为 CCR 模型，由沙尔内等（Charnes et al.，1978）提出。乘子规划出现在式（1 - 54）右侧。X 是一个 N × I 维投入矩阵，每一列代表生产者的投入向量 x_i，Y 是一个 M × I 维产出矩阵，每一列代表生产者的产出向量 y_i。把乘数规划看作是最小化影子成本的一种，收到影子收益标准化为 1 的约束，并且受到这些乘数分配给样本中的所有生产者时，没有生产者获得正的影子利润约束。

CCR Envelopment Program	CCR Multiplier Program	
Max(, ((	min(, ((Tx$_o$	
subject to X($\geqslant x_o$	subject to(Ty$_o$ = 1	(1 - 54)
($y_o \leqslant Y\lambda$	$\upsilon^T X - \mu^T Y \geqslant 0$	
$\lambda \geqslant 0$	$\upsilon,\ \mu \geqslant 0$	

由于乘子规划是一个线性规划，它有一个对偶程序，也是一个线性规划。对偶规划出现在式（1 - 54）左侧表格中。式（1 - 54）中，φ 为标量，λ 为 i × 1 强度矢量。在包络规划中，生产者的表现是根据其在受到样本中观测到的最优表现的限制条件下扩大其产出向量的能力来评估的。如果生产者可以进行径向扩张，则其最佳 φ > 1，而如果不能进行径向扩张，则其最佳 φ = 1。注意包络规划中的产出方向，φ 是式（1 - 12）中定义的 $TE_O(x,\ y)$ 的 DEA 估计。注意到 φ 是径向效率测量，此处我们会回顾库普曼斯对技术效率的定义与德布雷 - 法雷尔技术效率测量之间的差异，因此，对于技术效率，最佳 φ = 1 是必要的，但是

不是充分的，因为（ϕy_o，x_o）可能在其任何 M + N 的维度中包含松弛。在最佳情况下，$\phi = 1$ 表征德布雷－法雷尔意义上的技术效率，而 $\{\phi = 1, X\lambda = x_o, \phi y_o = Y\lambda\}$ 表征昆巴克尔意义上的技术效率。

M = 2 情况下，产出方向上的 CCR 模型部分地表示在图 1－11 中。生产者 A 是技术无效的，它的最优投影值 $\phi^A y^A$ 位于等产量线上，由同位于等产量线 $I^{CCR}(x)$ 上的 D 与 C 凸组合而成，所以 λ^D 与 λ^C 大于 0，强度矢量上其他元素值均为 0。有效的角色模型 d 和 c 与被评估效率低下的生产商 a 相似，并且它们的线性组合更好，包络规划提供了这一信息。乘子规划在最佳投影下提供两个产出之间的权衡信息。通过最佳影子价格比 $-(\mu_1/\mu_2)$ 给出权衡。这种影子价格比可能不同于市场价格比（如果存在的话）。乘数规划还提供了有关投入权衡的信息 $-(\upsilon_n/v_k)$ 和产出投入权衡的信息（μ_m/υ），尽管图 1－11 中没有描述这些信息。

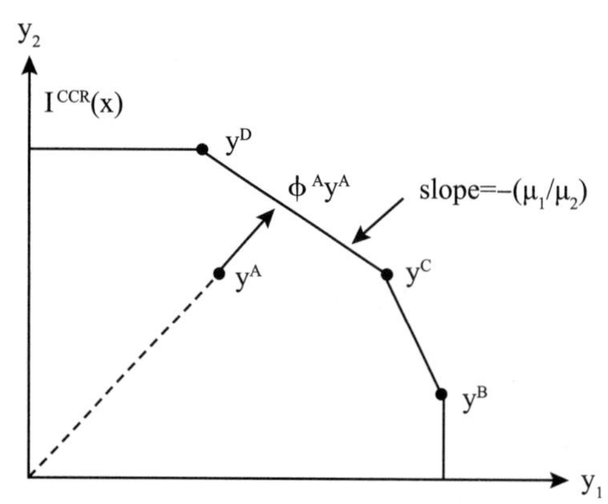

图 1－11　产出方向上的 CCR 模型

式（1－54）中的最值问题被求解 I 次，对于每个生产者会求解一次，得到 I 个（ϕ，λ）的最优值，和 I 个（υ，μ）的最优值。因此，它提供了有关样本中每个生产者的表现和生产技术结构的大量信息。与式（1－1）中 T 对应的 CCR 生产集是从式（1－54）中的包络问题得到的，即 $T^{CCR} = \{(y, x): y \leqslant Y\lambda, X\lambda \leqslant x, \lambda \geqslant 0\}$，并对技术施加三个限制。这些限制是规模报酬不变、投入和产出的强可处置性和凸性。这些限制都可以放宽。

规模报酬不变是最常被放松的限制。通过在乘子规划中添加一个自由变量

υ_o 来模拟可变规模报酬，这相当于在包络规划中添加一个凸性约束 $\sum_i \lambda_i = 1$。阿非拉特（Afriat，1972）引入了可变规模回报模型，在班克等（Banker et al.，1984）之后，该模型被称为 BCC 模型。BBC 乘子和包络规划变为：

$$
\begin{array}{ll}
\text{BCC Envelopment Program} & \text{BCC Multiplier Program} \\
\max_{\phi,\lambda}\phi & \min_{\upsilon,\upsilon o,\mu}\upsilon^T x_o + \upsilon_o \\
\text{subject to } x\lambda \leqslant x_o & \text{subject to } \mu^T y_o = 1 \\
\phi y_o \leqslant Y & \upsilon^T X + \upsilon_o - \mu^T Y \geqslant 0 \\
\lambda \geqslant 0,\ \sum_i \lambda_i = 1 & \upsilon,\ \mu \geqslant 0
\end{array}
\quad (1-55)
$$

BCC 包络和乘子规划的解释基本上与 CCR 模型相同，但 BCC 生产集缩小，变为 $T^{BCC} = \{(y, x): y \leqslant Y\lambda, X\lambda \leqslant x, \lambda \geqslant 0, \sum_i \lambda_i = 1\}$。由于只有有效生产者的凸组合才是最佳生产边界，因此 BCC 的规模回报率是可变的，它比 T^{CCR} 更紧密地包络数据。

两个生产集之间的差异如图 1－12 所示。由于 T^{BCC} 比 T^{CCR} 更紧密地包络数据，因此使用 BCC 方法时，效率估计通常更高，并且在这两个方法中生产者的效率排名可能有所不同。正如在 CCR 模型中一样，BCC 包络规划提供效率估计并确定有效率的生产者。同样，正如在 CCR 模型中一样，BCC 乘子规划估计了最佳影子价格比率，但它也提供了有关规模经济性质的信息。生产者在 T^{BCC} 上的最佳投影出现在（ϕy_o，x_o）处。在该投影中，产出投入权衡为 μ/υ。在（ϕy_o，x_o）处支撑超平面的垂直截距 $y = \upsilon_o + \upsilon x_o$ 为正。这表明在（ϕy_o，x_o）处，规模报酬递减，从图 1－12 可以明显看出。更一般的，$\upsilon_o \gtreqless 0$ 意味着生产者在一个规模报酬递增、不变、递减的区域中生产。

注意图 1－12 中 T^{BCC} 的形状。要求严格的正投入来产生非零产出是不考虑不活动的可能性以及对 T^{BCC} 施加凸性的结果，这就产生了一个有点不友好的可变规模回报率的概念，这一概念与反映费舍（Frisch's，1965）“超帕桑”定律的经典 S 形生产边界完全不同。彼得森（Petersen，1990）试图通过放弃 T 的凸性假设，在保持 L(y) 和 P(x) 的凸性假设的同时，将更多的灵活性引入 DEA 方法来衡量规模经济。

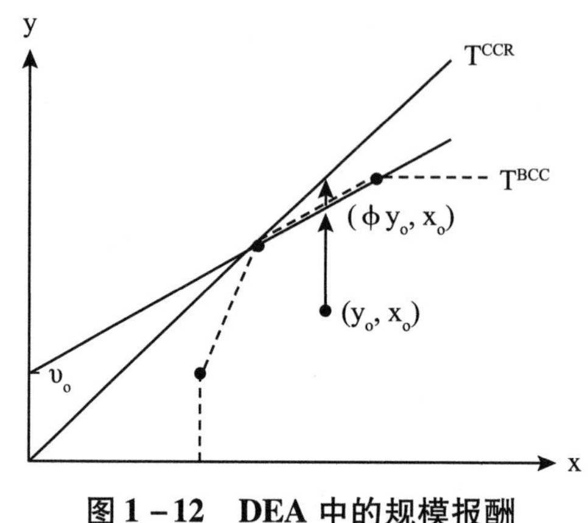

图 1－12　DEA 中的规模报酬

CCR 和 BCC 模型在对规模经济的处理上有所不同，这反映在 BCC 模型中附加的等式约束 $\sum_i \lambda_i = 1$ 和自由变量 υ_o 上。正如（μ，υ）是产出和投入的影子价格一样，υ_o 是凸性约束 $\sum_i \lambda_i = 1$ 的影子值。我们可以对原假设进行检验，即 $\upsilon_o = 0$，或凸性约束 $\sum_i \lambda_i = 1$ 是冗余的。这是一个规模报酬不变的检验。但是，有关乘数的解释顺序是有条件的。最有效的生产者位于顶点上，一些效率低下的生产者可能被投影到顶点上。在顶点处，CCR 和 BCC 模型中变量（μ，υ）和 BCC 模型中凸性约束（υ_o）的影子价格不唯一。

正如在式（1－32）中的计量问题那样，BBC 和 CCR 包络规划是产出方向上的。通过将包络规划转换为最小化程序，并将乘子问题转换为最大化程序，以获得类似投入方向上的规划是一件简单的事情。两个方向之间的选择取决于生产者的生产目标。如果生产者需要满足市场需求，并且他们可以自由地调整投入使用，那么投入导向是恰当的。

尽管对放松多余投入和多余产出的自由处置有着不需多言的兴趣，但是却很少放松强可处置性假设。环境经济学中有一个普遍的例外，即生产者使用购买的投入生产市场化的产出和诸如空气或水污染等不良副产品。在这种情况下，副产品可能是或不可能是可私人自由处置的，这取决于监管机构是否在观察，但它们肯定是社会弱势或昂贵的可处置产品。放宽强产出可处置性假设的价值在于它有可能为减排的边际私人成本提供证据。这一证据可以与减排的边际社会效益的估计值相比较，从而为公共政策提供信息与参考。

菲尔等（Färe et al.，1989，1993）及后来的诸多学者为这一问题提供了更多的分析细节。图 1 – 13 很好地展现了弱可处置性的本质。这里 y_2 是市场化的产出，y_1 是不受欢迎的副产品。常规产出集以等产量曲线 $I^S(x)$ 等产出线为边界，在图中用实线段表示，表现出强的可处置性。对应地表现出弱的可出处置性的产出集以等产量曲线 $I^W(x)$ 为边界，在图中用虚线段表示。$L^w(x) \subseteq L^s(x)$，$L^s(x)$ 中不包含在 $L^w(x)$ 中的部分，为如果副产品不可自由处置那么必须减少的正常产品的产量多少提供指示。使用 $L^s(x)$ 技术可自由处置，而使用 $L^w(x)$ 技术可降低成本。对于 $y_1 < y_1^*$ 的情况，传统的产出强处置集允许私人自由减少 y_1，如沿其（μ_1/μ_2）= 0 的水平实线段所示。相比之下，较弱的处置产出集使减排私人成本高昂，如 y_1^* 左侧正倾斜虚线部分所示。此外，由于影子价格比（μ_1/μ_2）> 0 随着额外的减排而增加，因此增加的减排变得越来越昂贵。

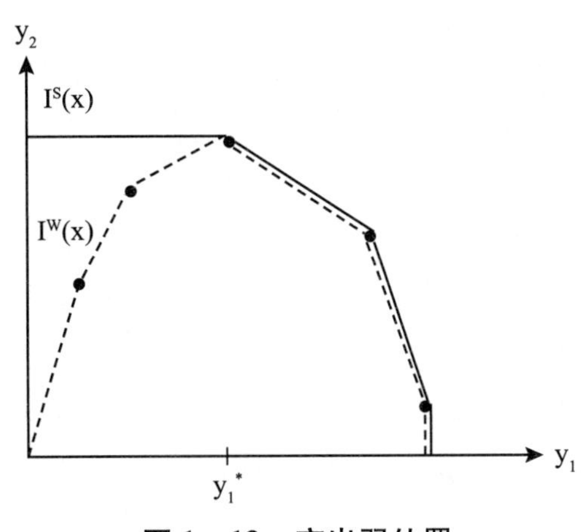

图 1 – 13 产出弱处置

在图 1 – 13 中，减排的边际成本反映在为减少副产品而必须牺牲的 y_2（以及由此产生的收入）的数量上。在给定的投入和技术条件下，减少空气污染需要减少发电量。允许 x 或技术变化将允许减排成本反映出额外的投入或新技术（以及由此产生的成本），从而在不损失市场化产出的情况下进行减排。在给定的发电量下，可以通过安装洗涤器或升级技术来减少空气污染。输出集 P(x) 和输入集 L(y) 的凸性假设也很少放松，尽管麦克法登（McFadden，1978）表示放松假设很有必要，它的重要性更多地在于其分析的便利性，而不是技术的现实性。在之前的规模经济背景下，活动（y，x）的可行性并不一定意味着所有规模活动（λy，λx）的可行性，λ > 0，这会促使放松对规模回报不变的假设。在目前的背景下，两种不同的活动（y^A，x^A）和（y^B，x^B）的可行性并不一定意味着它们的所有凸组合的可行性，这促使放宽了凸性假设。

德普林等（Deprins et al.，1984）第一次放松了凸性假设。他们构建了一个"自由处置船体"（FDH）的数据，放松凸性，同时保持强大的处置能力，并允许可变的规模回报。FDH 输出集与图 1－14 中的 BCC 输出集形成对比。BCC 产出集以由实线段表示的产出等量 $I^{BCC}(x)$ 曲线为边界。FDH 产出集不具有凸性，但仍具有很强的可处置性，并受产出等量曲线 $I^{FDH}(x)$ 的限制，如虚线段所示。FDH 和 DEA 投入集与产出集的结构对比是相同的。在每一种情况下，放弃凸性都会创建具有楼梯形状的边界。这使得数据稀疏在 FDH 中的问题比 DEA 严重得多，使 FDH 的乘子规划变得复杂。

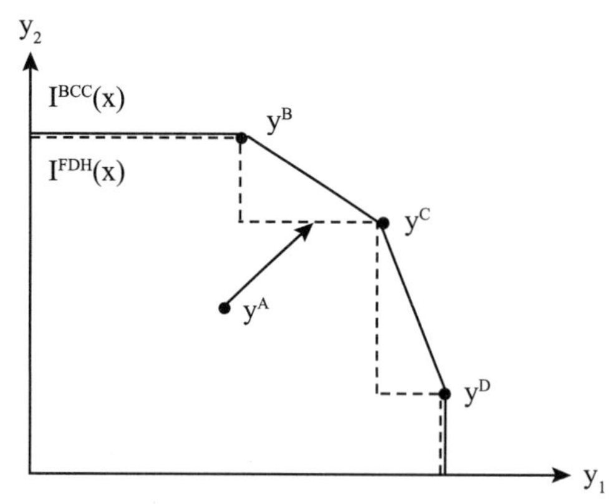

图 1－14　FDH 产出集

FDH 包络规划与（1－54）中的 BBC 包络规划相同，除了加上归一化约束 $\lambda_i \in \{0, 1\}$，$i = 1, \cdots, I$。由于所有的强度变量都被赋值为零或一，凸性约束 $\sum_i \lambda_i = 1$ 意味着只有一个强度变量的值为 1。因此，对于一个效率低下的生产者，FDH 准确地确定了一个角色模型，而角色模型是一个实际的效率生产者，而不是一个虚构的效率生产者的凸组合。在图 1－14 中，效率低下的生产者 A 得到箭头所示的 FDH 径向效率估计，并且具有有效的角色模型 C，而不是 DEA 中 C 和 B 的凸组合。FDH 包络规划中的附加约束导致 $P^{FDH}(x) \subseteq P^{BCC}(x)$，因此 FDH 效率估计值通常高于 BCC 效率估计值。虽然加上一个归一化约束将式（1－54）转换成一个更复杂的混合归一化规划，但实际上它简化了包络规划的计算。实际上，不需要规划技术来获得 FDH 效率估计值，对此，图尔肯斯

（Tulkens，1993）提供了更多的细节。

虽然优势信息对任何类型的效率分析都是有用的补充，但它只在 FDH 效率分析中流行。用于识别单一有效角色模型的向量比较工具还用于识别每个低效生产者的所有主导生产者，以及每个高效生产者的所有主导生产者。识别主导生产者提高了效率低下的生产者能够找到一个有用的角色模型的可能性，无论是否完全有效。确定主导生产商的数量也提供了一个对表面上有效的生产商进行排序的程序，这是自安得森和彼得森（Andersen and Petersen，1993）首次提出这一问题以来研究人员一直关注的一个问题。在本节末尾，我们讨论了将效率的潜在决定因素纳入 SFA 规划。DEA 也面临同样挑战，至少开发了两种方法。一种方法是将附加约束 $z\lambda \leqslant z_0$ 或 $z\lambda \geqslant z_0$ 添加到 CCR 包络程序式（1－53）或 BCC 包络程序式（1－54）中，或二者的组合，这取决于潜在决定因素是利于还是阻碍产出。当然，这需要对对偶乘子规划进行适当的修改。这种方法类似于用 SFA 中的 $f(x_i z_i;\beta,\gamma)$ 代替 $f(x_i;\beta)$。这样就产生了两个难题。首先，与同时估计元素 γ 的大小和符号的 SFA 不同，这里我们必须预先知道 z 元素的影响方向，以便设置不等式。其次，在这个公式中，z 的元素要么利于要么不利于产出，但它们不影响 x 产出 y 的效率。另一种更为流行的方法是在第二阶段回归中用 z 对估计的效率分数进行回归。我们早已警告过在 SFA 中存在这样的问题，在 DEA 中同样如此，不过幸运的是，其破坏程度不及前者。在这一流程中有令人沮丧的坏消息：你所见（或进行）的第二阶段回归的统计推断无效。但也有好消息是我们可以解决它：以这样一种方式建立模型，即它为在第二阶段分析中回归效率估计提供了合理的基础，自助法可以提供有效的推断。

二、一种测量经济效率的 DEA 模型

上述的 DEA 模型仅使用数量型数据，因此只得到技术效率。在本节中，我们将介绍如何扩展 DEA 模型，以提供经济效率的度量。我们通过说明收入最大化问题的扩展来继续我们的产出导向。

生产者使用 $x \in R_+^N$ 来得到产出 $y \in R_+^M$，并以价格 $p \in R_{++}^M$ 出售。他们的目标是最大限度地增加收入，同时受产出价格、投入供应和生产技术结构的限制，

生产技术的规模回报率是可变的。这一问题可用线性规划的方式如下表述：

Revenue Maximization Program

$$r(x, p) = \max_{y,\lambda} p^T y$$

$$\text{subject to } x\lambda \leqslant x_o$$

$$y \leqslant Y\lambda$$

$$\lambda \geqq 0, \sum_i \lambda_i = 1 \quad (1-56)$$

生产集可用 T^{BBC} 代表，因此式（1－56）是传统DEA对经济优化问题的直接扩展。图1－15说明了这个问题。利用式（1－56），生产者A的收益效率可估计为：$RE(y^A, x, p) = p^T y^{RM}/p^T y^A > 1$。利用式（1－55），生产者A的技术效率估计为：$TE_O(x, y^A) = p^T(\phi y^A)/p^T y^A = \phi > 1$。A的产出分配效率估计为：$AE_O(y^A, x, p) = p^T y^{RM}/p^T(\phi y^A) > 1$。注意，在最佳投影 ϕy^A 处，估计的影子价格比为（μ_1/μ_2）$<(p_1/p_2)$。这指明了产出分配不当的存在和不当的方向；给定（p_1/p_2）的情况下产出混合值（y_2/y_1）^{A} 过大。分配不当的成本即导致的收入损失估计为：$[p^T y^{RM} - p^T(\phi y^A)] > 0$。

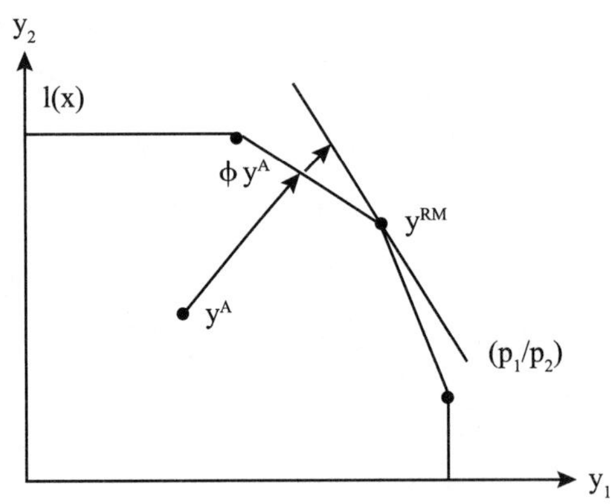

图1－15　DEA中的收益最大化

在相同的一般线性规划格式中，可以考虑替代目标和替代或附加约束。所需要的只是必要的数据和写下类似于式（1－56）的线性规划问题的能力，该问题涵盖了相关经济问题的目标和约束条件。菲尔等（Färe et al.，1985）用线性规划技术分析了几个经济最优化问题。

三、面板数据

截至目前，我们假设有一个单一的横截面数据来评估生产者的表现。假设现在我们有一个包含 I 个生产者且持续 T 期的面板数据。DEA 如何利用能够多次观察每个生产商的能力？现有技术不如面板数据计量技术复杂，但有几种选择。其中一种情况是把所有数据混合，估计一个巨大的生产边界。如果这样做的话，相当于我们假设在所有时期技术是不变的，这一假设在长面板数据中可能不适用。然而这一方法确实为每个生产者提供了 T 个效率估计，且所有的效率估计都是参照相同的标准，每个生产者的效率估计值随时间变化的趋势可能令人感兴趣。

另一种情况是我们可以估计 T 个生产边界，每个时期都拥有自己的生产边界。这种情况允许技术进步与回归。它还允许相交边界，这将在投入产出空间的一个区域中表示为局部进步，并在另一个区域中表示为局部回归。这种方法的一个危险之处是独立时期的边界急剧变化会导致效率估计值剧烈变化。一个中间的选择是估计一系列重叠的集合面板，每个面板由任意长度的几个时间段组成。这个方法被称为“窗口分析”，它通过连续的重叠窗口跟踪效率趋势。窗口分析的一个目的是在 M + N 相对于 I 大时释放自由度压力。因此，它在一个大的 I × T 混合面板上运行一次 DEA 和在 T 个小截面上运行 DEA 算法 T 次之间提供了折中方案。窗口分析的另一个目标是减轻效率估计的波动性。第二个中间选择是通过连续添加来自连续时间段的数据来估计连续边界。最后，该程序构造了一个大边界，但在末期之前，边界是根据当前和所有以前（但不是随后）的数据按顺序估计的。这个方法排除了技术倒退的可能性，大概是因为相信一旦学会的技术不会被遗忘，并且仍然可以被采用。此选项的一个缺点是样本大小按顺序增加，这使统计推断复杂化。最后一种选择是一次使用两个相邻的数据周期，从周期 1 和 2 开始，继续使用周期 2 和 3，依此类推。这种方法看起来像是两个周期的窗口分析，实际上它们非常的不同，它用于估计和分解生产率变化的马尔奎斯特指数。我们将此方法的讨论推迟到本章第七节。

四、权重限制

CCR 问题式（1－54）和 BCC 问题式（1－55）中的乘数（υ，μ）不是市场价格。事实上，DEA 的一个常被吹捧的优点是，在市场价格缺失的情况下仍可以正常运行，正如在要点一中说明可处置性较弱的环境背景下一样。事实上，乘数是由个体生产者为了最大化其相对效率而揭示内在决定的影子价格。伟大的俄罗斯数学家坎托罗维奇（和 1975 年诺贝尔经济科学奖获得者库普曼斯一道）把它们称为“分辨乘数”，表面上是因为它们求解对偶线性规划。如图 1－11 所示，不同的生产者可以选择不同的影子价格比率集，而选择的自由度仅受非负性约束的限制，υ，$\mu \geqslant 0$。因此，生产者选择乘数的范围可能与市场价格（当存在时）存在显著差异，或者可能违反专家对变量相对值的判断（当市场价格缺失时）。这就打开了限制选择自由的可能性。

在另一个极端，许多比较是基于固定权重的，不允许自由选择。世界卫生组织（2000 年）最近提供了一个例子，该组织对 191 个成员国向其公民提供医疗保健的能力进行了多少有些争议的评估。世界卫生组织使用了五种卫生保健指标 y_m，他们将固定的权重 $\mu_m > 0$，$\sum_m \mu_m = 1$ 分配给这些指标。这些固定权重是以专家意见为基础的，但无论各国的发展状况如何，它们都是相同的。例如，要求马里共和国和加拿大对每一项指标赋予同等重要性，似乎是难以接受的，何不保留这五项指标，而让成员国自由地赋予每个指标符合自己国情的权重。

DEA 就是这样做的。劳尔等（Lauer et al.，2004）运行了产出方向的 DEA 规划：

$$
\begin{array}{ll}
\max_{\phi,\lambda}\phi & \min_{\mu,\omega}\omega \\
\text{Subject to} & \text{Subject to } \mu^{T}y_{o} = 1 \\
\phi y_0 \leqslant Y\lambda & -\mu^{T}Y + \omega \geqslant 0 \\
\lambda \geqslant 0, \sum_i \lambda_i = 1 & \mu \geqslant 0, \sum_m \mu_m = 1, \omega \text{ is free}
\end{array}
\qquad (1-57)
$$

这样每个国家都可以选择自己的非负权重。有超过 1/3 的国家将五项指标中的四项指标定为零权重，近 90% 的国家将 Y_1 = 人口健康定为零权重，这是任何卫生系统都明确的目标，只有三个国家对所有五项指标赋予了正权重。世卫组织使用的所有国家通用的固定正权重并不具有吸引力，但 DEA 允许自由分配非负权重的过度变异性也有相应的不足。DEA 有一个优点，即它在选择权重时是没有价值的。

这是汤普森等（Thompson et al.，1986）的基本观点。自 1986 年以来，DEA 有关限制权重的研究已取得长足进展，目前已存在许多限制权重的方法。其中一个吸引人的规划是将式（1－56）中的限制附加到乘子规划中。

$$\gamma_m \geqslant \mu_m y_m / \mu^T y \geqslant \beta_m,\ m = 1,\ \cdots,\ 5 \tag{1-58}$$

在卫生保健绩效评估中，每个指标的相对重要性都有上下界限。尽管这些界限对所有国家都是相同的，但它们允许在有限范围内自由选择。

另外，还可以在 BCC 模型式（1－55）中对产出权重、投入权重以及产出权重与投入权重的比率施加限制。该程序的吸引力在于它对强加共同权重和过度灵活的 DEA 权重之间予以折中，这一点我们仍需进一步研究。

高村和音（Takamura and Tone，2003）提到过一个有趣的例子，日本政府决定把几个机构从拥挤的东京迁出，并已确定了 10 个候选地点，制定了 18 个标准，标准各不相同，由专家组成的委员会负责为每个标准建立如式（1－58）的规划界限，这些界限要反映专家们的不同意见。有权重限制的 DEA 正被用来解决 12 万亿日元的问题！

当然，影子价格不合理的问题并不局限于 DEA，也可能出现在 SFA 中。这个问题在 DEA 中得到了更多的关注，在这里可以说更容易解决。

五、DEA 的统计基础

上面讨论的 DEA 模型的一个显著特征是：它们不包含一个统计噪声影响的随机误差项；DEA 边界不像在 SFA 中那样是随机的。这产生了两个不同的研究方向。兰德等（Land et al.，1993）、奥莱森和彼得森（Olesen and Petersen，1995）通过引入式（1－54）或式（1－55）中限制被违背的概率，从而使 DEA 具有随机性。这种方法是对查恩斯等（Charnes et al.，1958）、查恩斯和库珀（Charnes and Cooper，1959）开发机会约束规划 DEA 的扩展，被称为“机会约束的 DEA”。我们遵循兰德等（Land et al.，1993）的观点，通过将式（1－54）中的 CCR 包络问题写成：

Chance－Constrained CCR Envelopment Program

$$\max_{\phi,\lambda}\phi$$
$$\text{subject to } \Pr[X\lambda\leqslant x_0]\geqslant 0.95$$
$$\Pr[(y_0\leqslant Y\lambda]\geqslant 0.95$$
$$\lambda\geqslant 0 \qquad (1-59)$$

假设满足每个约束的预先指定概率在流行的95%水平上相等，以简化说明。式（1－58）要求生产者尽可能的径向扩展其产出向量，但受到了（ϕy_0，x_0）的可行性限制。

规划式（1－59）是不可操作的，但它可以通过假设样本数据的分布来操作。如果假设每个产出 y_{im}是一个均值为 $E_{y_{im}}$，方差—协方差矩阵为 $Vy_{im}y_{jm}$且服从正态分布的随机变量。同理每个投入也服从正态分布，期望为 $E_{x_{in}}$，方差—协方差矩阵为 $Vx_{in}x_{jn}$，则式（1－59）修改后的确定度等效形式表示为：

$$\max_{\phi,\lambda}\phi$$
$$\text{Subject to } \sum_i x_{in}\lambda_i+\sum_i(Ex_{in}-x_{in})\lambda_i+1.645\left[\sum_i\sum_j\lambda_i\lambda_j Vx_{in}x_{jn}\right]^{1/2}\leqslant x_{on},$$
$$n=1,\cdots,N$$
$$\phi y_{om}\leqslant\sum_i y_{im}\lambda_i+\sum_i(Ey_{im}-y_{im})\lambda_i-1.645\left[\sum_i\sum_j\lambda_i\lambda_j Vy_{im}y_{jm}\right]^{1/2},$$
$$m=1,\cdots,M$$
$$\lambda_1\geqslant 0,\ i=1,\cdots,I \qquad (1-60)$$

其中，$1.645=f-1(0.95)$ 是标准正态变量分布函数的预先规定值。如果 $x_{in}-Ex_{in}=y_{im}-Ey_{im}=Vx_{in}x_{in}=Vy_{im}y_{jm}=0$ 对于所有的生产者和变量均成立，那么非线性规划式（1－60）就可折叠为线性规划式（1－54）。然而，如果我们有理由相信一个样本数据点偏离其预期值，其可能是由于异常良好的天气或意外的供应中断，那么这些信息将被输入机会约束模型中。预期的结果与规划式（1－54）不同，好运气或坏运气不会扭曲任何生产者的效率指标。同样，如果我们有理由相信任何一对投入或产出在生产者之间是相关的，也许是因为同一地区的农民经历了相似的天气模式，那么这些信息也被输入到模型中。

使用机会约束模型测量效率对数据的要求很高。除了数据矩阵 X 和 Y 之外，我们还需要所有生产者所有变量的期望值信息，以及所有生产者所有变量的方差—协方差矩阵。这个想法是条理的，而且还在继续发展，但是具有严谨性的应用很少，还远构不成规模。还有另一种方法来处理 DEA 中没有明确的随机误差项，即在一开始就承认 DEA 效率值是真实但未知的效率估计值。DGP 这些估计量的性质取决于真实但是未知的技术结构和样本数据的生成过程。

我们知道 DEA 对真实技术结构的假设。在已有的研究中，西马尔和威尔逊（2008）及其同事提出了对 DGP 的假设，他们将 DEA 效率度量解释为具有统计特性的估计量，并赋予 DEA 统计基础，除了凸性和真实但未知技术的强可处置性外，他们对 DGP 做出以下假设：

（1）样本数据（x_i，y_i），$i=1$，…，I 是概率密度函数 $f(x, y)$ 的独立同分布随机变量的实现。

（2）观察有效单位的概率随着样本量的增加而趋于一致。

（3）对于 T 内部的所有（x，y），$\phi(x, y)$ 在（x，y）上是可微的。

有了这些关于 DGP 的假设，就有可能证明：

（1）DEA 效率估计值 $\phi^{DEA}(x, y)$ 向 1 那一侧偏误。

（2）$\phi^{DEA}(x, y)$ 是一个一致估计量。

（3）收敛速度很慢，这是维度诅咒的一种反映。

$\phi^{DEA}(x, y)$ 密度的封闭形式尚未得出结果，因此，必须使用自助技术来验证它，以便进行统计推断。我们可以从自助操作中得到一个清晰准确的结果。DEA 效率估计通常用于比较一个生产者或一组生产者与另一组生产者的表现。然而，自助法往往会产生足够宽的置信区间，从而质疑从这些比较中得出的可靠性。这一信息反映了围绕 SFA 效率估计的相对宽的置信区间。

第六节 马尔奎斯特生产力指数

在本章，特别是第三节中，我们将距离函数与效率度量相关联。本节我们探讨距离函数如何构成衡量生产力变化的基石。从马尔奎斯特（Malmquist,

1953）开始，他在消费分析的背景下引入了投入距离函数。他的目标是比较不同的消费组合。他通过建立一个生活水平（或消费量）指数作为一对输入距离函数的比值来实现这一目标。在生产分析的背景下，马尔奎斯特的生活水平指数成为一个投入量指数。类似的产出量指数表示为一对输出距离函数的比值。

有一个明显的扩展是基于距离函数定义生产力指数。现已开发出两个这样的指数，且两个都带有马尔奎斯特的名字，尽管他没有提出任何一个指数。一个指数定义为产出量指数与投入量指数之比。产出量指数是产出距离函数的比值，投入量指数是投入距离函数的比值。它提供了对产出基本概念的多个输出和多个输入的严格扩展。坎外等（Caves et al.，1982b）研究提到并驳斥了这一指数。比尤雷克（Bjurek，1996）又重新引入了这一指数。另一个指数只使用产出或投入距离函数。在产出方向上，它将生产力指数定义为一对产出距离函数的比率；在投入方向上，它将生产力指数定义为一对投入距离函数的比率。坎外等引入了马尔奎斯特指数，且这一版的指数更受欢迎。图1－16可以很直观地看到这一理论背后的意义，生产者的投入与产出被描绘为相邻的两个周期。很明显，生产率有所提高，因为（y^{t+1}/x^{t+1}）>（y^t/x^t）或者（y^{t+1}/y^t）>（x^{t+1}/x^t），问题的关键在于量化生产力的增长。马尔奎斯特生产力指数通过引入周期t和技术T_c^t作为基准，并通过比较（y^{t+1}，x^{t+1}）和（y^t，x^t）与T_c^t之间的距离来实现。距离可以用产出扩展方向的垂直测量，也可以用投入保持方向的水平测量，这取决于生产者的生产方向。这两个距离的比值提供了生产力变化的定量测量，在图1－16中，任一方向的比值都大于1。

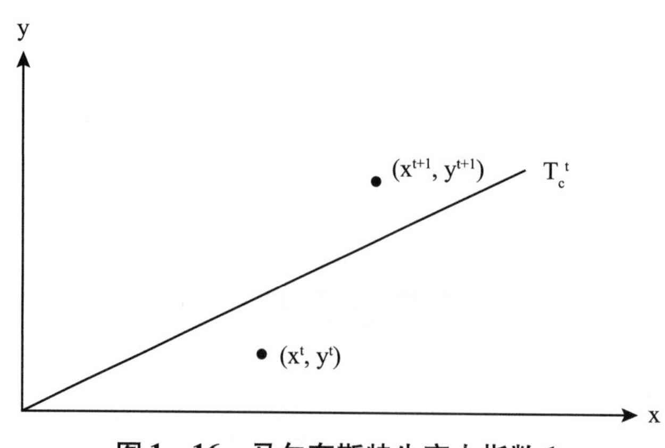

图1－16　马尔奎斯特生产力指数1

就以上描述提出一个问题，如何确定 T 时期的技术。坎外（1982b）等定义了指数变化的规模回报率。格里菲尔·塔杰和洛菲尔（Grifell - Tatjé and Lovell，1995）通过一个简单的数字例子表明该传统指数忽略了规模经济对生产力增长的贡献。菲尔和格罗斯科普夫（Färe and Grosskopf，1996）证明如果 $M = N = 1$，那么坎外等指数提供的精确的生产力变化度量，表明技术规模报酬不变时指数值等于 $(y^{1+1}/y^{t})/(x^{t+1}/x^{t})$。根据这些结果，我们遵循现在常用在一个基准技术上定义一个满足规模报酬不变的坎外等指数，这区别于能满足规模报酬变化的指数。该惯例使马尔奎斯特生产率指数能够纳入规模经济对生产率变化的影响，作为最佳实践技术与基准技术。一般来说，在 $M > 1$、$N > 1$ 的情况下，规模经济的影响可以扩大，包括产出结构变化和投入结构变化的影响。

一、定义与属性

如本章第三节所述，投入 $x \in R_{+}^{N}$ 用于产生产出 $y \in R_{+}^{M}$。基准技术 $T_c = \{(y, x): x \text{ 生产 } y\}$ 是所有技术上可行的产出—投入组合的集合，并且假定满足全局规模报酬不变。产出集 $P_c(x) = \{y: (x, y) \in T_c\}$ 是给定投入 X 下所有技术可行的产出向量的集合。集合的边界为等产出曲线 $I_c(x) = \{y \in P_c(x), \lambda y \notin P_c(x)\ \forall \lambda > 1\}$。定义在 $P_c(x)$ 上的产出距离函数为 $D_{oc}(x, y) = \min\{\lambda: (y\lambda) \in P_c(x)\}$，使用 t 时期的基准技术，t 时期产出方向上的马尔奎斯特生产力指数可写为：

$$M_{oc}^{t}(x^{t}, y^{t}, x^{t+1}, y^{t+1}) = \frac{D_{oc}^{t}(x^{t+1}, y^{t+1})}{D_{oc}^{t}(x^{t}, y^{t})} \tag{1-61}$$

$M_{oc}^{t}(x^{t}, y^{t}, x^{t+1}, y^{t+1})$ 通过比较 (x^{t}, y^{t}) 与 x^{t+1}，y^{t+1} 到基准技术间的距离，并对 (x^{t}, y^{t}) 与 (x^{t+1}, y^{t+1}) 进行了比较。因为 (x^{t}, y^{t}) 是可行的，所以 $D_{oc}^{t}(x^{t}, y^{t}) \leqslant 1$。因为 x^{t+1}，y^{t+1} 是可行或不可行的，所以 $D_{oc}^{t}(x^{t+1}, y^{t+1}) \lesseqqgtr 1$。从 t 期基准技术的前瞻性角度来看，t 期和 t + 1 期之间出现技术停滞或下降。

利用 t + 1 期的基准技术，t + 1 期的产出马尔奎斯特指数可以写为：

$$M_{oc}^{t+1}(x^{t}, y^{t}, x^{t+1}, y^{t+1}) = \frac{D_{oc}^{t+1}(x^{t+1}, y^{t+1})}{D_{oc}^{t+1}(x^{t}, y^{t})} \tag{1-62}$$

分析与式（1－61）相同。两个指数都比较了（x^t，y^t）与（x^{t+1}，y^{t+1}），但是二者却选用了不同时期的基准技术。基准技术的选择是任意的，两个指标不一定相等，除非在技术变化的限制性中立条件下。事实上，一个指数可能预示着生产率的增长，而另一个指数则可能意味着生产率的下降。因此，通常将马尔奎斯特生产力指数定义为两者的几何平均值，并将其写为：

$$M_{oc}(x^t, y^t, x^{t+1}, y^{t+1}) = \{[M_{oc}^t(x^t, y^t, x^{t+1}, y^{t+1}) \times M_{oc}^{t+1}(x^t, y^t, x^{t+1}, y^{t+1})]\}^{1/2} = \left[\frac{D_{oc}^t(x^{t+1}, y^{t+1})}{D_{oc}^t(x^t, y^t)} \times \frac{D_{oc}^{t+1}(x^{t+1}, y^{t+1})}{D_{oc}^{t+1}(x^t, y^t)}\right] \quad (1-63)$$

根据 $M_{oc}(x^t, y^t, x^{t+1}, y^{t+1})$ 与 1 的大小关系，可知在 t 到 t＋1 时期，生产力停滞或者倒退。图 1－17 很好地说明了在 M＝N＝1 情况下的两种马尔奎斯特指数。相对于 t 时期的基准技术，产出比投入有着更大的扩张比例，所以 $M_{oc}(x^t, y^t, x^{t+1}, y^{t+1}) > 1$（由实射线表示）。$D_{oc}^t(x^t, y^t) < 1$ 同时 $D_{oc}^t(x^{t+1}, y^{t+1}) > 1$ 表示在式（1－61）中，$M_{oc}^{t+1}(x^t, y^t, x^{t+1}, y^{t+1}) > 1$ 是对 t＋1 时期的基准技术，产出比投入有着更大的扩张比例（由虚射线表示）。同样的 $D_{oc}^{t+1}(x^t, y^t) < D_{oc}^{t+1}(x^{t+1}, y^{t+1}) < 1$ 在式（1－62）中表示，导致 $M_{oc}^{t+1}(x^t, y^t, x^{t+1}, y^{t+1}) > 1$。

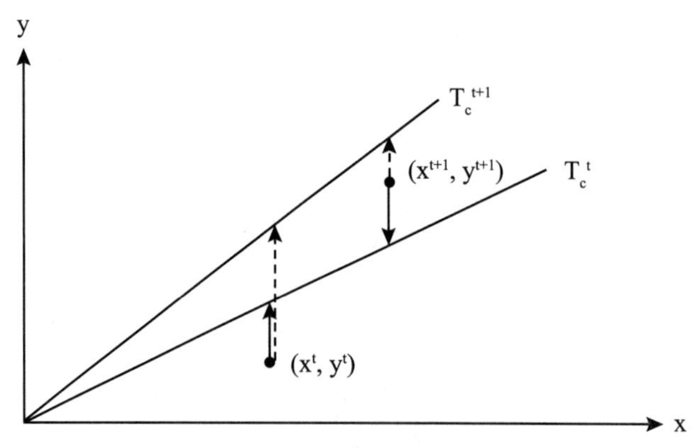

图 1－17　马尔奎斯特生产力指数 2

因为马尔奎斯特指数是建立在满足众多优良性质的距离函数基础上的，所以马尔奎斯特指数也满足许多优良性质。马尔奎斯特指数满足下述的大部分性质，不满足的性质由不等号表示：

M1：弱单调

$$y''\geqslant y'\Rightarrow M_{oc}(x^t,\ y^t,\ x^{t+1},\ y'')\geqq M_{oc}(x^t,\ y^t,\ x^{t+1},\ y')$$

$$y\geqslant y'\Rightarrow M_{oc}(x^t,\ y,\ x^{t+1},\ y^{t+1})\leqslant M_{oc}(x^t,\ y,\ x^{t+1},\ y^{t+1})$$

$$x''\geqslant x'\Rightarrow M_{oc}(x^t,\ y^t,\ x'',\ y^{t+1})\leqslant M_{oc}(x^t,\ y^t,\ x',\ y^{t+1})$$

$$x''\geqslant x'\Rightarrow M_{oc}(x'',\ y^t,\ x^{t+1},\ y^{t+1})\geqq M_{0c}(x',\ y^t,\ x^{t+1},\ y^{t+1})$$

M2：齐次性

$$M_{oc}(x^t,\ y^t,\ x^{t+1},\ \lambda y^{t+1})=\lambda M_{oc}(x^t,\ y^t,\ x^{t+1},\ y^{t+1}),\ \lambda>0$$

$$M_{oc}(x^t,\ \lambda y^t,\ x^{t+1},\ y^{t+1})=\lambda^{-1}M_{oc}(x^t,\ y^t,\ x^{t+1},\ y^{t+1}),\ \lambda>0$$

$$M_{oc}(x^t,\ \lambda y^t,\ x^{t+1},\ \lambda y^{t+1})=M_{oc}(x^t,\ y^t,\ x^{t+1},\ y^{t+1}),\ \lambda>0$$

$$M_{oc}(x^t,\ y^t,\ \lambda x^{t+1},\ y^{t+1})=\lambda^{-1}M_{oc}(x^t,\ y^t,\ x^{t+1},\ y^{t+1}),\ \lambda>0$$

$$M_{oc}(\lambda x^t,\ y^t,\ x^{t+1},\ y^{t+1})=\lambda M_{oc}(x^t,\ y^t,\ x^{t+1},\ y^{t+1}),\ \lambda>0$$

$$M_{oc}(\lambda x^t,\ y^t,\ \lambda x^{t+1},\ y^{t+1})=M_{oc}(x^t,\ y^t,\ x^{t+1},\ y^{t+1}),\ \lambda>0$$

M3：比例性

$$M_{oc}(x^t,\ y^t,\ x^{t+1},\ \mu y^t)\neq\mu,\ \mu>0$$

$$M_{oc}(x^t,\ y^t,\ \lambda x^t,\ y^{t+1})\neq\lambda^{-1},\ \lambda>0$$

$$M_{oc}(x^t,\ y^t,\ \lambda x^t,\ \mu y^t)=\mu/\lambda,\ \mu,\ \lambda>0$$

M4：同一性

$$M_{oc}(x,\ y,\ x,\ y)=1$$

M5：可公度性（测量单位的独立性）

$$M_{oc}(\mu_1x_1^t,\ \cdots,\ \mu_Nx_N^t,\ \lambda_1y_1^t,\ \cdots,\ \lambda_My_M^t,\ \mu_1x_1^{t+1},\ \cdots,\ \mu_NX_N^{t+1},\ \lambda_1y_1^{t+1},\ \cdots,\ \lambda_My_M^{t+1})=M_{oc}(x^t,\ y^t,\ x^{t+1},\ y^{t+1})$$

$$\lambda_m>0,\ m=1,\ \cdots,\ M,\ \mu_n>0,\ n=1,\ \cdots,\ N$$

M6：循环性

$$M_{oc}(x^t,\ y^t,\ x^{t+1},\ y^{t+1})\cdot M_{oc}(x^{t+1},\ y^{t+1},\ x^{t+2},\ y^{t+2})\neq M_{oc}(x^t,\ y^t,\ x^{t+2},\ y^{t+2})$$

M6：时间反转性

$$M_{oc}(x^t,\ y^t,\ x^{t+1},\ y^{t+1})=[M_{oc}(x^{t+1},\ y^{t+1},\ x^t,\ y^t)]^{-1}$$

尽管马尔奎斯特指数既不满足产出的比例性测试也不满足投入的比例性测试，但是却满足产出和投入同时存在的比例性测试。此外，除了在技术变更的限制性中立条件下，它不满足循环性。未能满足循环性测试的严谨性取决于费舍（Fisher，1922）和费舍（Frisch，1936）的论点是否具有说服力，费舍（Fisher，1922）拒绝了该测试，费舍（Frisch，1936）支持该测试。我们将此测评留给读者，读者可向萨缪尔森·斯瓦米（Samuelson Swamy，1974）寻求指导。

我们注意到，到生产边界的距离可以用双曲线或方向测量。两个距离函数 $D_H(y, x)$、$D_D(y, x)$ 可用来构造双曲线型和方向型马尔奎斯特生产力指数，正如本节中产出方向指数的构建。

二、分解马尔奎斯特指数

在本章第二节中，我们注意到，劳工统计局和经合组织将生产力变化归因于技术变化、效率变化、规模经济和生产发生的经营环境变化。在此，我们可以将马尔奎斯特生产力指数式（1－63）分解为前三个来源，该指数不仅能够量化生产率变化，而且能够量化其三个主要来源。

菲尔等（Färe et al.，1992）对式（1－64）进行了初始的分解。其结论无论是从数学结构还是经济意义上都是很清晰明了的，把 $[D_{oc}^{t+1}(x^{t+1}, y^{t+1}) D_{oc}^{t}(x^{t}, y^{t})]$ 从式（1－63）的右侧提取出来，得到：

$$M_{oc}(x^t, y^t, x^{t+1}, y^{t+1}) = \frac{D_{oc}^{t+1}(x^{t+1}, y^{t+1})}{D_{oc}^{t}(x^{t}, y^{t})} \times \left[\frac{D_{oc}^{t}(x^{t}, y^{t})}{D_{oc}^{t+1}(x^{t}, y^{t})} \times \frac{D_{oc}^{t}(x^{t+1}, y^{t+1})}{D_{oc}^{t+1}(x^{t+1}, y^{t+1})}\right]^{1/2}$$
$$= TE\Delta_{oc}(x^t, y^t, x^{t+1}, y^{t+1}) \times T\Delta_{oc}(x^t, y^t, x^{t+1}, y^{t+1}) \tag{1-64}$$

可知，$TE_o(x, y) = [D_o(x, y)]^{-1}$，式（1－64）右边第一项衡量了技术效率变化对生产力变化的贡献。$TE\Delta_{oc}(x^t, y^t, x^{t+1}, y^{t+1}) \gtreqless 1$ 表明技术效率在 t 到 t+1 期是否进步或者是退化。式（1－64）右边第二项衡量了技术进步对生产力变化的贡献。它是两个术语的几何平均值，一个是从 t 期数据的角度比较 t 期技术与 t+1 期技术，另一个是从 t+1 期数据的角度比较两种技术。$T\Delta_{oc}(x^t, y^t, x^{t+1}, y^{t+1}) \gtreqless 1$ 表明在 t 到 t+1 期技术未获得进步甚至是发生了倒退。在图 1－17 中，很明显，由于技术效率的提高，以及技术进步的发生，在 t 和 t+1 期间发生了生产力增长。然而，分解式（1－64）存在一个问题，这就是为什么我们将其称为初始分解的原因。相对于基准技术 T_c^t 和 T_c^{t+1}，生产力变化得到了适当的测量。不幸的是技术效率变化和技术变化部分也是如此。它们应该相对于最佳实践技术 T^t 和 T^{t+1} 进行测量，这些技术不受满足全球规模不变的回报限制。此外，式（1-64）将生产率变化仅归因于技术效率变化，以及技术变更。引入一个捕捉规模经济贡献项需要引入最佳实践技术，图1-18说明了其随后的分解，中间行对应于式（1-64）中的初始分解，最底行描述了生产力的一般分解，$TE\Delta_{oc}(x^t, y^t, x^{t+1}, y^{t+1})$ 为相对于最优技术的技术效率变化。$T\Delta_{oc}(x^t, y^t, x^{t+1}, y^{t+1})$ 描绘了最优技术的变迁。$S\Delta_o(x^t, y^t, x^{t+1}, y^{t+1})$ 表征了规模经济对生产力变化的贡献。然而，有不止一种方法可以在数学上实现随后的分解，不同的数学分解有不同的经济解释。所有人似乎都同意需要随后的分解，但对随后分解性质的分歧仍然存在。格罗斯科普夫（Grosskopf，2003）和洛菲尔（Lovell，2003）对这一问题进行了深入调查，后面将重新讨论这一分解问题。

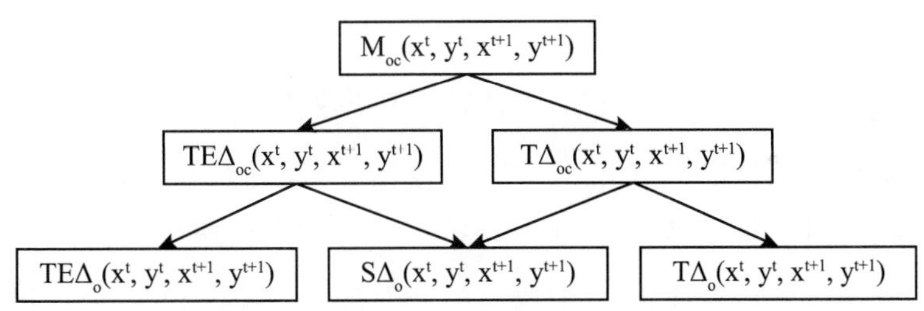

图1-18 分解马尔奎斯特指数

三、评估马尔奎斯特指数

马尔奎斯特指数有几个非常好的性质特点。因为这一指数的获得是基于距离函数，所以它继承了距离函数的一些优良特点。同样，由于它是基于距离函数，所以很容易适应多投入与多产出。利用投入距离函数，可以逆转产出扩展方向，生成一个产出方向上的马尔奎斯特生产力指数同时不会改变其他部分。马尔奎斯特生产力指数也具有非常好的实用性，它所需要的是有关数量的信息，而不是价格的信息。这使得它适用于价格扭曲或缺失情况下生产力的测量。我们在本章第二节中提到了一些这样的情况，并将在第八节中重新讨论这个问题。

如图1－18所示，马尔奎斯特生产力指数可以分解为具有经济意义的生产力变化源。然而，它的分解需要足够多的生产者，进而为每个生产者的每个阶段构建基准技术和最优技术。具体操作可基于本章第五节中介绍的SFA技术或第六节中介绍的DEA技术。在众多使用DEA的研究中，人们很少会去调查生产力组成部分中有经济意义的那部分对生产力的贡献是否显著。

生产力变化的一个潜在来源，是先前在SFA和DEA环境中讨论的外生变量的向量z。将z纳入SFA和DEA效率分析替代方法的利弊，适用于使用SFA和DEA来实施马尔奎斯特生产力分析，这是我们现在转向的主题。

第七节　近似马尔奎斯特

马尔奎斯特指数是一个理论指数，定义在真实且未知的技术上。如果我们实证这一指数，那么得到的一定是一个近似值。有两种不同的方法，旧方法更受欢迎，使用价格信息代替技术信息计算生产力指数，这样会得到一个近似于理论值的实证马尔奎斯特生产力指数，这一方法被世界各国的统计机构广泛使用。新的方法避开了价格信息，并使用计量经济学或数学编程技术，通过估计基本技术结构的组成部分距离函数来估计理论上的马尔奎斯特生产力指数本身。比尔柯（Balk，1998），迪威特（Diewert，1981，1987）、迪威特和中村（Diewert and Nakamura，2003，2006）对新方法有很好的解释说明。

一、顶级指数

假设生产者以价格 $w \in R_N^{++}$ 获得原材料 $x \in R_N^{+}$，生产后得到 $y \in R_M^{+}$ 并以价格 $p \in R_M^{++}$ 出售。拉斯佩雷斯投入数量和产出数量指数使用基期价格来加权数量的变化等。

$$Y_L = p^{tT}y^{t+1}/p^{tT}y^t,\ X_L = w^{tT}x^{t+1}/w^{tT}x^t \tag{1-65}$$

帕舍投入量和产出量指标使用比较期间价格来加权数量变化等。

$$Y_P = p^{t+1T}y^{t+1}/p^{t+1T}y^t,\ X_P = w^{t+1T}x^{t+1}/w^{t+1T}x^t \tag{1-66}$$

费舍（Fisher，1922）产出数量和投入数量指数是拉斯佩雷斯指数与帕舍指数的几何平均值：

$$Y_F = (Y_L \times Y_P)^{1/2} = [(p^{tT}y^{t+1}/p^{tT}y^t) \times (p^{t+1T}y^{t+1}/p^{t+1T}y^t)]^{1/2}$$

$$X_F = (X_L \times X_P)^{1/2} = [(w^{tT}x^{t+1}/w^{iT}x^t) \times (w^{t+1T}x^{t+1}/w^{t+1T}x^t)]^{1/2} \tag{1-67}$$

费舍数量指数既使用基期价格又使用比较期价格对数量进行加权。菲舍尔（Fisher）指数定义为：

$$\prod_F = \frac{Y_F}{X_F} = \frac{[(p^{tT}y^{t+1}/p^{tT}y^t) \times (p^{t+1T}y^{t+1}/p^{t+1T}y^t)]^{1/2}}{[(w^{tT}x^{t+1}/w^{tT}x^t) \times (w^{t+1T}x^{t+1}/w^{t+1T}x^t)]^{1/2}} \tag{1-68}$$

$\prod_F$ 不使用真实但未被观察到的技术，也不估计，它是根据基期和比较期的价格和数量的可观察信息计算的。

迪威特（Diewert，1992）证明在一定条件下，$\prod_F = M_{oc}(x^t, y^t, x^{t+1}, y^{t+1})$，所以根本就没有近似误差。这些限制性条件如下，这些条件可能是单独施加的也可能是联合施加的：

（1）产出距离函数必须在基准技术上定义，并表现出规模报酬不变。

（2）输出距离函数必须具有灵活的函数形式，不能在此处复制。

（3）周期 t 和周期 t+1 的产出距离函数必须具有相同的某些系数，这限制了技术在不同周期之间的差异程度。

（4）这两个时期的生产必须在竞争性的产出市场和竞争性的投入市场中具有分配效率。

前三个要求并不是那么的严格，但是最后一条确是十分严苛的，由于最后一条要求涉及的内容不包含在本书的内容之中，所以此处未对其进行优化处理说明。我们不太清楚当分配不当程度增加时 $\prod_F$ 的表现会如何恶化。特恩奎斯特（Törnqvist，1936）投入产出数量指数（对数形式）：

$$\ln Y_T = (1/2)\sum_m [(p_m^t y_m^t / \sum_m p_m^t y_m^t) + (p_m^{t+1} y_m^{t+1} / \sum_m p_m^{t+1} y_m^{t+1})] \ln(y_m^{t+1}/y_m^t)$$

$$\ln X_T = (1/2)\sum_n [(W_n^t x_n^t / \sum_n W_n^t x_n^t) + (W_n^{t+1} x_n^{t+1} / \sum_n W_n^{t+1} x_n^{t+1})] \ln(x_n^{t+1}/x_n^t)$$

(1-69)

产出量指标采用相邻期收益份额的算术平均数对产出量变化进行加权，投入量指标采用相邻期成本份额的算术平均数对投入量变化进行加权。一个特恩奎斯特生产力指数定义为：

$$\prod_T = \frac{Y_T}{X_T} = \exp\{\ln Y_T - \ln X_T\}$$

$$= \exp\{(1/2)\sum_m[(p_m^t y_m^t/\sum_m p_m^t y_m^t) + (p_m^{t+1} y_m^{t+1}/\sum_m p_m^{t+1} y_m^{t+1})]\ln(y_m^{t+1}/y_m^t)$$

$$-(1/2)\sum_n[(w_n^t x_n^t/\sum_n w_n^t x_n^t) + (w_n^{t+1} x_n^{t+1}/\sum_n w_n^{t+1} x_n^{t+1})]\ln(x_n^{t+1}/x_n^t)\}$$

(1－70)

与费舍生产力指数一样，式（1－70）的生产力指数既没有来用真实但是未观察到的技术，也没有对技术进行估计。坎外（Caves et al.，1982b）证明在一定条件下：

（1）所有的投入数量和产出数量必须严格为正。

（2）产出距离函数必须定义在表现出不变规模报酬的基准技术上。

（3）产出距离函数必须具有灵活可行的对数函数形式。

（4）周期 t 和周期 t＋1 输出距离函数必须具有相同的二阶系数，这限制了技术在不同周期之间的差异程度。

（5）这两个时期的生产必须在竞争性的产出市场和竞争性的投入市场中具有分配效率。

我们对特恩奎斯特生产力指数的评价与对费舍的评价是类似的。前四个要求并没有太大的限制性，尽管第一个要求排除了角点解决方案。但是最后一条要求是十分严格的，它排除了优化失败的可能性。我们不太清楚当分配不当程度增加时 $\prod_F$ 的表现会如何恶化。

在经济行为中，费舍与特恩奎斯特指数被称为顶级指数，这是因为如果它们的限制性条件得到满足的话，这两个指数会提供一个非常接近马尔奎斯特生产力指数理论水平的指数。如果生产技术有灵活的函数形式（迪威特或者是对数），且生产者在竞争性市场中是分配有效的，那么在一定条件下 $\prod_F = M_{oc}(x^t, y^t, x^{t+1}, y^{t+1}) = \prod_T$。然而，在规模经济存在的情况下，我们对“$\prod_F$”或“$\prod_T$”的表现还没有很好的认识。此外，就像是马尔奎斯特生产力指数一样，$\prod_F$ 和 $\prod_T$ 是双边指数，不具有循环性，但是经过一定的转化，二者均可转化为具有循环性的指数形式。用于数量变化的权重取决于所有生产者的数据，而不仅取决于正在测量生产力变化的生产者数据。坎外等（Caves et al.，1982a）的研究中有对 $\prod_F$ 和 $\prod_T$ 的详细介绍。

二、一个计量经济学方法

本章第五节总结的计量经济学工具可适用于马尔奎斯特生产力指数的估计和分解。我们总结了额瑞（Orea，2002）中的一种方法。这个方法拓展了丹尼等（Denny et al.，1981）、西清水和佩吉（Nishimizu and Page，1982）研究中的讨论，并且应用了坎外等（Caves et al.，1982b）研究中关于马尔奎斯特指数与超越对数距离函数之间的关系讨论。假设马尔奎斯特指数中的距离函数在（x，y，t）上具有超越对数形式，则

$$\begin{aligned}\ln D_o(x, y, t) = {} & \alpha_o + \sum_n \alpha_n \ln x_n + \sum_m \beta_m \ln y_m + (1/2)\sum_n \sum_i k\alpha_{nk} \ln x_n \ln x_k \\ & + (1/2)\sum_m \sum_i q\beta_{mq} \ln y_m \ln y_q + \sum_n \sum_m \gamma_{nm} \ln x_n \ln y_m + \delta_t t \\ & + (1/2)\delta_{tt} t^2 + \sum_n \delta_{tn} t \ln x_n + \sum_m \delta_{tm} t \ln x_m \end{aligned} \tag{1-71}$$

由于该函数是（x，y，t）上的二次函数，从 t 到 t+1 期距离函数值的变化可以分解为投入变化、产出变化和时间推移的影响，

$$\begin{aligned} & \ln D_o(x^{t+1}, y^{t+1}, t+1) - \ln D_o(x^t, y^t, t) \\ & = (1/2)\sum_m \left[\frac{\partial \ln D_o(x^{t+1}, y^{t+1}, t+1)}{\partial \ln y_m} + \frac{\partial \ln D_o(x^t, y^t, t)}{\partial \ln y_m}\right] \cdot \ln(y_m^{t+1}/y_m^t) \\ & \quad + (1/2)\sum_n \left[\frac{\partial \ln D_o(x^{t+1}, y^{t+1}, t+1)}{\partial \ln x_n} + \frac{\partial \ln D_o(x^t, y^t, t)}{\partial \ln x_n}\right] \cdot \ln(x_n^{t+1}/x_n^t) \\ & \quad + (1/2)\left[\frac{\partial \ln D_o(x^{i+1}, y^{i+1}, t+1)}{\partial t} + \frac{\partial \ln D_o(x^t, y^t, t)}{\partial t}\right] \end{aligned} \tag{1-72}$$

如果我们将对数马尔奎斯特生产力指数 $M_o(x, y, t)$ 定义为产出和投入加权平均增长率之差，以距离函数弹性为权重，式（1-71）和式（1-72）变为：

$$\begin{aligned}\ln M_o(x, y, t) = {} & (1/2)\sum_m \left[\frac{\partial \ln D_o(x^{t+1}, y^{t+1}, t+1)}{\partial \ln y_m} + \frac{\partial \ln D_o(x^t, y^t, t)}{\partial \ln y_m}\right] \\ & \cdot \ln(y_m^{t+1}/y_m^t) \end{aligned}$$

$$-(1/2)\sum_{n}\left[\frac{-\partial\ln D_o(x^{t+1},\ y^{t+1},\ t+1)}{\partial\ln x_n}+\frac{-\partial\ln D_o(x^t,\ y^t,\ t)}{\partial\ln x_n}\right]\cdot\ln(x_n^{t+1}/x_n^t) \tag{1-73}$$

从中可以看出

$$\ln M_o(x,\ y,\ t)=[\ln D_o(x^{t+1},\ y^{t+1},\ t+1)-\ln D_o(x^t,\ y^t,\ t)]-(1/2)\left[\frac{\partial\ln D_o(x^{t+1},\ y^{t+1},\ t+1)}{\partial t}+\frac{\partial\ln D_o(x^t,\ y^t,\ t)}{\partial t}\right] \tag{1-74}$$

式（1-74）将对数马尔奎斯特指数 $\ln M_o(x,\ y,\ t)$ 分解为度量技术相率变化项和度量技术变化项。然而，因为我们没有对式（1-71）中的 $\ln D_o(x,\ y,\ t)$ 施加规模报酬不变的限制，式（1-73）中的投入权重之和不一定为 1，那么式（1-74）中的 $\ln M_o(x,\ y,\ t)$ 就忽略了规模经济对生产力增长的贡献。式（1-74）右边两项是正确的，但是 $\ln M_o(x,\ y,\ t)$ 并不是一个合适的生产力指数。右边两项分别对应于图 1-20 中的 $TE\Delta_o(x^t,\ y^t,\ x^{t+1},\ y^{t+1})$ 和 $T\Delta_o(x^t,\ y^t,\ x^{t+1},\ y^{t+1})$，但是规模经济项 $S\Delta_o(x^t,\ y^t,\ x^{t+1},\ y^{t+1})$ 却未能体现。式（1-73）通过总投入与产出使用距离函数来分解 $M_o(x,\ y,\ t)$。可利用距离函数弹性占比分解 $M_o(x,\ y,\ t)$ 为：

$$\ln M_o(x,\ y,\ t)=(1/2)\sum_{m}[\varepsilon_m(x^{t+1},\ y^{t+1},\ t+1)+\varepsilon_m(x^t,\ y^t,\ t)]\cdot\ln(y_m^{t+1}/y_m^t)-(1/2)\sum_{n}[\varepsilon_n(x^{t+1},\ y^{t+1},\ t+1)+\varepsilon_n(x^t,\ y^t,\ t)]\cdot\ln(x_n^{t+1}/x_n^t) \tag{1-75}$$

其中

$$\varepsilon_m(x^s,\ y^s,\ s)=\frac{\partial\ln D_o(x^s,\ y^s,\ s)}{\partial\ln y_m}$$

$$\varepsilon_n(x^s,\ y^s,\ s)=\frac{\partial\ln D_o(x^s,\ y^s,\ s)/\partial\ln x_n}{\sum_{n}\partial\ln D_o(x^s,\ y^s,\ s)/\partial\ln x_n}$$

对于 $s=t,\ t+1$，式（1-75）中的 $\ln M_{oc}(x,\ y,\ t)$ 是一个合适的生产力指数，因为其投入权重之和为 1。这样其对应的基准技术满足规模报酬不变性，而这正是该指数能够准确测量生产力变化所需要的。最后，将式（1-74）代入式（1-75）得到：

$$
\begin{aligned}
\ln M_{oc}(x, y, t) = & [\ln D_o(x^{t+1}, y^{t+1}, t+1) - \ln D_o(x^t, y^t, t)] \\
& - (1/2)\left[\frac{\partial \ln D_o(x^{t+1}, y^{t+1}, t+1)}{\partial t} + \frac{\partial \ln D_o(x^t, y^t, t)}{\partial t}\right] \\
& + 1/2 \sum_n \left\{\left(-\sum \frac{\partial \ln D_o(x^{t+1}, y^{t+1}, t+1)}{\partial \ln x_n} - 1\right)\right. \\
& \cdot \varepsilon_n(x^{t+1}, y^{t+1}, t+1) + \left(-\sum \frac{\partial \ln D_o(x^t, y^t, t)}{\partial \ln x_n} - 1\right) \\
& \left.\cdot \varepsilon_n(x^t, y^t, t)\right\} \cdot \ln(x_n^{t+1} x_n^t) \qquad (1-76)
\end{aligned}
$$

式（1－75）把生产力变化分解为技术效率变化、技术变化、规模经济三部分。规模经济是值为 $\ln M_{oc}(x, y, t)$ 与 $\ln M_c(x, y, t)$ 差值的对数。式（1－75）分别为 $TE\Delta_o(x^t, y^t, x^{t+1}, y^{t+1})$、$T\Delta_o(x^t, y^t, x^{t+1}, y^{t+1})$、$S\Delta_o(x^t, y^t, x^{t+1}, y^{t+1})$ 的实证近似，所以三项的和提供了一个 $M_{oc}(x, y, t)$ 的实证近似。实现式（1－75）所需的全部工作并估计出超越对数型产出距离函数式（1－70），在产出中施加线性同质性，并对误差结构作出假设。经估计后，参数的估计值可用于估算式（1－75）右侧第二和第三分量的弹性。第一部分的估算需要本章第五节所述的边界技术，额瑞（OREA，2002）的研究中提到过这项技术。

三、一种数学规划方法

本章第六节中总结的数学工具规划法也可用来估计和分解马尔奎斯特生产力指数。此处我们使用一种最先由菲尔等（Färe et al.，1992）提出并经多人改进的方法。本节给出的马尔奎斯特生产率指数包含四个产出距离函数，每个函数都在基准技术上定义，满足恒定的规模回报。使用第六节给出的 CCR DEA 包络程序估算周期内距离函数。

$$D_{oc}^s(x^s, y^s) \quad s = t, t+1$$

$$\max_{\phi,\lambda} \phi$$

$$\text{Subject to } X^s\lambda \leqslant x_o^s$$

$$\phi y_o^s \leqslant Y^s r$$

$$\lambda \geqslant 0 \tag{1-77}$$

使用类似的 CCR DEA 程序估算相邻周期距离函数。

$$D_{oc}^s(x^r, y^r) \quad s, r = t, t+1, s \neq r$$

$$\max_{\phi,\lambda} \phi$$

$$\text{Subject to } X^s \lambda \leqslant x_o^r$$

$$\phi y_o^r \leqslant Y^s r$$

$$\lambda \geqslant 0 \tag{1-78}$$

将这四个程序的解代入式（1-63），生成使用数学规划技术估计的马尔奎斯特生产力指数。分解马尔奎斯特生产力指数需要估计在最佳实践技术上定义的距离函数，以允许可变的规模回报。这需要使用第六节式（1-55）中给出的 BCC DEA 包络规划。$TE\Delta_o(x^t, y^t, x^{t+1}, y^{t+1})$ 估计为以下距离函数的比值：

$$D_o^s(x^s, y^s) \quad s = t, t+1$$

$$\max_{\phi,\lambda} \phi$$

$$\text{Subject to } X^s \lambda \leqslant x_o^s$$

$$\phi y_o^s \leqslant Y^s r$$

$$\lambda \geqslant 0, \sum_i \lambda_i = 1 \tag{1-79}$$

$T\Delta_o(x^t, y^t, x^{t+1}, y^{t+1})$ 包含这两个距离函数和下述的两个距离函数：

$$D_{oc}^s(x^r, y^r) \quad s, r = t, t+1, s \neq r$$

$$\max_{\phi,\lambda} \phi$$

$$\text{Subject to } X^s \lambda \leqslant x_o^r$$

$$\phi y_o^r \leqslant Y^s r$$

$$\lambda \geqslant 0, \sum_i \lambda_i = 1 \tag{1-80}$$

规划式（1-80）根据相邻时期的最佳实践技术，评估 r 期生产者的表现。正如雷和德斯利（Ray and Desli，1997）发现的那样，由于最佳实践技术允许可变的规模回报，所以并非所有程序都有可行的解决方案。尽管有这种可能性，一旦使用 CCR 估计得到 $M_{oc}(x^t, y^t, x^{t+1}, y^{t+1})$，$TE\Delta_o(x^t, y^t, x^{t+1}, y^{t+1})$ 和 $TE\Delta_o(x^t, y^t, x^{t+1}, y^{t+1})$ 通过 BBC 获得。规模经济对生产力的贡献可通过下式得到：

$$S\Delta_o(x^t, y^t, x^{t+1}, y^{t+1}) = M_{oc}(x^t, y^t, x^{t+1}, y^{t+1}) / [TE\Delta_o(x^t, y^t, x^{t+1}, y^{t+1}) T\Delta_o(x^t, y^t, x^{t+1}, y^{t+1})] \quad (1-81)$$

四、评估近似值

由于事实未知，很难判断一个根据计量经济学或数学规划技术估算的实证马尔奎斯特生产率指数是否比计算的费舍或特恩奎斯特生产率指数提供了更好或更差的近似值。我们可以做出以下分析：

（1）首先并且最重要的是，费舍和特恩奎斯特指数只有在严格的限制性条件下才能成为顶级指数。条件之一为分配有效，我们认为这一条件应该是一个待检测的假设而不受一个先验假设。计量或者是数学规划法并不需要做出如此假设。通过比较市场价格比与估计的影子价格比，后者有能力检验这一假设。

（2）费舍和特恩奎斯特指数在计算时要求有价格或者是份额信息。但是价格可能会被补贴或者是管制扭曲。并且许多非市场部门中价格缺失，而规划法或者计量法不需要价格信息。

（3）规划法或者计量法可以把马尔奎斯特指数以相同的结构分解。二者都可以将马尔奎斯特指数分解为技术效率、技术变更、规模经济。这些组分是美国劳工统计局和经合组织所确定生产力变化的来源。雷和穆克吉（Ray and Mukherjee，1996）、郭斯曼和西皮尔斯（Kuosmanen and Sipiläinen，2004）对费舍指数进行过类似的分解，但是却未对特恩奎斯特进行过分解。费舍和特恩奎斯特指数有很多自然的组成部分，这些部分可以用来确定生产力变化的来源。比尔柯（Balk，2004）进行过探讨，萨利安（Salerian，2003）利用澳大利亚铁路数据进行过类似的研究。

第八节 全要素生产率和生产效率的测量

生产率也被称为全要素生产率（TFP），它的定义是一个系统的总产出量和总投入量的比值。当生产者使用一种投入要素来生产单一的产品时，这个比值是容易得到的。但是在实际情况中，往往会是使用多种投入要素来生产多种产品，分子中的产出以及分母中的投入应该是具有一些合理的经济学含义的聚合项，因此得到的生产率仍然是两个标量的比值（Fried et al.，2008）。从直觉上讲，生产率的增长是“衡量我们无知程度的一个指标”（Abramovitz，1956）。根据菲尔德等（Fried et al.，2008）的研究，残差归因于以下四个部分：（1）生产技术的差异；（2）生产规模的差异；（3）生产效率的差异；（4）生产过程中环境的差异。最后一个组成部分是外生的，前三个组成部分都是内生的，因为它们受到公司管理的影响。

许多研究都侧重于对第三个组成部分——生产效率的研究，研究生产效率在横截面维度和时间维度上对全要素生产率变化的影响。生产效率可以描述为产出（或输入）的观测值和最优值之间的比较。生产效率可以进一步分为两个子类别：技术效率和经济效率。从产出的角度来研究，技术效率是当投入要素固定时，实际观测到的产出与最优产出之间的比值；从投入的角度来看，技术效率是在控制一定的产出条件下，实际观测到的投入量与最小投入量之间的比值。这种效率是技术性的，因为最优值是按照生产可能性集来定义的。如果生产者的目标是在一定的价格和数量限制下，实现成本最小化或收益最大化，或者实现利润最大化（成本最小化和收益最大化相结合），则效率的衡量标准就变成了实际观测中的成本、收入和利润与其各自最优值之间的差异。这种效率是经济性的，因为最优值是用价值来衡量的。

在对生产率和生产效率进行定义之后，我们还需要回答一个很重要的问题：我们为什么要研究生产率和生产效率？菲尔德等（Fried et al.，2008）提出了三个主要的原因：第一，通过对生产效率和生产率的衡量，并将它们的影响与生产环境的影响分开，我们可以探究关于对于不同个体或者时间，生产率和生产效率的差异形成的原因。例如蔡奇等（Zeitsch et al.，1994）演示了如何将环境变量正式纳入 TFP 指数中。他们的研究进一步表明，将生产环境的变化与澳大利亚配电中生产率增长的可控来源变化分开是多么重要。第二，许多研究生产率的文章都侧重于评估个体和企业的绩效。微观经济学也会对国家的经济政策产生影响，因为宏观经济学中的许多理论都建立在微观行为的基本假设之上。例如，刘易斯（Lewis，2004）提供了一个令人信服的总结，麦肯锡全球研究所（MGI）12 年以来对 13 个国家的生产率的研究表明，微观表现是宏观表现的重要驱动。第三，生产效率和生产率是一种成功指标和绩效指标，通过这些指标我们可以对生产者进行评估。例如，财务表现是现代工业中公司关注的重点。米勒（Miller，1984）提出的"盈利能力 = 生产率 + 资产收益率"，概括了生产率和财务表现之间的关系。班克等（Banker et al.，1993）提出了一种应用于美国电信行业的分解方法，其中放松管制会导致生产率的提高，这是因为竞争程度加剧导致了资产收益率的下降。

由于生产率和生产效率的重要性，出现了许多应用性的研究。近些年来，对于生产率和生产效率的实证研究可以在经济学和其他社会科学的各个领域找到。例如，生产率和生产效率的衡量可以用于检验定性预测理论的准确性。伯杰和汉南（Berger and Hannan，1998）对福利三角进行了检验，他们的研究认为"所有垄断利润中，最好的是平静的生活。"——来自希克斯（Hicks，1935），通过对美国商业银行行业的效率成本估计得出的结论。生产率和生产效率也可以用来量化经济调节政策对不同企业间的生产力或者生产效率的差异影响。例如，雷因哈德等（Reinhard et al.，1999）使用荷兰奶牛场的面板数据，对环境效率和技术效率进行了估计。他们通过对氮盈余的影子价格和政治上受到限制的税收征收的盈余价格进行了比较，进一步分析了监管环境的效果。鲍尔等（Ball et al.，2004）构建了农业化学品的使用对农业生产率变化影响的三个环境敏感指标。他们将 1960 ~ 1972 年的这些指数与 1984 ~ 1996 年美国环境保护署（U. S. Environmental Protection Agency）监管农药生产期间的相同指数进行了比较。此外，对生产力和生产效率的衡量也可以用来量化研究所有权对公司绩效的影响。一个经常被引用的例子是在阿尔契安（Alchian，1965）的研究中，对公共部门经理和私营部门经理的表现进行了比较。最后，对生产力和生产效率的衡量可以作为公司管理中的一种控制机制，通过这种机制来监控生产单元在其控制下的绩效（Fried et al.，2008）。事实上，在管理科学和公司运营的相关文献中，生产率和效率指标被广泛用于评估生产单元的绩效（Fried et al.，2008）。

我们对研究生产效率的文献进行总结，通过以往的研究，采用的方法大致可以总结为两大类：非参数法的数据包络分析（DEA）和参数法的随机前沿分析（SFA）。DEA是一种线性规划的方法，其中，有效边界是由分段线性组合构成的，是将数据中所有的最佳观测值组成一个集合，构成一个生产可能性凸集合（Berger and Humphrey，1997）。作为生产力和生产效率分析的一种标准的非参数方法，DEA方法有着悠久的历史，值得一提的是，FDH（free disposal hull）估计是文献中另一种常用的非参数方法。两种估算方法都包含具有最小集合的数据，该最小集合具有生产集的一些典型属性。DEA估计量需要对生产集进行凸性假设，而FDH估计量则依赖于对生产集的自由处置假设。从理论上讲，DEA建模技术可以定义为FDH建模技术的凸壳。因此，FDH比DEA更具有一般性。而凸性假设在经济学中得到了广泛的应用，这使得DEA比FDH更受欢迎。DEA估计值最初的应用是被法雷尔（Farrell，1957）用于测量一组公司的技术效率。直到查恩斯等（Charnes et al.，1978）和班克等（Banker et al.，1984）的研究出现后，这个想法才受到关注。具体来说，查恩斯等（Charnes，1978）使用FDH估计量的凸锥（convex cone）将规模报酬不变的情况纳入进来（在恒定规模收益下，DEA近似的技术不仅是FDH的凸锥，而且是FDH的“最紧”的凸锥壳）。班克等（Banker，1984）利用FDH估计量的凸壳将可变收益纳入比例中。这种方法在已有研究中得到了广泛的应用，如塔纳苏古利斯和邓斯坦（Thanassoulis and Dunstan，1994）、伯格与汉弗莱（Berger and Humphrey，1997）、波特拉和塔那苏利斯（Portela and Thanassoulis，2007）、安达等（Aida et al.，1998）和百乐和雷森德（Tupper and Resende，2004）。由于非参数性质，DEA方法具有以下两个引人注目的优点：首先，DEA方法不需要对关于边界的函数形式做出任何明确假设（边界隐式假设为局部线性），或者对随机误差项的分布进行任何明确假设（所有噪声影响都被假设为零）；其次，使用DEA方法在估计多输入和多输出情况的时候不会出现相关统计问题（例如，内生性问题）。塔那苏利斯等（Thanassoulis et al.，2008）也简要总结了DEA方法的应用：第一，它提供了对生产单元相对效率的度量；第二，它可以为低效率的生产单元确定适当的高效率对等点；第三，它可以估计投入产出水平，从而使生产单元更有效率；第四，它可以用来衡量和分解生产力的变化；第五，它可以用来确定一定环境下最优规模回报的类型；第六，它可以用来测量一些效率高的生产单元局部的规模弹性；第七，它可以用来确定一个生产单元最具生产力时的规模大小。

由于观测到的输入和输出都是随机变量，因此有必要研究 DEA 估计量的统计特性。随机 DEA 分析在过去的十年中变得越来越流行。这是一种基于统计公理或允许随机参考技术的分布假设和非参数凸包/凸锥参考技术的效率分析。随机 DEA 分析主要有两种方法。第一种方法将定义统计模型和抽样过程的统计公理纳入 DEA 框架，这种方法要么将前沿的偏差视为随机偏差，要么将随机噪声视为测量误差或规范误差（Olesen and Petersen，2016）。班克（Banker，1993）研究表明，如果将无效率看作一个具有单调递减密度函数的随机变量，则单调递增和凹函数形式的生产函数的 DEA 估计量是最大似然估计量。科罗斯特列夫等（Korostelev et al. ，1995）对环境估计量的收敛性进行了全面分析，并得出了效率估计量的收敛速度。吉贝尔斯等（Gijbels et al. ，1999）在单一输入输出情况下，得出了一个著名的 DEA 估计量误差极限分布（存在特定分析形式）。在多个输入和输出情况下，克尼普等（Kneip et al. ，2003）得到了以比率项表示的估计误差极限分布（不存在封闭的分析形式）。通过这种方法，第二种方法涉及使用决策单元（DMU）支持输入输出空间子集的特定分布，DMU 的性能不是从一个共同的密度中随机抽取的。相反，每个 DMU 性能都由一个特定的 DMU 分布表示。相关著作有兰德等（Land et al. ，1993）、奥莱森和彼得森（Olesen and Petersen，1995）、库珀等（Cooper et al. ，1998）和奥莱森（Olesen，2006）。随机 DEA 的进一步改进方案可以在坎外（Cazals et al. ，2002）（m-frontiers）和阿拉贡等（Aragon et al. ，2005）（alpha-frontiers）的文献中找到。前者提出了一种基于期望最小的输入函数（m 阶期望边界）来修正 FDH 估计量，该估计量不能包含所有数据。与传统 DEA 方法相比，该方法的主要优点是对极值或异常值具有较强的稳健性。后者通过提出一种基于与生产过程相关的适当分布条件分位数的新方法来改进。

虽然这些极限分布是可用的（在某些情况下），但在估计极限分布中的未知参数时，仍会存在额外的噪声。这导致后来的研究人员采用引导程序（bootstrap）方法。正如西马尔与威尔逊（Simar and Wilson，2008）所指出的，“引导程序（bootstrap）仍然是一个有吸引力的选择，而且迄今为止，是在多变量使用DEA 方法进行推断的唯一实用方法。”在这个领域西马尔（Simar，1992）是第一个使用 bootstrap 方法进行研究的人。西玛与威尔逊（Simar and Wilson，1998，2000a）进一步改进了 bootstrap 方法，包括偏差校正和平滑技术。

SFA 方法是基于艾格纳等（Aigner et al.，1977）、米豪森和布洛克（Meeusen and Broeck，1977）的思想，涉及一个特定参数化效率边界估计，其误差项由非负的非效率项和噪声变量组成。根据所使用的边界类型，可以用成本效率、收入效率或利润效率来衡量。这种方法的本质特征是随机的，它使人们能够区分随机噪声的影响和效率低下的影响，从而为统计推断提供了基础（Fried et al.，2008）。因此，可以对不同规范、不同非效率项和其他参数的假设进行统计检验。SFA 方法还可以很容易地将外生变量（既不是生产过程中的输入也不是输出）纳入对生产效率的影响中，例如竞争压力的程度、投入产出质量指标、网络特征和所有权形式等。SFA 还可以用来估计生产力的变化，然后将估计的生产力变化分解为多个组成部分。

根据使用的数据类型不同，SFA 模型可以分为横截面 SFA 模型和面板数据SFA 模型两种。已有的研究大多基于横截面数据的 SFA 模型。这些研究的一个主要问题是如何确定非效率项的分布。现有的常用参数分布假设包括半正态分布（Aigner et al.，1977）、指数分布（Meeusen and Broeck，1977）、截断正态分布（Stevenson，1980）、伽马分布（Greene，1990）以及广义伽马分布和混合广义伽马分布（Griffin and Steel，2008）。在这些参数化的规范下，通常可以推导出组合误差项的密度函数（包括非效率项和随机噪声项），因此可以利用极大似然估计（MLE）得到生产边界的系数。为了估计每个生产单元的效率，琼德罗等（Jondrow et al.，1982）、巴蒂斯和科利（Battese and Coelli，1988）分别提出了两种不同的估计，这两种估计都是基于特定的复合误差条件下，非效率项的条件期望值。

虽然这些估计是无偏的，但它们的一致性受到了质疑，不是因为它们收敛到了错误的值，而是因为横截面设置提供的信息有限。使用面板数据可以克服这个问题，因为它包含的信息比横断面数据更多。施密特与斯迪克（Schmidt and Sickles，1984）是第一个使用面板数据 SFA 模型进行研究的，他们发现，不需要对无效率项进行分布假设就可以估计出无效率。面板数据随机前沿模型的估计方法有四种：第一种方法是固定效应模型，该模型没有对非时变效率进行分布假设，允许非时变效率与随机误差项、解释变量的值相关。第二种方法是随机效应模型，它允许无效项为随机项，分布不确定，但非效率变量与随机误差项、解释变量的值不相关。第三种方法，如果非效率变量与随机误差项、解释变量的值不相关，并且非效率变量服从特定的分布，则可以直接采用前面描述的横截面 MLE 方法。第四种方法是豪斯曼和泰勒（Hausman and Taylor，1981）提出的一种估计量，它是固定效应估计量和随机效应估计量的混合，允许非效率变量与一些（但不是全部）自变量相关。

根据涉及方程的数量，SFA 模型还可以分为另外两类，即单方程 SFA 模型和系统方程 SFA 模型。已有的研究大多基于单方程 SFA 模型，而系统方程 SFA 模型近年来受到越来越多的关注。一般采用系统方程 SFA 模型来处理单方程 SFA 模型固有的内生性问题。克里斯滕森和格林（Christensen and Greene，1976）是第一个在成本最小化行为下使用多方程模型进行研究的，他们的系统包含一个成本函数和由谢泼德引理导出的成本分担方程。

在过去的十年中，一个引起广泛关注的领域是非参数化 SFA 方法，有两种可以用来估计非参数 SFA 模型的方法。第一个是伪似然估计，此方法有两个优点：当两种误差分布中的任何一种被错误指定时，边界形状的一致性仍然可以产生。而且，它可以降低最大化算法的复杂度，因为它减少了执行优化的变量数量。第二种估计方法是局部极大似然估计。该方法对范等（Fan，1996）研究中的伪似然模型进行了拓展，以局部极大似然原则为基础，该原则在给定局部多项式模型参数相对于模型协变量进行局部化时是非参数化的。模型中的两个误差项（非效率项和随机误差项）仍然假设为局部参数分布。近年来，西玛等（Simar，2016）提出了另一种非参数模型：局部最小二乘 SFA 模型，这种估计方法比局部似然模型更容易、更快捷、更可靠。与局部似然方法相比，局部最小二乘方法的主要优点是，对两个误差只使用局部矩这个限制。

全要素生产率（TFP）的定义是所有产出与所有投入的比值。TFP 的增长可以用 TFP 指数（简单地定义为两个观测到的 TFP 的比值）或者 TFP 指标（定义为两个观测到的 TFP 之间的差值）来衡量。根据输出和输入的两种不同聚合方法，TFP 指数/指标通常分为两种。一种方法是基于价值的。如果有价格信息，我们可以用收入来近似总产出，用成本来近似总投入，然后用帕氏（Paasche）指数、拉氏（Laspeyres）指数、费雪（Fisher）指数、托恩奎斯特（Tornqvist）指数、全网（Lowe）指数和 Bennet - Bowley 生产率指数来衡量生产率的变化。另一种方法是使用直接基于技术、投入和产出数量的经济聚合器。这些指标包括距离函数（Malmquist）生产率指数、Hicks - Moorsteen 生产率指数、Fare - Primont 生产率指数和 Luenberger 生产率指数。坎外等（Caves et al.，1982）发现，价格聚合器的生产力度量可以作为基于距离函数的生产力度量的“近似”值来推导。

TFP 增长分解是对技术的创新（技术变化或技术前沿的转移）、扩散和学习（追赶或效率变化）过程（Fare，Grosskopf and Margaritis，2008）。菲尔与格罗斯科夫（Fare and Grosskopf，1992）将基于距离函数生产率指数（Malmquist 指数）分解为技术效率变化、技术进步和规模经济对全要素生产率变化的贡献。此外，奥唐纳（O'donnell，2008）研究表明，如果 TFP 指标是倍数完备的，则可以分解为技术变化和各种效率变化（如技术效率、规模效率和混合效率）。我们之前讨论过的计量经济学工具（包括频率论方法和贝叶斯方法）都可以适用于 TFP 指标的估计和分解。例如，奥瑞（Orea，2002）通过使用面板数据估计方法估计超越对数形式的产出距离函数，给出了考虑规模经济的广义 Malmquist 生产率指数的参数分解。DEA 方法也适用于全要素生产率指标的估计和分解，奥唐纳（O'Donnell，2011）在研究中对基于价格和基于距离函数的生产率指数分解的 DEA 方法进行了全面总结。

第九节　新模型与新研究

本书通过以下三种方式对生产率和效率分析的文献做出贡献。第一，本书在随机前沿分析的文献中提出了一种新的技术无效率分布半参数规范。第二，考虑到技术和增长路径的异质性，本书改进了基于方向输出距离函数的CO_2 排放影子价格估计。第三，本书首次运用奥唐纳（O'donnell，2012）的方法来比较欧洲银行和美国银行的盈利能力差异。

一、随机前沿模型效率估计：贝叶斯核方法

从艾格纳等（Aigner et al.，1977）和米豪森和布洛克（Meeusen and Broeck，1977）的开创性著作开始，随机前沿模型被广泛用于评估企业的生产率和效率（Greene，2008）。一个典型的随机前沿模型是估计特定参数的有效前沿，它的误差项由非负的非效率项和随机噪声变量组成（$\varepsilon_{it} = u_i + v_{it}$）。关于非效率项常用的假设有：半正态分布（Aigner et al.，1977）、指数分布（Aigner et al.，1977）、截断正态分布（Stevenson，1980）和伽马（gamma）分布（Greene，1990）。"非效率项的分布形式重要吗？"一些研究表明，非效率项的估计对模型的规范来说非常重要。例如，昆巴卡和洛维尔（Kumbhakar and Lovell，2000）使用电力数据估计了在无效率项的不同参数分布假设下的超越对数生产模型。他们计算了所有样本观测效率估计对之间的秩相关系数。最低秩相关系数为0.7476（指数分布与伽马分布之间），最高秩相关系数为0.9803（半正态分布与截断正态分布）。由于所有结果都是在特定的应用下得出的，所以答案仍不清楚。然而，格里芬和斯蒂奥（Griffin and Steel，2004）明确指出了参数模型的局限性。例如，有人对指数分布进行了批判，如果企业的效率损失没有0或1作为一个区间终点，那么企业的效率损失落在那个区间的概率都小于1。在将质量分配给效率区间时，半正态分布是有限制的。而且在某些特定应用中，截断的正态分布会导致识别问题出现。格里芬和斯蒂奥（Griffin and Steel，2004）提出了一种基于Dirichlet过程的贝叶斯半参数模型。

本书的目的是通过提出一种新的非参数方法，为贝叶斯框架内的低效率分布进行灵活建模，从而为这一方面的研究做出一些补充。具体地说，我们使用核密度估计器来估计无效率项的概率密度。众所周知，当以一种灵活的方式对无效率项进行建模时，很可能会出现识别问题。为了克服这一问题，我们借鉴了杰尔芬德等（Gelfand et al.，1995）在常规线性混合效应模型背景下引入的多级中心思想，以改进基于最大化和抽样算法的性能。

二、估算欧盟电力部门 CO_2 排放的影子价格：一种随机系数、随机方向向量定向输出距离函数方法

过去的三十年，在生产率和生产效率的研究领域出现了大量关注于不良产出（如 CO_2、SO_2、水污染等）的影子价格的研究。估计影子价格主要有两种应用。首先，它可以用来构建生产力指数，允许出现希望得到的（goods）和不希望得到的（bads）输出。其次，它可以用来评估环境污染法规可能给生产者带来的边际成本和效益。从方法的角度来看，对不良产出的影子价格估计通常包括将不良产出纳入转换函数，给定转换函数的估计值，不良产出的影子价格就可以很容易地用转换函数估计系数来表示。例如，菲尔等（Fare et al.，2005）所使用的是一个方向产出距离函数来估计美国电力公用事业行业中 SO_2 的影子价格。方向距离函数有两个主要优点：首先，它允许多个产出；其次，它可以同时增加好的产出（goods）并根据所采用的方向向量变化的路径减少不良产出（bads）。

在这一领域，学界已经出现了大量的研究，但相关研究中很少有涉及，如皮特曼（Pittman，1981，1983）在 30 年前指出的一个重要问题：技术异质性。事实上，技术异质性在污染密集型产业中是普遍存在的。以电力部门为例，不同的电厂（或国家）使用的发电技术有很大差别。这些技术的差别导致了不同电厂（或国家）之间电力成本和碳排放强度差异很大。均等化电力成本是衡量不同发电技术综合竞争力的一种简便的综合指标。这个指标表示在假定的财务寿命和工作周期内，建造和运营发电厂的每千瓦时成本（以实际美元计）。

本书将提出一个随机系数、随机方向向量输出距离函数（DODF）模型来估计二氧化碳（CO_2）排放的影子价格。这个模型有两个优点：第一，它允许模型的系数随生产单位（公司、行业或国家）而变化，从而允许每个生产单位拥有自己的生产技术。第二，它允许模型的方向向量在不同的生产单元之间变化，从而允许不同的生产单元遵循不同的增长路径。相对于增加好的产出（goods）来说，要优先考虑削减不良产出（bads）的数量。本书的模型允许好的产出增加的同时，削减不良产出数量。因此，存在技术异质性和增长路径异质性情况

下，我们可以使用该模型来研究不良产出的影子价格。

三、欧洲银行利润低于美国银行的原因：分解方法

已有的研究在欧洲银行疲软的盈利能力下，通常使用线性计量经济模型来估计各种因素的影响。本书将采取不同的方法。首先，采用奥唐奈（O'donnell，2012）提出的盈利能力分解方法来解释欧洲银行与美国银行相比盈利能力较弱的原因，也就是说，我们将盈利能力分解为六个部分：（1）产出价格指数；（2）投入价格指数的倒数；（3）技术变化指标；（4）技术效率指标；（5）规模效率指数；（6）剩余混合效率指数。每个解释部分都将欧洲银行在某一特定领域、特定年份的业绩与美国银行在同一年度的业绩进行比较。通过估算这些解释性成分的价值，我们可以确定欧洲银行在哪些领域落后于美国同行。其次，采用奥唐奈（O'Donnell，2012）的方法来调查欧洲银行盈利能力薄弱问题，有两个主要优势：第一，这种方法适用于跨期的或多边的（许多公司的）TFP 的比较。原因在于，分解中使用的 TFP 度量是基于 Lowe 量指数，它满足指数理论中的所有七个公理（单调性、线性齐次性、同一性、零次齐次性、可共通性、均衡性和传递性）。第二，奥唐奈（O'Donnell，2012）的方法不依赖于关于生产技术的限制性假设，也不依赖于企业行为或要素市场竞争水平的任何假设。

第二章
随机前沿模型估计生产效率：贝叶斯核方法

第一节　引　　言

从艾格纳等（Aigner et al.，1977）、迈森和布洛克（Meeusen and Broeck，1977）的开创性著作开始，随机前沿模型被广泛用于评估企业的生产率和效率（Greene，2008）。一个典型的随机前沿模型会有一个有效前沿，这个生产前沿（或生产边界）是一个复合误差项，是由非负的非效率项和随机误差项组成的。这个参数化的前沿可以是生产边界、成本边界、利润边界或距离边界，具体取决于可用数据的类型和正在调查的问题。例如，生产（或者输出距离）边界是在给定的生产要素条件下，使现有的生产技术达到最大产出。类似的，成本边界表示在给定产出数量、要素价格的条件下，将现有的生产技术达到实现生产的最小成本。实际上，所有的公司都不太可能达到生产边界。偏离这个边界的程度，是一个衡量效率的指标，也是许多领域关注的焦点。从经济学解释来看，这个偏离边界的程度是用一个非负的非效率项来表示的。

尽管随机前沿模型的应用已经非常广泛了，但是学界对于非效率项的分布问题却没有达成一致。已有文献中最早出现的两个分布是艾格纳等（Aigner et al.，1977）采用的半正态分布与迈森和布洛克（Meeusen and Broeck，1977）采用的指数分布。然而这两种分布都受到了一定程度上的批判。具体来说，半正态分布的不足之处在于，0 是一个不必要的限制；如过采用指数分布，区间中没有 0 或 1 作为端点之一，那么企业效率下降的概率总是小于 1，也就是说，任何一个企业的实际生产都不能达到生产前沿水平。这些限制使得一些研究人员考虑更一般的参数分布，如斯迪文森（Stevenson，1980）提出的截断正态分布和格林（Greene，1990）提出的 Gamma 分布。虽然基于 Gamma 分布的随机前沿模型涵盖了大范围的形状，但是里特和西马尔（Ritter and Simar，1997）指出，除非样本量达到数千个观测量，否则 Gamma 密度的形状参数很难估计，这就影响了随机前沿模型其他分量的估计。使用混合抽样的方法可以避免这些问题，在贝叶斯框架下，抽样样本可以从中心参数和非中心参数中进行随机混合更新。

施密特与赛克勒（Schmidt and Sickles，1984）对此做出了进一步的研究，在不对非效率项和噪声项进行分布假设的情况下来估计非效率项。

目前，还有很多学者通过非参数化的方法来估计非效率项。例如，格里芬和斯蒂奥（Griffin and Steel，2004）使用非参数的、基于狄利克雷（dirichlet）过程的技术来建模无效率项的分布，同时保持前沿部分参数化。一般来说，非参数或无分布方法对无效率项的假设比参数方法更少，也更不严格。当满足参数化模型假设时，非参数化方法和参数化方法同样有效。但是，当参数化模型的假设不能被满足时，非参数化方法则通常更有效。

本章节的目的是，通过提出一种新的非参数方法，来对贝叶斯框架下的非效率项的分布进行灵活建模。具体来说，我们使用核密度估计其非效率项的概率密度。学界已经有许多研究使用核密度估计其近似误差项，例如元，德元和古耶尔（Yuan，de Yuan and Gooijer，2007），杰基与韦斯特（Jaki and West，2008），张等（Zhang et al.，2014）。值得注意的是，所有这些研究都使用核密度估计器来近似非随机前沿模型中的特殊误差。本书是第一个使用核密度估计器来近似无效率项的。

然而，我们并不能用标准的核密度估计器来近似非效率项，因为非效率项的值在［0，1）区间内。当估计密度有界限限制时，采用这种方法可能会导致对边界的估计有偏误（Chen，2000）。为了避免这个问题，我们采用万德等（Wand et al.，1991）提出的“转换核估计方法”，该方法包括三个步骤：第一，将原始有边界的数据集，采用转换函数转换为区间（1∶1）；第二，利用经典核密度估计器计算转换后数据的密度；第三，通过对变换后的数据密度的估计进行“反变换”，得到原始数据集密度的估计量。转换核估计方法的一个关键步骤是转换函数的选择。在我们的例子中，我们使用 log 变换将非负的非效率项转化为无界变量，这种变换是万东等（Wand et al.，1991）提出的 Box - Cox 变换的一个特例。这种采用核密度估计器来估计无效率项密度的方法，我们把它称为“基于核的半参数随机前沿模型”。

我们的基于核的半参数随机前沿模型是在一个抽样框架内估计的。在这个过程中，截距项和非效率项之间可能存在识别问题。众所周知，当本章以灵活的方式对无效率项进行建模时，很可能会出现这种识别问题。该识别问题的一个结果是导致 MCMC 的收敛速度变慢。为了克服这一问题，我们采用了杰尔芬德（Gelfand，1995）在常规线性混合效应模型的背景下引入的分层定心思想，以改进最大化和基于采样的算法行为。在随机边界模型中，分层定心是通过截距和无效率项的和来代替无效率项来重新参数化这些模型。这种重新参数化能够克服识别问题，因为截距和无效率项都具有加性效应，因此模型对截距和无效率项的和具有自然的信息量。本章我们采用随机抽样样本，该抽样样本可以从中心参数和非中心参数中随机混合更新。

我们进行了蒙特卡罗研究，以研究基于核的半参数随机前沿模型在估计实际的生产效率方面的性能。为了便于比较，我们选择指数随机前沿模型作为基准。这一选择的一个主要原因是，指数随机前沿模型可以说是贝叶斯随机前沿文献中最常用的模型，在许多著名的研究中得到广泛应用，如奥唐奈和科利（O'donnell and Coelli，2005）和库普等（Koop et al.，1997）的研究。我们的模拟结果表明，基于核的模型在我们使用的三个度量方面（技术效率的估计向量和真向量之间的欧几里得距离、技术效率的估计向量和真向量之间的斯皮尔曼等级相关系数，以及可信区间的覆盖概率）都优于指数分布模型。

我们将基于核的半参数随机距离前沿（SDF）模型应用于2000～2005年美国292家大型银行的面板数据。我们的贝叶斯因子分析表明，内核SDF模型优于指数分布SDF模型。我们对未观测银行的后验预测效率密度函数的分析表明，基于指数SDF模型预测未观测银行的效率具有误导性。我们对观测银行后验效率分布的进一步分析表明，对观测银行的效率推断与我们基于核SDF模型得出的结论也有很大的不同。特别是，我们发现指数SDF模型往往高估了效率。最后，我们发现在对技术变化、规模回报和生产率增长的估计上，内核模型和指数SDF模型也表现出了显著的差异。

本章的其余部分组织如下。在第二节中，我们提出了核随机前沿模型。在三节中，我们讨论了估计核随机前沿模型的贝叶斯过程。第四节对核随机前沿模型和指数分布随机前沿模型的性能进行了蒙特卡罗研究。在第五节中，我们将一个核随机距离前沿（SDF）模型应用于美国的大型银行，比较该模型与指数分布SDF模型的性能，并总结技术效率的估计。第六节是本章的结论。

第二节　基于核的半参数随机前沿模型

用 $i=1, 2, \cdots, N$ 来表示不同的企业，$t=1, 2, \cdots, T$ 表示时间。一个典型的随机前沿模型可以表示为：

$$y_{it}=\alpha+x_{it}'\beta+u_i+v_{it} \tag{2-1}$$

其中，y_{it}表示产出的对数，α 是截距。x_{it}是关于投入的函数（如投入的对数形式或投入的对数的平方形式），由 k 个向量组，β 是对应的系数。v_{it}是随机误差项，假设它是独立分布的，且服从正态分布：

$$v_{it}\sim \text{i. i. d. } N(0, \sigma^2) \tag{2-2}$$

u_i 表示非效率项，不同企业的生产效率不同，且不随时间变化。这个模型也可以表示其他经济学上的前沿。例如，它可以表示随机成本前沿，在这种情况下，y_{it}表示成本的对数，x_{it}是产出数量和投入要素的价格的函数，“$-u_i$”变成“$+u_i$”。再例如，这个模型可以表示为一个产出距离前沿，此模型会在本书第五章有更详细的说明。在产出距离前沿模型中，y_{it}表示其中一种产出的负对数，x_{it}是关于产出比率和投入的函数，u_i 前面的符号是正的。

为了利用数据的面板结构，我们假设 u_i 不随时间变化。当 T 比较大时，这种假设可能是有限制的，现有文献中也已提出了许多方法使 u_i 随时间而变化，例如康威尔（Cornwell et al.，1990）、巴蒂斯和科利（Battese and Coelli，1992）。在本章中，我们假设 u_i 不随时间变化，因为我们将对 u_i 的分布进行灵活处理，这需要大量的数据信息，因此，我们只处理短面板。但是，如果有足够的数据，这个框架也可以拓展到让 u_i 随时间变化，以适应更长的面板数据。更加详细的讨论我们会在本节末尾做出说明。

正如在引言部分所说的，我们使用核密度估计器来近似 u_i 的未知密度。然而，我们并不能使用标准的核密度估计器来近似非负的 u_i，因为这种估计方法在估计有界变量的密度时可能会导致前沿偏差（Chen，2000）。有两种使用比较广泛的核密度估计方法可以用来解决这个问题。第一种方法是使用 Gamma 核

(Chen，2000)，因为 Gamma 核总是非负的，不存在前沿偏差，并且在非负的核密度估计中，平均方差具有最佳收敛速度。第二种方法是将原始的有界数据转换为区间（1；1），通过高斯核估计转后的数据，得到数据密度估计值，然后对转换后的数据密度估计值进行“反变换”，得到原始数据密度的估计值。例如，万德等（Wand et al.，1991）提出使用 Box - Cox 变换或移位的幂变换对原始数据进行变换，而布赫·拉森等（Buch - Larsen et al.，2005）提出使用 champpernowne 变换。为了便于说明，我们将第二种方法称为“转换法”。在本章中，我们用“转换法”来估计 u_i 的未知密度。

在讨论如何估计 u_i 的未知密度之前，说明“转换法”背后的基本思想是很有必要的。让 $X_i(i=1, 2, \cdots, \tilde{N})$ 来表示一个未知密度正的随机变量，假设它的真实密度为 $p(x)$。为了估计 $p(x)$，我们使用一个转换函数 $G(\cdot)$ 对数据进行转换，转换后的数据用无界的变量 $Y_i(i=1, 2, \cdots, \tilde{N})$ 表示：

$$Y_i = G(\cdot), \quad i=1, 2, \cdots, \tilde{N} \tag{2-3}$$

$G(\cdot)$ 可以用 Box - Cox 变换或移位的幂变换。利用转后的数据，我们可以计算 Rosenblatt - Parzen 核密度：

$$\widehat{Ptrans}(y) = \frac{1}{\tilde{N}}\sum_{i=1}^{\tilde{N}} \frac{1}{b}K\left(\frac{Y_i - y}{b}\right) \tag{2-4}$$

其中，b 是带宽，$K(\cdot)$ 是核函数，通常选择高斯核函数。原始数据的 X_i 的密度，可以用“反转换”得到：

$$\hat{p}(x) = \widehat{Ptrans}(G(x)) \times \left|\frac{dG(x)}{dx}\right| = \frac{1}{\tilde{N}}\sum_{i=1}^{\tilde{N}} \frac{1}{b}K\left(\frac{G(X_i) - G(x)}{b}\right)\left|\frac{dG(x)}{dx}\right| \tag{2-5}$$

布赫·拉森（Buch - Larsen，2005）认为 $\hat{p}(x)$ 的偏差是 $O(b^2)$ 的阶数，$\hat{p}(x)$ 的方差有 $O\left(\frac{1}{\tilde{N}b}\right)$阶。当 $b \to 0$ 时，如果 $\tilde{N} \to \infty$ 则 $\tilde{N}b \to \infty$，$\hat{p}(x) - p(x) = o_p(1)$ 且 $\sqrt{\tilde{N}b}\,(\hat{p}(x) - E[\hat{p}(x)]) \to N\left(0, \frac{1}{\tilde{N}b}R(k)\,|G'(x)|\,p(x)\right)$。$N(\cdot)$ 表示正态分布，$R(k) = \int K^2(u)du$。

在我们的模型中，当需要估计 u_i 的未知密度时，我们选择对数变换作为 $G(\cdot)$。对数变换是万德等（Wand et al.，1991）提出的 Box - Cox 变换的一个特。我们可以将非负的非效率项 u_i 转换成一个无界的标量。

令 $\epsilon_i = \ln u_i$，$\epsilon = (\epsilon_1, \epsilon_2, \cdots, \epsilon_N)'$ 且 $\epsilon_{(i)} = (\epsilon_1, \epsilon_2, \cdots, \epsilon_{i-1}, \epsilon_{i+1}, \cdots, \epsilon_N)'$。因为 ϵ_i 是有界变量，对于它的密度 $p(\epsilon_i)$，可以通过以下 Rosenblatt - Parzen 核密度估计量进行近似计算：

$$\hat{p}(\epsilon_i \mid \epsilon_{(i)}, \tau^2) = \frac{1}{N-1}\sum_{j=1;j\neq i}^{N}\frac{1}{\tau}\emptyset\left(\frac{\epsilon_i - \epsilon_j}{\tau}\right) \tag{2-6}$$

其中 $\emptyset(\cdot)$ 是标准高斯密度函数，τ 是带宽。使用 leave-one-out 版本的目的是排除 $\emptyset(0/\tau)/\tau$。

假设 $\epsilon_1, \epsilon_2, \cdots, \epsilon_N$ 的分布是独立的，我们可以推出 $\epsilon = (\epsilon_1, \epsilon_2, \cdots, \epsilon_N)'$ 的密度是：

$$\hat{p}(\epsilon \mid \tau^2) = \prod_{i=1}^{N}\hat{p}(\epsilon_i \mid \epsilon_{(i)}, \tau^2) \tag{2-7}$$

将对数变化的雅可比行（Jacobian）式应用于 $\hat{p}(\epsilon \mid \tau^2)$，得到了无效率向量 $u = (u_1, u_2, \cdots, u_N)'$的密度：

$$\hat{p}(u \mid \tau^2) = \hat{p}(\ln u \mid \tau^2) \times \det(J) \tag{2-8}$$

其中 J 是一个对角矩阵，其第 i 个对角元素是 $1/u_i$。$\epsilon_1, \epsilon_2, \cdots, \epsilon_N$ 之间相互独立，意味着 $u_1, u_2, \cdots, u_N$ 之间也是相互独立的。u_i 的密度可以表示为：

$$\hat{p}(u_i \mid u_{(i)}, \tau^2) = \frac{1}{(N-1)u_i}\sum_{j=1;j\neq i}^{N}\frac{1}{\tau}\emptyset\left(\frac{\ln u_i - \ln u_j}{\tau}\right)I, (u_i > 0) \tag{2-9}$$

对于 $u_{(i)} = (\epsilon_1, \epsilon_2, \cdots, \epsilon_{i-1}, \epsilon_{i+1}, \cdots, \epsilon_N)'$，$I(\cdot)$ 是一个指示器函数，它的值是 1 时表示真参数，否则值为 0。因此，我们可以得到基于核的半参数随机前沿模型。在这个模型中，技术效率可以表示为：

$$TE_i = \exp(-u_i) \tag{2-10}$$

在本章中，我们讨论非效率项不随时间变化的情况，但是基于上述框架也可以将模型拓展到非效率项随时间变化的情况。一个简单的方法是，假设 u_{it} 在时间维度和个体维度上都是独立同分布的。有了这个假设，对非效率项的密度的估计就变成了：

$$\hat{p}(u_{it} \mid u_{(it)}, \tau^2) = \frac{1}{(N-1)u_{it}}\sum_{j=1;j\neq i}^{N}\sum_{r=1;r\neq t}^{T}\frac{1}{\tau}\emptyset\left(\frac{\ln u_{it} - \ln u_{jr}}{\tau}\right)I, (u_i > 0) \tag{2-11}$$

其中 $u_{(it)}$ 是去掉第 it 项的非效率项。

此外，上述框架还可以进行拓展，引入非效率项的异质性，这是随机前沿分析文献（Greene，2004）中的一个重要问题。具体地可以遵循特雷尔和斯科特（Terrell and Scott，1992）的方法，让不同公司有不同的带宽（例如 τ_i），从而允许每个企业的非效率项有不同的密度。我们给出的贝叶斯算法可以进行稍加修改，以适应企业特定的带宽（τ_i）。如果我们的数据中既包含完全高效率的公司，又包括低效率的公司，那么我们的核模型可以进行进一步的修正，以适应这种情况。遵循昆巴卡等（Kumbhakar et al.，2013）的方法，我们可以在模型设置上添加一个潜在结构，方法是允许 $u_i = 0$，并且它等于 0 的概率是 p，小于 0 的概率是 1 - p。关于这种潜在分类随机前沿模型的讨论可以在格林（Greene，2005）的研究中找到。由于篇幅的限制，我们不会在这里详细讨论这个扩展，而是留给未来研究。

第三节　贝叶斯推断

在本节中，我们将讨论一种估计基于核的半参数随机前沿模型的贝叶斯方法。接下来的第四节和第五节以常用的指数分布随机前沿模型为基准，简要讨论了指数分布随机前沿模型的贝叶斯估计方法。为了便于说明，我们将前者称为“核模型”，将后者称为“指数模型”。

一、核模型的贝叶斯推断

首先，我们来定义一些矩阵：

$$y_i = (y_{i1}, y_{i2}, \cdots, y_{iT})'$$

$$y = (y_1', y_2', \cdots, y_i', \cdots, y_N')'$$

$$x_i = (x_{i1}, x_{i2}, \cdots, x_{iT})'$$

$$x = (x_1', x_2', \cdots, x_i', \cdots, x_N')'$$

$$\tilde{x}_{it} = (1,\ x_{it,1},\ x_{it,2},\ \cdots,\ x_{it,k})'$$
$$\tilde{x}_i = (\tilde{x}_{i1},\ \tilde{x}_{i2},\ \cdots,\ \tilde{x}_{it},\ \cdots,\ \tilde{x}_{iT})$$
$$\tilde{x} = (\tilde{x}_1',\ \tilde{x}_2',\ \cdots,\ \tilde{x}_i',\ \cdots,\ \tilde{x}_N')$$

为了成功推断我们基于核的随机前沿模型，我们引入了中心化的思想。这种方法的做法是实现（α，u）到（α，η）的再参量化，其中 $\eta = (\eta_1,\ \eta_2,\ \cdots,\ \eta_N)$，$\eta_i = \alpha - u_i$。这种再参量化是非常必要的，因为我们的模型信息是关于 $\alpha - u_i$ 的，因此分别识别出 α 和 u_i，要依赖于 u_i 的分布。如果 u_i 的分布是非常灵活的，那么常用的非中心参数化的方法可能会有一个非常慢的收敛速度。里特与西马尔（Ritter and Simar，1997）在伽马分布随机前沿模型的背景下讨论了这种识别所带来的问题。为了避免这些问题，我们遵循格里芬和斯蒂奥（Griffin and Steel，2004）的方法，使用混合抽样，它随机混合的更新来自中心参数化和非中心参数化。接下来，我们将详细探讨中心参数化和非中心参数化。

（一）非中心参数化

对于非中心参数化，我们需要为（γ，h，τ^2，u）这些参数指定先验分布。对于 γ 和 h，我们参考奥唐奈和科利（O'Donnell and Coelli，2005）的文章，并使用以下的先验分布：

$$p(\gamma) \propto 1$$
$$p(h) \propto \frac{1}{h},\ h = \frac{1}{\sigma^2}$$

u_i 的密度可以表示为：

$$\hat{p}(u_i \mid u_{(i)},\ \tau^2) = \frac{1}{(N-1)u_i} \sum_{j=1;j\neq i}^{N} \frac{1}{\tau} \varnothing\left(\frac{\ln u_i - \ln u_j}{\tau}\right) I,\ (u_i > 0) \quad (2-12)$$

对于带宽 τ，在本章中，我们将其作为一个参数。在基于直接观察的核密度估计的背景下，存在一些涉及类似处理的研究（如布鲁尔（Brewer，2000）、冈帕迪亚和张（Gangopadhyay and Zhang，2002）、德利马和阿塔奇（de Lima and Atuncar，2011））。在非参数和半参数回归模型中，带宽也被视为参数（Hardle et al.，1993；Rothe et al.，2009）。在张等（Zhang，2014）的研究基础上，我们选择逆 Gamma 密度作为 τ^2 的先验密度：

$$p(\tau^2) = [\Gamma(\theta_1)\theta_2^{\theta_1}]^{-1}\left(\frac{1}{\tau^2}\right)^{\theta_1+1} \exp\left(-\frac{1}{\tau^2\theta_2}\right) \quad (2-13)$$

其中，$\theta_1 = 1$ 是关于形状的参数，$\theta_2 = 1/0.05$ 是关于规模的参数。选择逆 Gamma 密度作为先验密度的原因是因为它是 $\hat{p}(u_{it} \mid u_{(it)}, \tau^2)$ 中每个高斯分量的方差。高斯分布方差的先验密度通常选择为逆伽马密度格威克（Geweke，2009）。极大似然函数可以表示为：

$$L(y \mid \gamma, h, \tau^2, u) = \prod_{i=1}^{N} \frac{h^{T/2}}{(2\pi)^{T/2}} \left\{ \exp\left[-\frac{h}{2}(y_i - \tilde{x}_i\gamma + u_i\iota_T)'(y_i - \tilde{x}_i\gamma + u_i\iota_T) \right] \right\} \tag{2-14}$$

其中，ι_T 是 T×1 维的元素为 1 的向量。联合后验密度 $p(\gamma, h, \tau^2, u \mid y)$ 可以由以上几个式子推导得出。

为了从后验密度进行模拟，我们遵循了之前的研究（Koop and Steel，2003），并使用了具有数据扩充功能的吉布斯样本。“数据扩充”是指通过绘制 u_i 的观察值来扩充现有的数据。具有数据扩充功能的吉布斯样本是从所研究模型的完全条件后验密度中依次提取参数。在我们的研究中，完全条件后验密度可以表示为：

$$p(\gamma \mid y, h, \tau^2, u) \propto f_{Normal}(\gamma \mid \bar{\gamma}, \bar{V})$$

$$p(h \mid y, \gamma, \tau^2, u) \propto f_{Gamma}(h \mid \bar{v}, \bar{s}^2)$$

$$p(\tau^2 \mid y, \gamma, h, u) \propto \left(\frac{1}{\tau^2}\right)^{\theta_1+1} \exp\left(-\frac{1}{\tau^2\theta_2}\right) \prod_{i=1}^{N} p(u_i \mid u_{(i)}, \tau^2)$$

$$p(u \mid y, \gamma, h, \tau^2) \propto \prod_{i=1}^{N} \left\{ \exp\left[-\frac{h}{2}\tilde{\delta}_i'\tilde{\delta}_i \right] \right\} \prod_{i=1}^{N} p(u_i \mid u_{(i)}, \tau^2)$$

其中，f_{Normal}和f_{Gamma}分别表示正态分布和伽马分布。

$$\bar{V} = \left(h \sum_{i=1}^{N} \tilde{x}_i'\tilde{x}_i\right)^{-1}$$

$$\bar{\gamma} = \bar{V}\left[h \sum_{i=1}^{N} \tilde{x}_i'(y_i + u_i\iota_T)\right]$$

$$\bar{v} = TN/2$$

$$\bar{s}^2 = \frac{1}{2}\left[\sum_{i=1}^{N} (y_i - \tilde{x}_i\gamma + u_i\iota_T)'(y_i - \tilde{x}_i\gamma + u_i\iota_T)\right]$$

$$\tilde{\delta}_i = y_i - \tilde{x}_i\gamma + u_i\iota_T$$

（二）中心参数化

中心参数化需要实现（α，u）到（α，η）的再参数化。同样地，我们需要为（α，β，h，τ^2，η）这些参数指定先验分布。对于 h 和 τ^2，我们采用和非中心化参数同样的方法。对于 α 和 β 的先验密度，我们借鉴库普等（Koop et al.，1997）研究中的做法：

$$p(\alpha)\propto 1$$

$$p(\beta)\propto 1$$

η_i 的先验分布可以由 u_i 的先验分布得到：

$$\hat{p}(\eta_i \mid \alpha) = \frac{1}{(N-1)\tau(\alpha-\eta_i)}\sum_{j=1;j\neq i}^{N} \text{Ø}\left(\frac{\ln(\alpha-\eta_i)-\ln(\alpha-\eta_j)}{\tau}\right) I,\ (\alpha > \eta_i)$$

极大似然方程可以表示为：

$$L(y \mid \alpha,\ \beta,\ h,\ \tau^2, u) = \prod_{i=1}^{N}\frac{h^{T/2}}{(2\pi)^{T/2}}\left\{\exp\left[-\frac{h}{2}(y_i-\tilde{x}_i\gamma+u_i\iota_T)'\right.\right.$$

$$\left.\left.(y_i-\tilde{x}_i\gamma+u_i\iota_T)\right]\right\}$$

由上面我们可以求得 p（α，β，h，τ^2，u｜y）的联合后验分布。α，β，h，τ^2 和 η 各自的完全条件后验分布分别可以表示为

$$p(\alpha \mid y,\ \beta,\ \tau^2,\ h,\ \eta)\propto p(\eta \mid \alpha)$$

$$p(\beta \mid y,\ \alpha,\ \tau^2,\ h,\ \eta)\propto f_{Normal}(\beta \mid \bar{\beta}^*,\ \bar{V}^*)$$

$$p(h \mid y,\ \alpha,\ \beta,\ \tau^2,\ \eta)\propto f_{Gamma}(h \mid \bar{v},\ \bar{s}_*^2)$$

$$p(\tau^2 \mid y,\ \alpha,\ \beta,\ h,\ \eta)\propto\left(\frac{1}{\tau^2}\right)^{\theta_1+1}\exp\left(-\frac{1}{\tau^2\theta_2}\right)p(\eta \mid \alpha)$$

$$p(\eta \mid y,\ \alpha,\ \beta,\ h,\ \tau^2)\ \propto\ \prod_{i=1}^{N}\left\{\exp\left[-\frac{h}{2}\tilde{\delta}_i'\tilde{\delta}_i\right]\right\}p(\eta \mid \alpha) \qquad (2-15)$$

其中，

$$p(\eta \mid \alpha)\ \propto\ \prod_{i=1}^{N}\frac{1}{(N-1)\tau(\alpha-\eta_i)}\sum_{j=1;j\neq i}^{N}\text{Ø}\left(\frac{\ln(\alpha-\eta_i)-\ln(\alpha-\eta_j)}{\tau}\right)I,$$

$$(\alpha > \max(\eta_i))$$

$$\bar{V}^* = (h\sum_{i=1}^{N}x_i'x_i)^{-1}$$

$$\bar{\beta}^* = \bar{V}^*[h\sum_{i=1}^{N}x_i'(y_i-\eta_i\iota_T)]$$

$$\bar{s}_*^2 = \frac{1}{2}[\sum_{i=1}^{N}(y_i-\tilde{x}_i\gamma+u_i\iota_T)'(y_i-\tilde{x}_i\gamma+u_i\iota_T)]$$

$$\delta_i = y_i-\tilde{x}_i\gamma+u_i\iota_T$$

可以使用具有约束的 Metropolis – Hastings 算法生成样本。

二、指数模型的贝叶斯推断

指数模型的随机前沿模型与核模型类似，两者对 u_i 的分布假设不一样。在指数模型中，u_i 被假设为服从指数分布。在这个模型中，我们只需要考虑非中心参数化，因为指数分布不是灵活的假设，不需要实现（α，u）到（α，η）的再参数化。因此，我们需要为参数（γ，h，λ^{-1}，u）指定先验分布。为了便于将来在本章第四节和第五节中将指数模型与核模型的模拟结果和实证结果进行比较，对于 γ 和 h，我们使用与核模型中同样的先验假设。

$$p(\gamma) \propto 1$$

$$p(h) \propto \frac{1}{h}, \quad h = \frac{1}{\sigma^2}$$

在指数模型中，u_i 的密度可以表示为：

$$p(u_i \mid \lambda^{-1}) = f_{Gamma}(u_i \mid 1, \lambda^{-1})$$

为了获得后验分布，我们还需要对参数 λ 的先验分布做出假设。参考费尔南德斯等（Fernandez et al.，1997）研究中的做法，我们将参数 λ 的先验分布假设为：

$$p(\lambda^{-1}) = f_{Gamma}(\lambda^{-1} \mid 1, \ -\ln\kappa^*)$$

其中，κ^* 是效率分布的先验中位数。为了我们将来在第五节中的实证应用，我们使用不同的 κ^* 值进行实验，κ^* 值的取值范围从 0.55 到 0.99。从第五节的结果来看，κ^* 的变化并不会对我们的结果产生太大影响。

指数模型的极大似然函数，和非中心参数化的核模型相同：

$$L(y \mid \gamma, h, \lambda^{-1}, u) = \prod_{i=1}^{N} \frac{h^{T/2}}{(2\pi)^{T/2}} \left\{ \exp\left[-\frac{h}{2}(y_i - \tilde{x}_i\gamma + u_i\iota_T)'(y_i - \tilde{x}_i\gamma + u_i\iota_T) \right] \right\}$$

同样地，我们可以求得 $p(\alpha, \beta, h, \tau^2, u \mid y)$ 的联合后验分布。α，β，h，τ^2 和 η 各自的完全条件后验分布分别可以表示为：

$$p(\gamma \mid y, h, \lambda^{-1}, u) \propto f_{Normal}(\gamma \mid \bar{\gamma}, \bar{V})$$

$$p(h \mid y, \gamma, \lambda^{-1}, u) \propto f_{Gamma}(h \mid \bar{v}, \bar{s}^2)$$

$$p(\lambda^{-1} \mid y, \gamma, h, u) \propto f_{Gamma}(\lambda^{-1} \mid N+1, u'\iota - \ln\kappa^{*})$$

$$p(u_i \mid y, \gamma, h, \tau^2) \propto f_{Normal}(u_i \mid \bar{z}_i\gamma - \bar{q}_i - (Th\lambda)^{-1}, (Th)^{-1}) I(u_i \geqslant 0)$$

其中，$\bar{\gamma}$，$\bar{V}$，$\bar{v}$，$\bar{s}^2$ 的定义与非中心和参数相同，$\bar{q}_i = \sum_{t=1}^{T} q_{it}/T$，$\bar{z}_i$ 是包含每个个体每个解释变量的平均值的矩阵。在非常宽松的假设下蒂尔尼（Tierney，1984）研究表明，这些变量将收敛于从后验联合密度中生成的数据。

第四节　蒙特卡罗模拟

在本节中，我们进行蒙特卡罗研究，以研究基于核的半参数随机前沿模型在拟合真实的非效率方面的性能。正如引言所说的，做出这一选择的一个主要原因是指数随机前沿模型可以说是贝叶斯随机前沿文献中最常用的模型，并在许多著名的研究中得到了广泛的应用，如奥唐奈和科利（O'Donnell and Coelli，2005）和库普等（Koop et al.，1997）。在格里芬和斯蒂奥（Griffin and Steel，2004）的研究中，也可以通过蒙特卡罗模拟将核模型与基于 dirichlet 过程的半参数模型进行比较。但是，由于篇幅的限制，我们将后一种比较留到以后再研究。

数据是由下面的式子生成的：

$$y_{it} = 1 + x_{it} - u_i + v_{it} \tag{2-16}$$

其中，x_{it}是由均匀分布 $x_{it} \sim U(0, 1)$ 产生的随机数据，是一个标量。参考库普和斯蒂奥（Koop and Steel，2003）文章中的做法，随机误差项 v_{it}是从正态分布 $v_{it} \sim N(0, 0.04)$ 中产生的。非负的非效率项 u_i 是从 Gamma 分布中产生的，其中 $u_i \sim G(2, 2, 20)$。使用后一种分布的原因是，广义 Gamma 分布是迄今为止文献中使用的最广泛的参数分布，并且嵌套了许多常用的参数分布，例如作为特例的 Gamma 分布，指数分布和半正态分布。在我们的蒙特卡罗研究中，我们考虑 N = 100、200、300、400 和 T = 6（使用一个短面板来确保 u_i 不随时间变化的假设）的情况（每项实验重复 1000 次）。

我们对核模型相对于指数模型的性能评估基于三个不同的度量。第一种度量方法是计算技术效率的估计值（用 TE_est 表示）和真实值（用 TE_true 表示）

之间的欧式距离：

$$d = \frac{1}{N}\sqrt{\sum_{i=1}^{N}(TE_est_i - TE_true_i)^2} \quad (2-17)$$

这种测量方法总结了不同估计方法在估计技术效率方面的表现。

第二种衡量方法是计算技术效率的估计值和真实值之间的斯皮尔曼（Spearman）等级相关系数：

$$\rho = 1 - \frac{6\sum_{i=1}^{N}(Rank_{i1} - Rank_{i2})}{N(N^2 - 1)} \quad (2-18)$$

其中$Rank_{i1}$表示第 i 个公司的技术效率的估计值排名，$Rank_{i2}$表示同一家公司的技术效率的真实值排名。这一衡量方法总结了不同的估计方法在估计公司技术效率排名方面的表现。这个值越接近于 1，技术效率的估计值和真实值之间的等级相关性越高，估计效果越好。

第三种衡量方法是置信区间的覆盖概率，即在重复 1 000 次的情况下，估计置信区间包含真实技术效率值的频率。这种度量方法根据置信区间的准确性来衡量估计方法的性能。

模拟的结果在表 2－1 中进行了展示。从这张表中我们可以发现，对于 N 和 T 的四种组合，核模型都优于指数模型。为了简便起见，我们关注的情况 N = 400 和 T = 6 这种情况。从表 2－1 的表格 D 中我们可以看出，核模型的非效率项的平均欧式距离是 0.004。而指数模型中的平均欧式距离是 0.008，是核模型中数据的两倍。这表明了，在平均水平上，从内核模型获得的技术效率估计值比从指数模型获得的估计值更准确。从 Spearman 相关系数中，我们发现，核模型的相关系数是 0.710，而指数模型的相关系数是 0.579。这表明核模型所估计出的效率排序与真实的效率排序的相关性更高，核模型的表现要优于指数模型。

表 2－1 最后一行中置信区间覆盖率的结果也证实了核模型的估计效果更好。具体而言，核模型的置信区间覆盖率为 0.910，说明对于大部分的观测值来说，真实的技术效率都可以落在从核模型中得到的置信区间内。相比之下，指数模型的置信区间覆盖率仅为 0.710，这表明在指数模型中，有很少的真实技术效率落在置信区间内。总而言之，三种衡量方法都表明了在对技术效率进行估计时，核模型的表现要优于指数模型。

表 2-1　　　　蒙特卡罗模拟结果

表格 A：N = 100　T = 6		
	核模型	指数模型
平均欧几里得距离	0.010	0.015
贝尔曼相关系数	0.559	0.607
覆盖概率	0.618	0.430
表格 B：N = 200　T = 6		
	核模型	指数模型
平均欧几里得距离	0.005	0.011
贝尔曼相关系数	0.610	0.583
覆盖概率	0.685	0.460
表格 C：N = 300　T = 6		
	核模型	指数模型
平均欧几里得距离	0.004	0.009
贝尔曼相关系数	0.667	0.601
覆盖概率	0.810	0.633
表格 D：N = 400　T = 6		
	核模型	指数模型
平均欧几里得距离	0.004	0.008
贝尔曼相关系数	0.710	0.579
覆盖概率	0.910	0.710

第五节　一个关于美国大型商业银行的应用

在本节中，我们应用基于核的半参数随机距离前沿模型（SDF）来估计2000～2005年美国大型银行的效率。为了便于比较，我们还用了一个指数SDF

模型进行对照。使用的数据来自芝加哥联邦储备银行发布的收入和状况报告（call reports）。我们只研究持续经营的大型银行，以避免受到进入和退出的影响，并关注样本期内存活下来的核心机构的业绩。在这个应用程序中，大型银行被定义为过去三年资产至少为10亿美元（以2 000美元计）。在最终样本中，我们选取了6年间292家银行。为了选择相关变量，我们采用了西利和林德利（Sealey and Lindley，1977）提出的被普遍接受的方法，即银行收集购买的资金，并利用劳动力和资本将这些资金转化为贷款和其他资产。在投入方面，包括三个投入：一是劳动力数量；二是购买资金和存款数量；三是实物资本数量，包括房产和其他固定资产。在产出方面，规定了三种产出：（1）消费贷款；（2）证券，包括所有非贷款金融资产（即所有金融资产减去所有贷款、证券和权益之和）；（3）非消费贷款，包括工业贷款、商业贷款和房地产贷款。所有的变量都是按照伯格与梅斯特（Berger and Mester，2003）研究中的数据构造方法构造的。除劳动力数量外，这些变量也用GDP平减指数进行了平减，以2000年作为基准年。地区生产总值（GDP）平减指数（GDP deflator）是银行效率文献中常用的指标［例如，福山与韦伯（Fukuyama and Weber，2013）］。我们还注意到，如果仅使用消费贷款，用消费者价格指数或个人消费支出指数（PCEI）进行平减可能更合适。

一、基于核的半参数SDF模型和指数SDF模型

为了允许多个产出，我们使用一个translog输出距离函数来表示美国商业银行的生产技术。如下所示，此输出距离函数可以转换为具有随机前沿的标准形式的可估计方程。该translog输出距离函数可以表示为：

$$\begin{aligned}\ln D_O(y,x,t) = {} & a_O + \sum_{m=1}^{M} a_m \ln y_m + \frac{1}{2}\sum_{m=1}^{M}\sum_{p=1}^{M} a_{mp}\ln y_m \ln y_p + \sum_{n=1}^{Q} b_n \ln x_n \\ & + \frac{1}{2}\sum_{n=1}^{Q}\sum_{j=1}^{Q} b_{nj}\ln x_n \ln x_j + \delta_\tau t + \frac{1}{2}\delta_{\tau\tau}t^2 + \frac{1}{2}\sum_{n=1}^{Q}\sum_{m=1}^{M} g_{nm}\ln x_n \ln y_m \\ & + \sum_{m=1}^{M}\delta_m t\ln y_m + \sum_{n=1}^{Q}\rho_n t\ln x_n \end{aligned} \tag{2-19}$$

其中，t代表随技术变化的时间趋势的代理变量。通常来说，对a和b有对称的

要求，$a_{mp}=a_{pm}$和$b_{nj}=b_{jn}$。此外，为了确保 y 中输出距离函数是线性均匀的，我们还施加了以下限制：

$$\sum_{m=1}^{M} a_m = 1$$

$$\sum_{p=1}^{M} a_{mp} = \sum_{m=1}^{M} g_{nm} = \sum_{m=1}^{M} \delta_m = 0 \text{（线性同质性约束）}$$

利用线性同质性约束，我们可以很容易地将上述输出距离函数转换为标准的随机前沿模型。具体来说，我们遵循洛维尔等（1994）和奥唐奈和科利（O'Donnell and Coelli，2005）的方法，通过对其中一个输出（比如输出 M）进行标准化来施加线性同质性。这种规范化使我们得到：

$$-\ln y_M = \ln D_O\left(\frac{y}{y_M},\ x,\ t\right) + u \qquad (2-20)$$

其中，$u \equiv -\ln D_O(y,\ x,\ t)$ 是非效率项。再加上一个特殊的随机误差项 v，上式可以进一步写成：

$$-\ln y_M = \ln D_O\left(\frac{y}{y_M},\ x,\ t\right) + u + v \qquad (2-21)$$

现在这个可估计方程已经是一个标准的随机前沿模型的形式。

$\ln D_O\left(\frac{y}{y_M},\ x,\ t\right)$是一个 translog 方程形式，随机前沿模型可以更明确地写成以下形式：

$$\begin{aligned}-\ln y_M =\ & a_O + \sum_{m=1}^{M-1} a_m \ln\left(\frac{y_m}{y_M}\right) + \frac{1}{2}\sum_{m=1}^{M-1}\sum_{p=1}^{M-1} a_{mp}\ln\left(\frac{y_m}{y_M}\right)\ln\left(\frac{y_p}{y_M}\right) + \sum_{n=1}^{Q} b_n \ln x_n \\ & + \frac{1}{2}\sum_{n=1}^{Q}\sum_{j=1}^{Q} b_{nj}\ln x_n \ln x_j + \delta_\tau t + \frac{1}{2}\delta_{\tau\tau}t^2 + \frac{1}{2}\sum_{n=1}^{Q}\sum_{m=1}^{M-1} g_{nm}\ln x_n \ln\left(\frac{y_m}{y_M}\right) \\ & + \sum_{m=1}^{M-1}\delta_m t\ln\left(\frac{y_m}{y_M}\right) + \sum_{n=1}^{Q}\rho_n t\ln x_n + u + v\end{aligned}$$

用矩阵形式可以表示为：

$$q_{it} = z'_{it}\beta + u_i + v_{it} \qquad (2-22)$$

其中，$q_{it} = -\ln y_{M,it}$。z_{it}是 translog 函数，β 是对应的系数（包括截距）。根据微观经济学理论的要求，超越对数（translog）生产距离函数的系数向量必须满足单调性和曲率的理论正则性条件。我们参考奥唐奈和科利（O'Donnell and Coelli，2005）、冯和瑟勒提斯（Feng and Serletis，2010）的研究，使用贝叶斯方法在数据的平均值上施加这些约束。

如果 u_i 的密度近似于核密度函数，我们可以得到一个基于核的半参数随机距离前沿模型。假设 u_i 呈指数分布，我们可以得到一个指数随机距离前沿模型。为了便于说明，我们将前者称为“核 SDF 模型”，将后者成为“指数 SDF 模型”。

二、两种 SDF 模型的统计比较

我们分别对美国大型银行的核 SDF 模型和指数 SDF 模型进行了估计。对于每个模型，我们进行 50 000 次抽样，并将前 20 000 个作为磨合期（burn-in period）。表 2－2 和表 2－3 分别列出了两个模型的估计参数和它们 95% 的置信区间。为了检验两种算法的样本收敛性能，我们还报告了两种 SDF 模型中每个系数的模拟非效率因子。SIF 可以解释为获得独立的抽样样本所需的连续迭代次数（Kim et al.，1998）。根据我们的经验，当得到的 SIF 值低于 100 时，抽样的综合性能较好。从表 2－2 中核 SDF 模型的 SIF 值可以看出，它们都小于等于 36，说明样本已经收敛了。

表 2－2　　核 SDF 模型的参数估计

参数	估计值	95% 置信区间	SIF
a_0	0.1913	（－0.0902，0.3931）	36
a_1	0.4649	（0.4395，0.4937）	20
a_2	0.1341	（0.1198，0.1491）	29
a_3	0.4010	（0.3690，0.4264）	27
a_{11}	0.0321	（－0.0003，0.0566）	16
a_{12}	0.0233	（0.0116，0.0348）	20
a_{13}	－0.0554	（－0.0780，－0.0217）	23
a_{22}	0.0039	（－0.0025，0.0125）	29
a_{23}	－0.0272	（－0.0380，－0.0162）	26

续表

参数	估计值	95%置信区间	SIF
a_{33}	0. 0826	(0. 0529，0. 1071)	22
b_1	-0. 2455	(-0. 3002，-0. 1905)	26
b_2	-0. 7242	(-0. 7932，-0. 6663)	11
b_3	0. 0272	(-0. 0124. 0. 0696)	34
b_{11}	-0. 4200	(-0. 5464，-0. 3347)	15
b_{12}	0. 2000	(0. 1500，0. 2500)	26
b_{13}	0. 1417	(0. 0726，0. 2576)	19
b_{22}	-0. 1749	(-0. 2325，-0. 1237)	27
b_{23}	-0. 7780	(-0. 1179，-0. 0320)	28
b_{33}	-0. 0684	(-0. 1532，-0. 0053)	13
g_{11}	-0. 0690	(-0. 1054，-0. 0318)	11
g_{21}	0. 1306	(0. 0897，0. 1639)	10
g_{31}	-0. 0281	(-0. 0529，-0. 0068)	11
g_{12}	0. 0406	(0. 0193，0. 0590)	20
g_{22}	0. 0139	(-0. 0034，0. 0371)	23
g_{32}	-0. 0262	(-0. 0380，-0. 0142)	28
g_{13}	0. 0283	(-0. 0034，0. 0603)	19
g_{23}	-0. 1445	(-0. 1702，-0. 1159)	16
g_{33}	0. 0543	(0. 0351，0. 0731)	30
δ_{τ}	-0. 2458	(-0. 2826，-0. 2215)	14
$\delta_{\tau\tau}$	0. 0534	(0. 0471，0. 0629)	27
δ_1	0. 0117	(-0. 0002，0. 0227)	15
δ_2	-0. 0046	(-0. 0133，0. 0043)	7
δ_3	-0. 0103	(-0. 0172，-0. 0035)	6

续表

参数	估计值	95%置信区间	SIF
ρ_1	-0.0180	(-0.0236, -0.0126)	14
ρ_2	-0.0068	(-0.0093, -0.0043)	5
ρ_3	0.0248	(0.0195, 0.0303)	14

注：Parameter 意为参数，Estimate 意为估计值，而 Credible Interval 代表置信区间。

对于指数型 SDF 模型也是如此，因为后一种模型（见表 2-3）的 SIF 值都小于 26。此外，我们注意到使用中心参数化显著提高了核 SDF 模型的收敛性。为了比较核 SDF 模型和指数 SDF 模型的估计性能，我们计算了贝叶斯因子（Kass and Raftery，1995），这是一种常用的贝叶斯模型比较方法。假设两个相互竞争的模型为 M_I 和 M_J，贝叶斯因子被定义为 M_J 的后验概率与 M_I 的后验概率的比值，乘以 M_J 的先验概率与 M_I 的先验概率的比值。由于两个模型具有相等的先验似然函数，贝叶斯因子变成了：

$$B_{IJ} = \frac{Pr(D \mid M_J)}{Pr(D \mid M_I)} \tag{2-23}$$

表 2-3　　指数 SDF 模型的参数估计

参数	估计值	95%置信区间	SIF
a_0	-0.0027	(-0.0353, 0.0302)	26
a_1	0.3456	(0.3237, 0.3669)	5
a_2	0.1278	(0.1144, 0.1415)	10
a_3	0.5266	(0.5051, 0.5483)	6
a_{11}	0.0935	(0.0725, 0.1140)	9
a_{12}	0.0181	(0.0094, 0.0267)	10
a_{13}	-0.1117	(-0.1308, -0.0925)	6
a_{22}	0.0193	(0.0139, 0.0248)	13
a_{23}	-0.0374	(-0.0450, 0, 0296)	10
a_{33}	0.1491	(0.1290, 0.1693)	5

续表

参数	估计值	95%置信区间	SIF
b_1	-0.3199	(-0.3674，-0.2736)	11
b_2	-0.6040	(-0.6455，-0.5633)	17
b_3	-0.0780	(-0.1120，-0.0433)	7
b_{11}	-0.2917	(-0.3585，-0.2247)	8
b_{12}	0.3029	(0，2500，0.3552)	10
b_{13}	-0.0092	(-0.0520，0.0346)	7
b_{22}	-0.1944	(-0.2498，-0.1372)	12
b_{23}	-0.0840	(-0.1175，-0，0508)	7
b_{33}	0.0533	(0.0128，0，0934)	6
g_{11}	-0.0641	(-0.0919，-0.0349)	7
g_{21}	0.1348	(0.1090，0.1607)	7
g_{31}	-0.0635	(-0.0844，-0.0429)	7
g_{12}	0.0318	(0.0143，0.0494)	6
g_{22}	-0.0132	(-0.0265，0.0004)	7
g_{32}	-0.0084	(-0.0201，0.0032)	7
g_{13}	0.0323	(0.0036，0.0599)	8
g_{23}	-0.1215	(-0.1446，-0.0978)	8
g_{33}	0.0719	(0.0517，0.0924)	7
δ_τ	-0.0615	(-0.0725，-0.0503)	2
$\delta_{\tau\tau}$	0.0097	(0.0067，0.0128)	2
δ_1	0.0161	(0.0083，0.0239)	2
δ_2	-0.0159	(-0.0222，-0.0096)	3
δ_3	0.0015	(-0.0036，0.0065)	2
ρ_1	-0.0107	(-0.0143，-0.0069)	2
ρ_2	-0.0033	(-0.0052，-0.0015)	3
ρ_3	0.0140	(0.0102，0.0177)	3

其中，$Pr(D|M_J)$ 和 $Pr(D|M_I)$ 分是两个模型的边际似然函数（marginal likelihood）。贝叶斯因子表示“统计模型表示支持某一种科学理论所提供的证据”。（Kass and Raftery，1995）。他们建议使用施瓦兹（Schwarz Criterion，SC）准则，$S=l(D|M_J)-l(D|M_I)-\frac{1}{2}(d_J-d_I)\log n\approx \ln B_{IJ}$。其中，$l(\cdot)$ 是最大的对数形式的边际似然，d_J（或 d_I）是模型中 M_J（或 M_I）的参数个数，n 是样本容量。表 2－4 给出了一个没有明确检验的贝叶斯因子的估计，$2\times S$ 可以与表 2－4 一起用来判断现有数据更偏好哪个模型。

表 2－4　　　　显著性参照

$2\ln B_{IJ}$	不利于 M_I 的证据
0～2	不值一提
2～6	支持
6～10	强烈支持
>10	非常强烈支持

在我们的特殊情况下，核函数 SDF 模型相对于指数函数 SDF 模型的 2S 值为 14.5，表明核 SDF 模型的性能优于指数 SDF 模型。这一结果进一步证实了我们之前在蒙特卡罗模拟中得出的结论，即基于核的半参数随机前沿模型优于指数随机前沿模型。

三、比较两种 SDF 模型对效率的估计

利用贝叶斯因子证明了内核 SDF 模型的优越性之后，比较两种 SDF 模型对生产效率的估计是很有意义的。特别地，在接下来的内容中，我们将根据观察到的银行的后验效率分布（样本内）和未观察到的银行的后验预测效率（样本外）密度函数来比较两种 SDF 模型。

我们首先比较了从两个 SDF 模型得到的一些观测到银行数据的后验效率密度函数（样本内）。图 2－1 为五家银行的企业后验效率分布：效率分布中最小、

最大和四分位数对应的银行，由指数模型估计其后验平均效率。从图中可以看出，两种 SDF 模型的效率估计结果存在较大差异。以第三个四分位数组的效率为例，指数 SDF 模型将大部分权重分配给（0.75，0.85）这个区间。而限制较少的核 SDF 模型将大部分权重分配给了一个更低的区间（0.50，0.65）。中位数和第一四分位数银行也出现了类似的明显高估。除了最差的银行外，图 2－1 所示的所有银行均在使用参数模型的指数函数形式，且都高估了它们的效率。这与先前的研究（例如格里芬和斯蒂奥（Griffin and Steel，2004））一致，这些研究表明指数分布的随机前沿模型必须将前沿定位在接近大部分数据的位置，而限制性较小的半参数随机前沿模型。

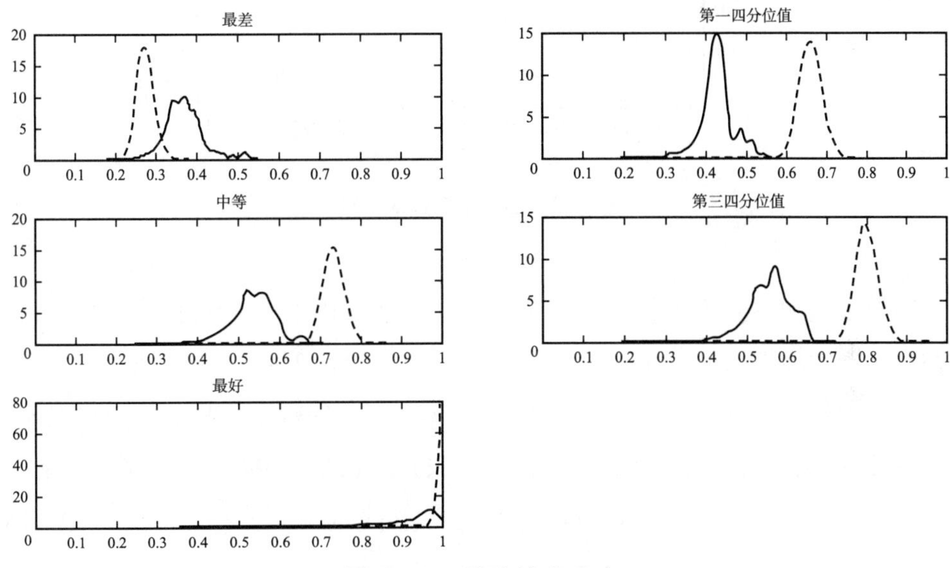

图 2－1　后验效率分布

接下来，我们来比较两种 SDF 模型估计出的未观测到的银行的后验预测效率密度（样本外）。理论上，后验预测效率密度函数可以用以下公式来计算：

$$p(TE_{N+1} \mid y_1, y_2, \cdots, y_N) = \int p(TE_{N+1} \mid \varphi) p(\varphi \mid y_1, y_2, \cdots, y_N) d\varphi \quad (2-24)$$

其中 $\varphi = (\alpha, \beta, h, \tau^2, u)$ 表示模型中所有的参数和超参数。$\varphi^{(s)}$ 是从后验密度函数 $p(\varphi \mid y_1, y_2, \cdots, y_N)$ 中生成的，$s = 1, \cdots, M$。后验预测效率密度函数可以用 $M^{-1} \sum_{s=1}^{M} p(TE_{N+1} \mid \varphi^{(s)})$ 来近似取值。两种 SDF 模型得到的后验预测效

率密度函数如图 2－2 所示。从图中可以看出，指数 SDF 模型对于获取数据信息是有限制的，特别是核密度密度函数模型在区间（0.45，0.75）处有大量的概率权重，这是基于指数无效率分布的参数模型所不能达到的。

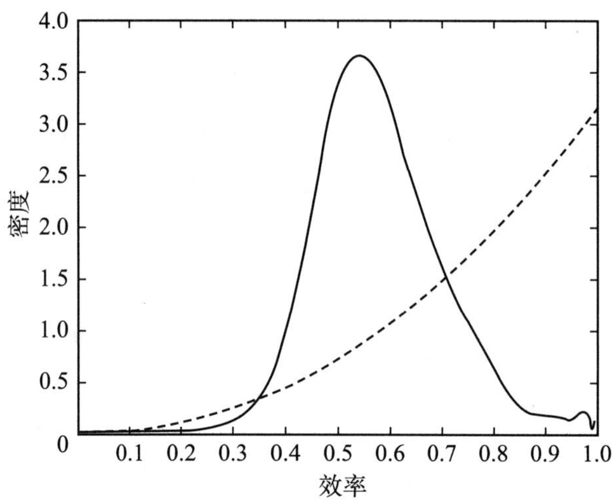

图 2－2　后验预测效率分布

内核模型和指数 SDF 模型之间的巨大差异也反映在它们对技术变化、规模收益和生产率增长的估计上，表 2－4、表 2－5 和表 2－6 分别证明了这一点。这里，技术变化（TC）、规模收益（RTS）和生产率增长（TFPG）的定义参考了坎外等（Caves et al.，1982）和菲尔等（Fare et al.，1994）的文章：

$$TC = -\partial \ln D_0(y, x, t)/\partial t \tag{2-25}$$

$$RTS = -\sum_{n=1}^{N} \varepsilon_n \text{，其中 } \varepsilon_n = \frac{\partial \ln D_0(y, x, t)}{\partial \ln x_n} \tag{2-26}$$

$$TEPG = TC + SC + EC \text{，其中 } SC = (RTS - 1)\sum_{n=1}^{N}\left(\frac{\varepsilon_n}{RTS}\right)\dot{x}_n \tag{2-27}$$

其中，$\dot{x}_n$ 是投入 n 的增长率$\left(\text{例如，}\dot{x}_n = \frac{d\ln x_n}{dt}\right)$，SC 是规模效应，EC 是效率变化。本章中，效率变化为 0，因为我们假设非效率项不随时间变化。表 2－5 显示，从内核 SDF 模型获得的年平均技术变化的估计值范围为 8.90%～12.84%，而从指数 SDF 模型获得的估计值则在更窄的范围内变化（－0.1%～4.04%）。我们还注意到，虽然两个 SDF 模型都表明技术变化随着时间的推移而下降，但内核模型显示出更快的下降速率。最近的技术变革包括网上银行、电子支付技术、先进的信息交换系统，以及银行技术微观经济研究的一些潜在推论。根据伯杰（Berger，2003）的研究，银行业的研究显示了对衡量技术进步的影响以及如何解决这些问题方面存在的一些普遍问题。在抽样期间技术变化迅速减少的一个可能原因是，非传统活动没有作为额外的产出列入数据。众所周知，在过去20年里，非传统活动在银行行业变得越来越重要。

表2－5　　技术改变

年份	A. 核模型		B. 指数模型	
	估计值	95%置信区间	估计值	95%置信区间
2001	0.1284	(0.1193，0.1402)	0.0404	(0.0359，0.0448)
2001	0.0752	(0.0709，0.0802)	0.0298	(0.0270，0.0325)
2003	0.0217	(0.0176，0.0255)	0.0198	(0.0171，0.0140)
2004	－0.0337	(－0.0450，－0.0253)	0.0095	(0.0051，0.0140)
2005	－0.0890	(－0.1078，－0.0752)	－0.0010	(－0.0077，0.0059)

因此，正如我们样本中最近几年所显示的那样，排除传统活动可能导致对技术变化的低估。然而，正如斯特罗（Stiroh，2000）所指出的，非传统活动很难衡量，因此我们的数据中不包括这些活动。从表2－6所示的规模收益率估计值，我们可以看到，由核SDF模型产生的点估计值和95%置信区间均小于1，表明美国大型银行在样本期间的规模收益率呈下降趋势。相比之下，指数SDF模型产生的所有95%置信区间都包含1，这表明美国大型银行的规模收益是恒定的。我们从核模型中得到的结果不同于以往的研究（Wheelock and Wilson，2001）。造成这种差异的原因有两个。首先，威洛克和威尔逊使用的非参数技术不允许低效率，而我们的模型允许。其次，我们使用了不同的样本组成和时间周期。例如，本书使用了2000～2005年拥有至少10亿美元总资产的美国大型银行的平衡面板；而威洛克和威尔逊在1985年、1989年和1994年（仅三个时期）使用了美国商业银行的非平衡面板（混合规模）。最后，从表2－7可以看出，核SDF模型和指数SDF模型之间的平均年生产率增长估计值明显不同。更具体地说，与核SDF模型得出的年平均生产率增长估计值相比，指数SDF模型得出

的年平均生产率增长的变化范围更窄，随着时间的推移，下降的速度也更慢。

最后，我们简单比较了基于核心 SDF 模型和基于指数 SDF 模型的银行效率排序。众所周知，当无效项假设有不同的参数分布时，效率估计是非常敏感的，而排名对不同的参数分布具有很强的稳健性（Greene，2008）。因此，当一个模型中的效率项假定为对偶指数分布，而另一个模型中的效率项则使用非参数的核密度估计量来近似时，检验排名是否仍然具有稳健性是很有意义的。为此，我们计算了指数 SDF 模型和核 SDF 模型的技术效率向量之间的 Pearson 相关系数和 Spearman 等级相关系数。我们发现两者的相关系数都很高，说明基于核函数 SDF 模型的效率排序与基于指数函数 SDF 模型的效率排序具有很高的相关性。这一结果表明，效率排名的估计不仅在参数分布不同时具有很强的稳健性，而且当非效率项被非参数化建模时，对效率排名的估计也相当稳健。

表 2－6　　　　规模报酬

年份	A. 核模型		B. 指数模型	
	估计值	95% 置信区间	估计值	95% 置信区间
2000	0. 8284	(0. 8144，0. 8524)	0. 9942	(0. 9793，1. 0092)
2001	0. 8482	(0. 8336，0. 8765)	0. 9938	(0. 9798，1. 0083)
2002	0. 8588	(0. 8442，0. 8903)	0. 9947	(0. 9802，1. 0093)
2003	0. 8719	(0. 8558，0. 9298)	0. 9958	(0. 9810，1. 0106)
2004	0. 8911	(0. 8718，0. 9298)	0. 9964	(0. 9817，1. 0111)
2005	0. 9084	(0. 8867，0. 9507)	0. 9962	(0. 9811，1. 0114)

表 2－7　　　　生产力进步

年份	A. 核模型		B. 指数模型	
	估计值	95% 置信区间	估计值	95% 置信区间
2001	0. 1417	(0. 1319，0. 1575)	0. 0414	(0. 0366，0. 0464)
2002	0. 0737	(0. 0699，0. 0782)	0. 0300	(0. 0273，0. 0328)

续表

年份	A. 核模型		B. 指数模型	
	估计值	95%置信区间	估计值	95%置信区间
2003	0.0194	(0.0148, 0.0234)	0.0199	(0.0172, 0.0226)
2004	-0.0130	(-0.0196, -0.0068)	0.0106	(0.0056, 0.0156)
2005	-0.0717	(-0.0858, -0.0600)	0.0007	(-0.0063, 0.0077)

第六节 结 论

在本章，我们提出了一个随机前沿模型的半参数建模框架，其中效率项与对数变换的 Rosenblatt - Parzen 核密度估计器近似。另外，我们提出了一种基于核的半参数随机前沿模型的抽样算法。该采样算法具有两个重要特征。首先，它提供了一个数据驱动的解决方案，解决了为核效率密度的核估计器估算带宽的问题。其次，它使用混合采样程序，该抽样的随机混合来自中心和未中心参数化的更新，以便分别识别截距和效率项。蒙特卡罗研究表明，基于核的半参数随机前沿模型在技术效率估计向量和真向量之间的欧几里得距离、斯皮尔曼等级相关系数、置信区间覆盖率等三个指标下优于一般的指数随机前沿模型。

我们将 2000 ~ 2005 年基于核的半参数随机距离前沿（SDF）模型应用于美国大型银行样本。贝叶斯因子分析表明，核 SDF 模型优于指数 SDF 模型。对后验预测效率密度函数的分析表明，基于指数 SDF 模型预测未观测银行的效率是错误的。对观测银行后验效率分布的进一步分析表明，对观测银行的效率推断与我们基于核 SDF 模型得出的结论也有很大的不同。特别地，我们发现指数 SDF 模型往往高估了效率。最后，我们发现内核模型和指数 SDF 模型之间的显著差异也反映在它们对技术变化、规模回报和生产率增长的估计上。

第三章
欧盟电力部门CO_2排放的影子价格：证据基于随机系数、随机方向向量方向性产出距离函数

第一节 引 言

在过去的30年里，伴随着生产过程产生的那些“坏”的副产品（例如CO_2、SO_2、污水等）的影子价格在生产力和生产效率学界获得了越来越多的关注。影子价格有两种用途：首先是可以用来构造一种既能体现产出过程中想要的产品和产出，同时也能体现那些“坏”的副产品产出的生产力指数，其次是评估环境管理措施带给生产者的边际成本或者是收益。皮特曼（Pittman，1983）很好地展示了影子价格的第一种用途，皮特曼将水污染的影子价格看作是水污染市场价格的代理，计算出一个广义的生产力指数，该指数能够将“坏”的副产品产出也包含到指数中。针对影子价格的第二种用途主要从方法论层面探讨，要估计“坏”产品的影子价格常常需要把“坏”产品加入代表生产过程的转换函数中去。例如，皮特曼（Pittman，1981，1983）利用包含有来自威斯康星州和密歇根州的30家纸浆和造纸厂的样本及一个生产函数估计了水污染的影子价格。然而，生产函数的一个重要缺陷是它不能处理多元产出，即产品种类不止一种，例如菲尔和普里蒙特（Fare and Primont，1990）的研究。为了避免这个问题，皮特曼（1981，1983）估计了一种超越对数函数，将水污染当作一种生产投入来处理。另一个例子是菲尔（1993）使用超越对数型谢泼德的产出距离函数并利用与皮特曼（1983）相同的数据来估算水污染的影子价格。谢泼德产出距离函数的一个重要优点是它能够处理多元产出，但是它只允许各种类型产出的同比例增加或者是缩减，因此不适用于正常产品增加的同时“坏”的副产品随之缩减的情况。注意到这一问题后，菲尔等（2005）使用方向性产出距离函数估计了美国电力部门SO_2排放的影子价格。这一方法有两个优点；第一，它能够允许多元产出；第二，它能够处理正常产品增加的同时“坏”的副产品随之缩减的情况，具体的产出变化途径取决于所选择的方向向量。上述提及的三种方法在计算“坏”产品的影子价格时被广泛使用，尤其是最后一种，在当今学术界颇受欢迎。例如马克伦和萨马科夫利斯（Marklund and Samakovlis，2007）

和伟等（Wei et al.，2013）等研究均采用的该方法。

尽管经济学家们在这一领域已经进行了大量的研究，但是却鲜有人能够解决皮特曼（1981，1983）在30年前提出的一个重要问题：技术异质性。具体而言，皮特曼（1981，1983）在估算威斯康星州和密歇根州的30家纸浆和造纸厂水污染的影子价格时指出，该样本由使用不同技术的厂商组成，所以导致其研究结果未能解决技术异质性，研究结果可能存在偏误。他在报告中写道：样本中包含的工厂分别使用了在不同时期创造的五种制浆工艺，在解释研究结果时，这一问题必须牢记在脑海之中。不幸的是，技术异质性并不只存在于造纸行业，而是广泛存在于各种污染密集型的行业之中。就拿本次研究的对象——电力部门而言，不同的企业（或国家）会使用差异非常大的技术来生产电能。一些企业依靠化石燃料发电的技术（例如石油、天然气、页岩气和煤），一些企业则依靠核能发电技术，其他的企业使用可再生能源发电技术（例如水能、风能、太阳能等）。这些技术无论是在发电平准化成本还是碳化物的排放强度上都有不可忽视的差距。例如，根据国际能源组织（International Energy Agency，2010）数据，整个欧洲使用核能、煤炭、天然气、风能发电的平均成本分别为62美元、82美元、90美元、100美元每兆瓦时。风、核、气和煤的生命周期 CO_2 当量分别为12g CO_2eq/kWh、16g CO_2eq/kWh、469g CO_2eq/kWh和1 001g CO_2eq/kWh。莫玛等（Moomaw et al.，2011）的研究表明，尽管使用相同的发电技术，由于各地的成本环境不同，不同的工厂（或地区）在成本上仍然会有巨大差距，比如当地化石燃料获得的难易程度，是否有可利用的可再生能源，环境保护政策的严格程度等。这些事例表明当我们为污染密集型行业的生产力构造模型时，考虑技术异质性非常有必要。

本章内容对该学术领域的贡献在于，首次应用随机系数、随机方向向量方向性产出距离函数（DODF模型）来估计 CO_2 排放的影子价格。该模型有两个优点，首先该模型允许模型系数随着生产单位（企业、工业部门、国家）[①] 的变化而变化，因此允许不同的生产单位有不同的技术。为了说明这个问题，假设有一个正常产品，一个“坏”的副产品，我们将字母i表示生产单位，$g_{y,i}$ 代表国家i的正常产品增产方向，$g_{b,i}$ 代表国家i的“坏”的副产品收缩方向。那么

① 注意，此处使用了随机系数、随机前沿模型，所以，每个经济单位和自己的生产边界比较。

$g_i \equiv (g_{y,i},\ -g_{b,i})$ 代表了该模型的方向向量。我们可以不失一般性的把 $g_{y,i}$ 标准化为 1。因此，$g_{b,i}$ 代表了相对于增加产出的生产单位为减少“坏”的副产品而投入的资源。例如，那些加入了致力于温室气体减排的京都协定且仍在协定有效期内的国家和从协定中退出的国家，其环境政策、减排政策具有相对高的优先级。即使是遵守协定的国家，国家之间在与温室气体减排相关的经济目标和环境政策上也有诸多不同。以上这两个优点，再加上允许在增加正常产品的产出同时减少“坏”副产品的产出这一特性，使得该模型在表现出技术异质性和增长路径异质性的副产品的影子价格估计中大有可为。

我们利用随机系数、随机方向向量方向性产出距离函数模型对欧盟 25 国电力部门从 1991 ~2007 年的数据进行研究，使用贝叶斯方法进行模型估计。使用该方法的主要原因是贝叶斯方法可以较容易地获得 CO_2 排放的影子价格的精确统计推断，这一特性在库普和斯蒂奥（Koop and Steel，2003）和奥唐奈和科利（O'Donnell and Coelli，2005）的研究中均有体现。为了对随机系数、随机方向向量方向性产出距离函数与固定系数函数进行更深层次的比较，我们使用了一种可以用来比较模型的贝叶斯方法——贝叶斯因子，该方法在卡斯与瑞福（Kass and Raftery，1995）的研究中有提及，贝叶斯因子的计算结果表示，前者的模型表现要远超后者。

使用欧洲电力部门的数据有两个原因，首先，欧洲各国使用的发电技术差别很大，所以欧洲数据是一个在研究技术异质性下副产品的影子价格的理想样本。例如，德国在样本期内主要使用化石燃料发电技术，2007 年该技术发电量占德国电能总产量的 62.4%。而在样本期内，法国主要使用核能发电技术，同样在 2007 年，核能发电量占全国总发电量的 77.2%。奥地利在同时期以水力发电为主，占全国总发电量的 66%。具体内容见国际能源组织（European Environmental Agency，2009）报告。随机系数、随机方向向量方向性模型可以很好地解决国家间技术异质性这一问题。

其次，本书研究结果可为欧盟市场碳价格的确定提供参考。2005 年欧盟启动了世界上最大的碳排放交易计划——欧盟排放交易体系（EUETS），不幸的是，欧盟的排放允许价格常年较低，排放一吨 CO_2 仅需要支付 5 欧元，价格太低以至于无法有效地改善环境，这也使得 EUETS 遭受很多的质疑。电力系统 CO_2 的排放量约占 EUETS 覆盖的总排放量的 60%，因此估计欧洲电力系统的

CO_2 排放影子价格对欧盟碳排放政策的制定具有指导意义。

第二节　方向性产出距离函数

假设一个生产过程，使用 N 种投入产生 M 种正常产品及 P 种“坏”的副产品，$x^t \in \Re_+^N$，$y^t \in \Re_+^M$，及 $b^t \in \Re_+^W$，分别代表在 t 时段，生产过程的投入向量、正常产品产出向量、“坏”副产品的产出向量。产出集 $S^t = \{(y^t, b^t): x^t$ 能够产生 $(y^t, b^t)\}$ 代表生产过程，根据菲尔等（Fare et al.，2005）研究，假设 t 时刻实际投入产出向量 $z^t \equiv (y^t, b^t, x^t)$ 与在给定方向 $g \equiv (g^y, -g^b)$ 下生产集 S 的边界间的最大距离可由方向性产出距离函数得到，该函数定义如下：

$$\overrightarrow{D}^t(z; g) = \max\{\beta: (y^t, b^t) + (\beta g^y, -\beta g^b) \in S^t\} \qquad (3-1)$$

这个函数在最大化了正常产品的产出同时还最大限度地降低了“坏”的副产品的产量。需要注意的是，不像传统的 Shephard 产出距离函数那样，方向性产出距离函数在给定方向 g 后有一个额外的无效测量维度，$\overrightarrow{D}^t(z, t; g)$ 的值为 0 就意味着全效率。为了使产出距离函数更加简洁，我们依照学术惯例，假设技术的影响是通过外生的时间变量 t 产生的。有了这个假设，那么我们在式（3-1）中定义的方向性距离函数可以写为 $\overrightarrow{D}(z, t; g)$。该函数在正常产品上是非负、非递增的，在投入和“坏”的副产品上是非递减的。该函数在正常产品和“坏”产品上是联合凹的。此外它还满足下面的转换性：

$$\overrightarrow{D}(y + kg_y, b - kg_b, x, t; g) = \overrightarrow{D}(y, b, x, t; g) - k \qquad (3-2)$$

其中，k 是任意的一个比例因子，这个性质的意思是如果 y 增加了 kg_y 而 b 减少 kg_b，那么这个距离函数的函数值会减少 k。我们现在可以利用方向性距离函数来构造一种测量影子价格的方法。因为方向性距离函数完全表征了生产技术的各种特征，我们使用菲尔等（2005）中的方法构造具体的利润函数：

$$R(x, p, q) = \max_{y,b}\{p'y - q'b: \overrightarrow{D}(z, t; g) \geqslant 0\}$$

其中，p 是正常产品的价格向量，q 是“坏”产品的价格向量。钱伯斯等（Chambers et al.，1998）表明上述最大值问题的朗格拉日乘子为 $\lambda = p'g_y - q'g_b$，所以我们可以进一步把利润函数写成如下形式：

$$R(x, p, q) = \max_{y,b}\{p'y - q'b + (p'g_y - q'g_b)\vec{D}(z, t; g)\} \qquad (3-3)$$

那么利润函数就变成了一个非限制性最值问题。求该函数关于变量 y_m（第 m 个正常产品）和 b_w（第 w 个“坏”产品）的一阶条件，可得，

$$-p_m = (p'g_y - q'g_b)\frac{\partial\vec{D}(z, t; g)}{\partial y_m} \qquad (3-4)$$

$$q_w = (p'g_y - q'g_b)\frac{\partial\vec{D}(z, t; g)}{\partial b_p} \qquad (3-5)$$

其中，p_m 是第 m 个正常产品的价格，q_w 是第 w 个“坏”产品的价格，式（3-4）除以式（3-5）可得：

$$-\frac{p_m}{q_w} = \frac{\partial\vec{D}(z, t; g)/\partial y_m}{\partial D\vec{D}(z, t; g)/\partial b_p} \qquad (3-6)$$

如果我们假设 p_m 是已知的（等于自身的影子价格），那么等式（3-6）表明第 w 个“坏”产品的影子价格为：

$$q_w = -p_m\frac{\partial\vec{D}(z, t; g)/\partial y_m}{\partial\vec{D}(z, t; g)/\partial b_p} \qquad (3-7)$$

影子价格的经济学解释为：当生产单位在生产集的边界上从事生产，此时的生产活动是全效率的，“坏”产品 w 的影子价格等于必须放弃的正常产品 m 的产量。当 g=(1，-1)，M=W=1 时，式（3-7）就简化为菲尔等（Fare et al.，2005）研究中影子价格的计算公式。

第三节　随机系数、随机方向向量方向性产出距离函数

本节中我们会具体说明随机系数、随机方向向量方向性产出距离函数模型，

正如在本章第二节中提到的那样，我们会使用该模型计算影子价格。使固定系数、超越对数型 DODF 模型的系数及方向向量可以随生产单位（国家）变化，我们就得到了随机系数、随机方向向量方向性产出距离函数模型。为了使模型的解释更加清晰，我们先介绍固定系数、超越对数型 DODF 模型，然后再进一步解释随机系数、随机方向向量方向性产出距离函数模型。

一、具体解释固定系数 DODF 模型

我们首先介绍固定系数 DODF 函数，$\vec{D}(z(t),\ t;\ g)$，我们需要为函数选择一个具体的函数形式，并明确方向向量 g。对于函数形式，我们参考钱伯斯（Chambers，2002）和菲尔等（Fare et al.，2005，2008）的研究中对于函数形式的讨论，使用二次函数的函数形式，这样模型的系数能够通过简单的限制满足式（3-2）中提出的转换性。对于方向向量的确定在学术界一般有两种方法，第一种是先验地选择一个 g。例如，菲尔等（Fare et al.，2005，2008）均设 $g=(-1,\ 1)$。第二种方法是让数据决定方向向量，例如马里科夫等（Malikov et al.，2015）的方法。如果产出只有一种正常产品及一种"坏"的副产品，那么第二种方法的处理步骤为：首先标准化 g_y 为 1，这样我们就可以只通过 g_y 来控制方向向量；其次把 g_y 当作一个参数并估计。在本章中我们会依照上述两步来处理方向向量。

因为在我们的实证研究中有一种正常产品，一种"坏"产品，三种投入。所以固定系数方向性产出距离函数可以写为：

$$
\begin{aligned}
\vec{D}(z,\ t;\ g_y,\ -g_b) = \vec{D}(y,\ b,\ x,\ t;,\ 1,\ -g_b)\\
&= \beta_0 + \alpha_1 y + \beta_1 b + \sum_{n=1}^{3}\gamma_n x_n + \beta_\tau t \\
&\quad + \frac{1}{2}\alpha_{11}y^2 + \frac{1}{2}\beta_{11}b^2 + \frac{1}{2}\sum_{n=1}^{3}\sum_{n'}^{3}\gamma_{nn'}x_{nn'} + \frac{1}{2}\beta_{tt}t^2 \\
&\quad + \sum_{n=1}^{3}\delta_{n1}x_n y + \sum_{n=1}^{3}\varphi_{n1}x_b b + \phi_{11}yb + \alpha_{\tau 1}ty + \beta_{\tau 1}t + \sum_{n=1}^{3}\gamma_{tn}tx_n
\end{aligned}
\tag{3-8}
$$

令 $\gamma_{nn'}=\gamma_{n'n}$，那么该公式就满足对称性了，如果再进行以下参数限制，那么式（3-2）中的转换性也会得到满足，限制条件为：

$$\alpha_1-\beta_1 g_b=-1;\ \beta_{11}g_b=\phi_{11};\ \beta_{11}g_b^2=\alpha_{11};\ \delta_{n1}=\varphi_{n1}g_b\ (n=1,2,3)$$

$$\beta_{\tau 1}g_b=\alpha_{\tau 1} \tag{3-9}$$

把 $g=(1, -g_b)$ 代入式（3-2）中，我们就得到上述参数限制（证明见附录）。式（3-8）是不可估计的，因为 $\vec{D}(z(t), t; g)$ 是无法观测的。为了解决这个问题，接下来我们利用转换性，把式（3-8）变成一个具有标准随机前沿形式的可估计的回归方程。具体的，在我们的研究中 $g=(1, -g_b)$，那么式（3-2）可以写为：

$$\vec{D}(y+k, b-g_b k, x; 1, -g_b)=\vec{D}(y, b, x; 1, -g_b)-k \tag{3-10}$$

让 k 等于 -y，（因为 k 可以是任意值），式（3-10）可以写为：

$$\vec{D}(0, b+g_b y, x; 1, -g_b)=\vec{D}(y, b, x; 1, -g_b)+y$$

可以进一步写作：

$$\begin{aligned} y &= \vec{D}(0, b+g_b y, x; 1, -g_b)-\vec{D}(y, b, x; 1, -g_b)\\ &= \vec{D}(0, b+g_b y, x; 1, -g_b)-u \end{aligned} \tag{3-11}$$

其中，$u\equiv\vec{D}(y, b, x; 1, -g_b)\geqslant 0$ 代表由于环境和技术导致生产单位的效率下降。把一个独立同分布的误差项 v 加入式（3-11）中，就得到一个具有标准随机前沿形式，且有两个误差项的可估计方程，形式如下：

$$y=\vec{D}(0, b+g_b y, x; 1, -g_b)-u+v \tag{3-12}$$

因为式（3-12）右边第一项具有二次函数的形式，所以该方程的具体形式为：

$$\begin{aligned} y =\ & \beta_0+\beta_1\tilde{b}+\sum_{n=1}^{3}\gamma_n x_n+\beta_\tau t+\frac{1}{2}\beta_{11}\tilde{b}^2\\ &+\frac{1}{2}\sum_{n=1}^{3}\sum_{n'}^{3}\gamma_{nn'}x_{nn'}+\frac{1}{2}\beta_{tt}t^2\\ &+\sum_{n=1}^{3}\varphi_{n1}x_n\tilde{b}+\beta_{\tau 1}t\tilde{b}+\sum_{n=1}^{3}\gamma_{tn}tx_n-u+v \end{aligned} \tag{3-13}$$

其中，$\tilde{b}=b+g_b y$。式（3-13）是一个标准的随机前沿模型，但是它还存在一个内生性的问题。具体而言，对于一个给定的由 g_b 决定的方向向量，等式左边也就是回归的因变量，同时也通过 $\tilde{b}$ 出现在等式右边，这意味着如果 y 是内生

的那么 $\tilde{b}$ 就不能被当作是内生的[①]。为了解决这一问题，我们采用马里科夫等（2015）研究中的方法，计算贝叶斯估计而变形后的 y 的雅可比。为了得到雅可比，我们把式（3－13）写为：

$$y = \Lambda_1 + \Lambda_2 \tilde{b} + \varsigma \tilde{b}^2 - u + v \tag{3-14}$$

其中，

$$\tilde{b} = b + g_b y$$

$$\Lambda_1 = \beta_0 + \sum_{n=1}^{3} \gamma_n x_n + \beta_\tau t + \frac{1}{2}\sum_{n=1}^{3}\sum_{n'}^{3} \gamma_{nn'} x_{nn'} + \frac{1}{2}\beta_{tt} t^2 + \sum_{n=1}^{3} \gamma_{tn} t x_n$$

$$\Lambda_2 = \beta_1 + \sum_{n=1}^{3} \varphi_{n1} x_n + \beta_{\tau 1} t$$

$$\varsigma = \frac{1}{2}\beta_{11}$$

把 $\tilde{b} = b + g_b y$ 代入到式（3－14）中，并整理，可得：

$$y^* = \Lambda_1 + \Lambda_2 b + \varsigma b^2 - u + v \tag{3-15}$$

此处 $y^* = y - \Lambda_2 g_b y + 2\varsigma b g_b y - \varsigma g_b^2 y^2$，利用式（3－14）、式（3－15），就可以轻易得到雅可比：

$$J_y = \frac{\partial y^*}{\partial y} = 1 - g_b(\Lambda_2 + 2\varsigma b + 2\varsigma g_b y)$$

$$= 1 - g_b\left(\beta_1 + \sum_{n=1}^{3} \varphi_{n1} x_n + \beta_{\tau 1} t + \beta_{11} \tilde{b}\right) \tag{3-16}$$

将来在第四节中估计式（3－16）时会用到该式。在一个面板数据框架中，式（3－16）中的模型可以被简化为：

$$q_{it} = z'_{it}\beta - u_{it} + v_{it} \tag{3-17}$$

其中，$i = 1, \cdots, k$ 代表国家，$t = 1, \cdots, T_i$ 代表时间，$q_{it} = y_{it}$；z_{it} 是一个 $s \times 1$ 向量，代表着所有的相关变量，β 是对应的系数（包括截距项）。

二、具体解释随机系数随机方向向量 DODF 模型

我们可以通过两步获得随机系数随机方向向量 DODF 模型，首先允许固定

① x_n 和 y 及 b 间的同步性会导致潜在的内生性，我们从潜在内生性问题中精简出该结论。

系数 DODF 模型中的系数随着经济单位的变化而变化，其次允许方向向量随着经济单位而变化。操作第一步，即使式（3－17）中的 β 在不同的经济单位间变化：

$$q_{it}=z'_{it}\beta_i-u_{it}+v_{it} \tag{3-18}$$

假设 β_i 是独立且服从正态分布，其均值向量为 $\bar{\beta}$，方差协方差矩阵为 Ω，用符号表示为：

$$\beta_i \mid \bar{\beta},\ \Omega^{-1} \sim \text{i. i. d. } N(\bar{\beta},\ \Omega) \text{ for } i=1,\ \cdots,\ k \tag{3-19}$$

正如本书中提到的 $v_{it}\sim$ i. i. d. $N(0,\ \sigma_v^2)$，$u_{it}\sim$ i. i. d. $\exp(\lambda^{-1})$，exp 代表指数分布，超参数为 λ^{-1}，可以从式（3－18）和式（3－19）看到，每个经济单位都拥有自己的技术，由 β_i 代表。现在我们可以着手第二步了，使标准化以后的方向向量 g_b 在不同的经济体之间变化，使 $g_{bi}(i=1,\ \cdots,\ k)$ 代表生产单位 i 的方向向量，我们假设：

$$g_{bi}\sim \text{i. i. d. } \exp(\lambda_g^{-1}) \tag{3-20}$$

使用指数分布可以保证 g_{bi} 总是一个非负的值。马里科夫等（Malikov et al.，2015）也在固定系数、固定方向向量 DODF 模型中使用了相同的假设。正如在前文中提到的，允许标准化后的方向向量随着经济单位的变化而变化，就意味着随机系数、随机方向向量 DODF 模型能够允许不同的经济单位选择不同的经济增长路径，也就是说正常产品的增加除以“坏”产品的减少，这一比值随着经济单位的变化而变化。我们在本章第一节中曾提到模型的定义式（3－18）、式（3－19）和式（3－20）的构建，首次使得生产力、生产效率领域的学术研究可以接受技术异质性这一客观事实，而不需要做出技术同质性这样不合实际的假设（通过模型系数在经济单位间的变化），同时不同的生产单位能够拥有不同的增长路径，这本来就是理所当然的（通过方向向量在经济单位间的变化），所以就这些突出优点而言，该模型比以往常常使用的随机系数随机前沿模型更加具有普遍性。参照在普通的随机前沿模型中对误差项的处理，我们假设 u_{it}，v_{it}，z_{it} 三者相互独立。为了方便理解，我们接下来介绍一些矩阵符号：

$$q_i=(q_{i1},\ \cdots,\ q_{iT_i})'$$

$$q=(q_{11},\ \cdots,\ q_{1T_1},\ \cdots,\ q_{k1},\ \cdots,\ q_{kT_k})'$$

$$z_i=(z_{i1},\ \cdots,\ z_{iT_i})'$$

$$z = (z_1, \cdots, z_k)$$

$$u_i = (u_{i1}, \cdots, u_{iT_i})'$$

$$u = (u_{11}, \cdots, u_{1T_1}, \cdots, u_{k1}, \cdots, u_{kT_k})'$$

$$v = (v_{11}, \cdots, v_{1T_1}, \cdots, v_{k1}, \cdots, v_{kT_k})'$$

第四节　贝叶斯估计

我们选择贝叶斯方法来估计式（3－18）中的模型，做出这一选择主要有以下两个原因：首先，贝叶斯方法能够较容易地得到估计结果即生产单位的生产力和效率的精确统计推断；其次，使用贝叶斯方法可以较容易的使模型满足前文中描述的那些限制条件（单调性、凹凸性）。接下来我们会具体设定模型的先验，然后得到模型的全条件后验。对于固定系数的 DODF 模型，由于其贝叶斯形式已被学术界广泛使用，这里不再进行讨论。值得一提的是，为了更加方便对普通的 DODF 模型和固定系数的 DODF 模型进行比较，我们将对两模型共有的参数使用相同的先验。

一、先验

首先为两模型共有的参数设置先验，参考库普和斯蒂奥（Koop & Steel，2003）、奥唐奈和科利（O'Donnell and Coelli，2005）的研究，我们为 $\bar{\beta}$ 设置一个平坦的先验分布：

$$p(\bar{\beta}) \propto 1 \tag{3-21}$$

对于 h_v，参考库普和斯蒂奥（2003），设置如下先验分布：

$$p(h_v) \propto \frac{1}{h_v},\ h_v = \frac{1}{\sigma_v^2} > 0 \tag{3-22}$$

对于 u_{it} 参考库普和斯蒂奥（2003），其常用的先验分布亦为指数分布，因为指数分布是伽马分布的一种特殊情况，所以 u_{it} 的先验可以写作：

$$p(u_{it} \mid \lambda^{-1}) = f_{Gamma}(u_{it} \mid 1, \lambda^{-1}) \tag{3-23}$$

对于 λ，我们参考范登布罗克等（van den Broeck et al.，1994）的研究，为其设置如下先验：

$$p(\lambda^{-1}) = f_{Gamma}(\lambda^{-1} \mid 1, -\ln\tau^{*}) \tag{3-24}$$

其中 τ^* 是环境和技术效率分布的均值。就我们所知，还没有相关文献汇报过本次研究的样本时间段在欧洲电力部门的环境和技术效率分布。但是从式（3-24）中我们可知，τ^* 必定落在区间（$0\% \times \bar{y}$，$100\% \times \bar{y}$），$\bar{y}$ 是 y 的均值。因此，我们参照丰和瑟勒提斯（Feng and Serletis，2014）的研究，将 τ^* 的值设为 $50\% \times \bar{y}$，我们还测试了其他相较于该值变化很大但仍在可能区间的 τ^* 值，结果发现 τ^* 的极端变化对本章第六节中的结果并无影响。这证明结果对 τ^* 值是稳健的。

接下来我们为随机系数、随机方向向量 DODF 模型中独有的参数设置先验。这些参数包括 β_i、Ω 和 G_b，其中 $G_b = g_{b1}, g_{b2}, \cdots, g_{bi}, \cdots, g_{bk}$，i 代表经济单位，对于 β_i 和 Ω，我们分别为其设定如下先验：

$$\beta_i \mid \bar{\beta}, \Omega^{-1}, g_{bi} \sim \text{i.i.d.}\ N(\bar{\beta}, \Omega) I(\beta_i \in \prod\nolimits_j (g_{bi})) \text{ 其中 } i = 1, \cdots, k \tag{3-25}$$

$$\Omega^{-1} \sim W(r, (r\varphi)^{-1}) \tag{3-26}$$

其中，$I(\cdot)$ 是指示函数，也就是说如果括号中的条件成立，则函数值为 1，否则为 0。$\prod_j (g_{bi})$ 的值由 g_{bi} 决定，是一个可能参数集，集中参数无其他的限制，但是必须满足单调性和凹凸性。W =（n，V）是一个威希特（Wishart）分布（Tsionas，2002），我们设 r = 1 且 $\Phi = 10^{-6} I_s$（I_s 是一个 s × s 的单位矩阵），这样可以获得一个相对宽松但是合适的先验。正如本书讨论的那样，将 g_{bi} 的先验分布设为指数分布：

$$p(G_b) = \prod_{i=}^{k} f_{Gamma}(g_{bi} \mid 1, \lambda_g^{-1}) \tag{3-27}$$

设 $\lambda_g^{-1} = 1$，这意味着 g_{bi} 的先验均值为 1，我们试验了将不同的值赋予 λ_g^{-1}（3，2，0.6，0.7，0.5）发现结果是非常稳健的。

二、后验分布

用 $\Gamma=[\bar{\beta}, \{\beta_i\}, \Omega^{-1}, h_v, \lambda^{-1}, G_b, u]$ 表示模型中的所有参数，用 Γ_{-x} 代表除了 x 以外的所有参数，变换后 q_i 的条件概率密度：

$$p(q_i \mid \Gamma) = \frac{h_v^{T_i/2}}{2\pi^{T_i/2}}\exp\left[-\frac{h_v}{2}(q_i - z_i\beta_i + u_i)'(q_i - z_i\beta_i + u_i)\right]\prod_{t=1}^{T_i}|J_{q,it}(\beta_i, g_{bi})| \tag{3-28}$$

$J_{q,it}(\beta_i, g_{bi})$ 是式（3－16）中生产单位 i，时间 t 时的雅可比。则似然函数为：

$$L(q \mid \Gamma) = \prod_{i=1}^{k} p(q_i \mid \Gamma) \propto h_v^{\sum_i T_i/2}\exp\left[-\frac{h_v}{2}v'v\right]\prod_{i=1}^{k}\prod_{t=1}^{T_i}|J_{q,it}(\beta_i, g_{bi})| \tag{3-29}$$

其中，$v=(q_1 - z_1\beta_1 + u_1, \cdots, q_i - z_i\beta_i + u_i, \cdots, q_k - z_k\beta_k + u_k)'$。结合式（3－21）至式（3－27）的先验和式（3－29）的似然函数，可以得到联合后验概率密度：

$$\begin{aligned} p(q_i \mid \Gamma) \propto\ & h_v^{\sum_i T_i/2-1}\exp\left[-\frac{h_v}{2}v'v\right]\prod_{i=1}^{k}\left[|\Omega|^{-\frac{1}{2}}\exp\left(-\frac{1}{2}(\beta_i - \bar{\beta})'\Omega^{-1}(\beta_i - \bar{\beta})\right)\right] \\ & \times \prod_{i=1}^{k}\prod_{t=1}^{T_i}[\lambda^{-1}\exp(-\lambda^{-1}u_{it})]\exp(\lambda^{-1}\ln\tau^{*})\prod_{i=1}^{k}\exp(-\lambda_g^{-1}g_{bi}) \\ & \times |\Omega^{-1}|^{\frac{r-n-1}{2}}\exp\left[-\frac{1}{2}\mathrm{tr}(r\phi\Omega^{-1})\right]\times\prod_{i=1}^{k}\prod_{t=1}^{T_i}|J_{q,it}(\beta_i, g_{bi})| \\ & \times \prod_{i=1}^{k} I(\beta_i \in \prod_j(g_{bi})) \end{aligned} \tag{3-30}$$

从该联合后验中我们可以得到各参数的全条件后验，对全条件后验使用吉布斯采样，然后使用蒙特卡罗算法处理得到的样本就可以获得我们想要的参数信息了。全条件后验如下：

$$p(\bar{\beta} \mid q, \Gamma_{-\bar{\beta}}) \propto f_{Normal}(\bar{\beta} \mid D_0 d_0, D_0) \tag{3-31}$$

$$p(h_v \mid q, \Gamma_{-h_v}) \propto f_{Gamma}\left(h_v \middle| \frac{\sum_i T_i}{2}, \frac{1}{2}v'v\right) \tag{3-32}$$

$$p(u_{it} \mid q, \Gamma_{-u_{it}}) \propto f_{Normal}(u_{it} \mid z_{it}'\beta_i - q_{it} - (h_v\lambda)^{-1}, h_v^{-1})I(u_{it} \geqslant 0) \tag{3-33}$$

$$p(\lambda^{-1} \mid q, \Gamma_{-\lambda^{-1}}) \propto f_{Gamma}(\lambda^{-1} \Big| \sum_{i=1}^{K} T_i + 1, u'\iota_{\sum_i T_i} - \ln\tau^*) \quad (3-34)$$

$$p(\beta_i \mid q, \Gamma_{-\beta_i}) \propto f_{Normal}(\beta_i \mid D_i d_i, D_i) \prod_{t=1}^{T_i} |J_{q,it}(\beta_i, g_{bi})| I(\beta_i \in \prod{}_j (g_{bi})) \quad (3-35)$$

$$p(\Omega^{-1} \mid q, \Gamma_{-\Omega^{-1}}) \propto f_W(r + K, [r\Phi + \sum_{i=1}^{K}(\beta_i - \bar{\beta})(\beta_i - \bar{\beta})']^{-1}) \quad (3-36)$$

$$p(G_b \mid q, \Gamma_{-G_b}) \propto \exp\left[-\frac{h_v}{2}v'v - \lambda_g^{-1}\sum_{i=1}^{K} g_{bi}\right] \prod_{i=1}^{K} \prod_{t=1}^{T_i} |J_{q,it}(\beta_i, g_{bi})|$$

$$\times \prod_{i=1}^{K} I(\beta_i \in \prod{}_j (g_{bi})) I(g_{bi} > 0) \quad (3-37)$$

其中，

$$D_0 = K^{-1}\Omega$$

$$d_0 = \Omega^{-1}\sum_{i=1}^{K}\beta_i$$

$$D_i = (h_v z_i' z_i + \Omega^{-1})^{-1}$$

$$d_i = h_v z_i'(q_i + u_i) + \Omega^{-1}\bar{\beta}$$

第五节 数　　据

我们使用欧盟 25 国从 1990 ~ 2007 年电力部门的数据，主要的数据来源是欧盟 KLEMS 数据库（European Union KLEMS database）和欧洲环境机构（European Environmental Agency，2010）。欧盟 KLEMS 数据库包括欧盟 25 国从 1970 ~ 2007 年行业级别中具体的投入与产出（O'Mahony and Timmer，2009），欧洲环境机构包括所有欧洲国家从 1990 ~ 2007 年的行业级别的 CO_2 排放量。由于数据的可得性，我们的样本时间段设为 1990 ~ 2007 年。样本中涉及的欧盟 25 国分别为：奥地利、比利时、塞浦路斯、捷克共和国、丹麦、爱沙尼亚、芬兰、法国、德国、希腊、匈牙利、爱尔兰、意大利、拉脱维亚、立陶宛、卢森堡、马耳他、荷兰、波兰、葡萄牙、斯洛伐克、斯洛文尼亚、西班牙、瑞典和英国。

具体的模型中有两种产出（一种正常产品，一种“坏”的副产品），三种投入。正常产品是总产出（y，单位为百万美元），“坏”的副产品是由燃料燃烧而产生的碳的氧化物（b，单位为百万吨）。三种投入为资本存量（x_1，单位为百万美元），劳动投入（x_2，单位为百万工作小时），中间产品投入（x_3，是能源、材料、服务等投入之和，单位为百万美元）。很多国家并不是采用单一的技术发电，相反，它们可能同时使用风能发电和核能发电或者是其他发电技术，但是每种技术在国家总生产中的占比是不同的，所以产出使用总国家层面的数据，同样的，投入也是国家内部加总后的数据，x_3 是除劳动、资本投入之外的其他投入之和。总产出、资本及中间产品的投入需要由当年当地的货币价格转化为 1990 年的国际价格，使用 Public - Private Partnership（PPP）交换率和美国的 GDP 去通货膨胀，而 CO_2 的排放量只反映能量的消耗。

第六节 实证结果

一、增加单调性和曲率的限制条件

我们同时估计固定系数 DODF 模型和随机系数、随机方向向量 DODF 模型。需要特别注意客观经济规律施加在模型上的理论条件限制（例如单调性和曲率条件），尤其是单调性，这决定着我们的影子价格是否能作为一个合格的市场信号。对于固定系数 DODF 模型，单调性要求 $\overrightarrow{D_o}(z(t), t; g)$ 不随着正常产品的增加而递增，不随着“坏”的副产品和投入的增加而递减。可表示为：

$$\frac{\partial \overrightarrow{D_o}(z(t), t; g)}{\partial y} = \alpha_1 + \alpha_{11} y + \sum_{n=1}^{3} \delta_{n1} x_n + \phi_{11} b + \alpha_{\tau 1} t \leqslant 0$$

$$\frac{\partial \overrightarrow{D_o}(z(t), t; g)}{\partial b} = \beta_1 + \beta_{11} b + \sum_{n=1}^{3} \varphi_{n1} x_n + \phi_{11} y + \beta_{\tau 1} t \geqslant 0$$

$$\frac{\partial \overrightarrow{D_o}(z(t), t; g)}{\partial x_n} = \gamma_n + \sum_{n'=1}^{3} \gamma_{nn'} x_{n'} + \delta_{n1} y + \phi_{n1} b + \gamma_{\tau n} t \geq 0$$

凹凸性要求$\overrightarrow{D_o}(z(t), t; g)$在正常产品和“坏”的副产品上是联合凹的（Chambers，2002；Fare et al.，2005）。使 W = M + P 代表所有产出的数量，包括正常产品也包括坏产品。$w = (w_1, \cdots, w_W) \geq 0_W$ 代表 1 × W 产出向量。用 H 代表黑塞（Hessian）矩阵：

$$H = \begin{bmatrix} h_{11} & \cdots & h_{1W} \\ \vdots & \ddots & \vdots \\ h_{W1} & \cdots & h_{WW} \end{bmatrix}$$

其中，

$$h_{gl} \equiv \frac{\partial^2 \overrightarrow{D_o}(z(t), t; g)}{\partial w_g \partial w_l} \tag{3-38}$$

g，l = 1，…，W。当且仅当 H 矩阵的奇数阶主子式非正、偶数阶主子式非负，产出距离在正常产品和“坏”的副产品上显现出联合凹性（Morey，1986）。同理，对于随机系数、随机向量 DODF 模型，欧洲 25 国的电力部门都应满足单调性和凹凸性条件。

我们先不对两个 DODF 模型施加条件限制并进行估计，结果显示产出距离在劳动力和“坏”的副产品上的单调性被违背，且两个模型都没有满足凹凸性的要求。所以，我们对模型施加限制后使用奥唐奈和科利（O'Donnell and Coelli，2005）研究中使用的方法重新进行估计。表 3－1、表 3－2 和表 3－3 分别汇报并施加了限制后的模型估计结果，包含估计系数及对应的 95% 置信区间。我们为两个模型各生成 50 000 个观测，抛弃掉开头的 20 000 个观测，测试两个样本的混合性能，计算模拟效率因子（Kim et al.，1998）。一般而言，如果一个样本的模拟效率因子值低于 100 就说明该样本的混合性能是合理。表 3－2 的最后一列展示了固定系数 DODF 模型的模拟效率因子，可以看到所有的值都低于 51，这意味着这个样本对于固定系数 DODF 模型是收敛的。表 3－1 也汇报了随机系数、随机向量 DODF 模型的模拟效率因子，同样的，所有的值均小于 81。

表 3－1　随机系数、随机方向向量 DODF 模型参数估计

A. 估计参数				B. 估计方差			
参数	估计	95%置信区间	SIF	参数	估计	95%置信区间	SIF
β_0	0.0233	(0.0210, 0.0254)	41.154	$\beta_{0,i}$	0.0005	(0.0001, 0.0013)	47.8192
β_1	0.0001	(－0.0025, 0.0025)	58.3015	$\beta_{1,i}$	0.0006	(0.0002, 0.0016)	36.6477
γ_1	0.2763	(0.2742, 0.2785)	64.3514	$\gamma_{1,i}$	0.0005	(0.0001, 0.0014)	20.7834
γ_2	－0.0016	(－0.0043, 0.0011)	51.9546	$\gamma_{2,i}$	0.0007	(0.0002, 0.0018)	43.8993
γ_3	0.712	(0.7092, 0.7150)	73.8651	$\gamma_{3,i}$	0.0008	(0.0002, 0.0023)	52.2615
β_τ	0.006	(0.0053, 0.0066)	55.2011	$\beta_{\tau,i}$	0	(0, 0.0001)	33.3942
β_{11}	－0.0085	(－0.0098, －0.0070)	57.1705	$\beta_{11,i}$	0.0002	(0, 0.0004)	47.7594
γ_{11}	0.0071	(0.0061, 0.0082)	60.6745	$\gamma_{11,i}$	0.0001	(0, 0.0003)	50.7219
γ_{12}	－0.0031	(－0.0041, －0.0022)	43.9372	$\gamma_{12,i}$	0.0001	(0, 0.0002)	47.2261
γ_{13}	－0.0042	(－0.0053, －0.0031)	74.7701	$\gamma_{13,i}$	0.0001	(0, 0.0003)	53.9124
γ_{22}	－0.0071	(－0.0082, －0.0061)	68.2255	$\gamma_{22,i}$	0.0001	(0, 0.0003)	29.0709
γ_{23}	－0.0205	(－0.0222, －0.0189)	66.0351	$\gamma_{23,i}$	0.0003	(0, 0.0008)	24.6203
γ_{33}	－0.0097	(－0.0127, －0.0069)	68.9136	$\gamma_{33,i}$	0.0008	(0.0001, 0.0025)	30.9861
$\beta_{\tau\tau}$	－0.0006	(－0.0007, －0.0004)	41.6922	$\beta_{\tau\tau,i}$	0	(0, 0)	51.8628
φ_{11}	0.0027	(0.0010, 0.0044)	27.9883	$\varphi_{11,i}$	0.0003	(0.0001, 0.0008)	51.0224
φ_{21}	0.0264	(0.0255, 0.0273)	80.3377	$\varphi_{21,i}$	0.0001	(0, 0.0002)	72.6762
φ_{31}	0.0056	(0.0035, 0.0079)	74.3331	$\varphi_{31,i}$	0.0005	(0.0001, 0.0014)	50.6274
$\beta_{\tau1}$	－0.0001	(－0.0003, 0.0002)	62.231	$\beta_{\tau1,i}$	0	(0, 0)	54.5436
$\gamma_{\tau1}$	－0.0041	(－0.0046, －0.0035)	32.5536	$\gamma_{\tau1,i}$	0	(0, 0.0001)	24.5088
$\gamma_{\tau2}$	0.0006	(0.0004, 0.0009)	52.8989	$\gamma_{\tau2,i}$	0	(0, 0)	32.0864
$\gamma_{\tau3}$	0.0022	(0.0017, 0.0027)	52.6372	$\gamma_{\tau3,i}$	0	(0, 0.0001)	53.1900

表 3-2　　　　固定系数 DODF 模型参数估计

参数	估计值	95% 置信区间	SIF
β_0	0.0233	(0.0213, 0.0283)	49.3976
β_1	0.0039	(0.0021, 0.0067)	47.8076
γ_1	0.2723	(0.2653, 0.2760)	49.0311
γ_2	-0.0006	(-0.0028, 0.0023)	47.8921
γ_3	0.7108	(0.7081, 0.7164)	49.2782
β_τ	0.0054	(0.0038, 0.0060)	49.9870
β_{11}	-0.0092	(-0.0116, -0.0071)	47.5060
γ_{11}	0.0065	(0.0044, 0.0075)	48.3330
γ_{12}	-0.0023	(-0.0043, -0.0004)	46.7122
γ_{13}	-0.0037	(-0.0048, -0.0029)	44.6814
γ_{22}	-0.0065	(-0.0081, -0.0050)	48.1085
γ_{23}	-0.0187	(-0.0199, -0.0173)	44.6029
γ_{33}	-0.0095	(-0.0107, -0.0079)	44.7618
$\beta_{\tau\tau}$	-0.0005	(-0.0005, -0.0003)	50.0293
φ_{11}	0.0031	(0.0015, 0.0051)	45.2399
φ_{21}	0.0254	(0.0238, 0.0268)	47.4834
φ_{31}	0.0055	(0.0041, 0.0069)	45.3010
$\beta_{\tau 1}$	-0.0001	(-0.0003, 0.0001)	48.2965
$\gamma_{\tau 1}$	-0.0041	(-0.0045, -0.0030)	49.7935
$\gamma_{\tau 2}$	0.0005	(0.0003, 0.0007)	48.2683
$\gamma_{\tau 3}$	0.0021	(0.0009, 0.0025)	50.0285

二、比较两个 DODF 模型的贝叶斯因子

为了比较两个 DODF 模型，我们计算了贝叶斯因子（Kass and Raftery, 1995）。用 M_I 和 M_J 来代表要比较的两个模型，贝叶斯因子的定义为两个模型的

后验概率比乘以先验概率比，如果两个模型具有相同的先验概率，贝叶斯因子则变为：

$$B_{JI}=\frac{Pr(D\mid M_J)}{Pr(D\mid M_I)} \tag{3-39}$$

其中，$Pr(D\mid M_I)$、$Pr(D\mid M_J)$ 分别是 M_I 和 M_J 的边际似然数据。参考卡斯和瑞福（Kass and Raftery，1995），采用 Schwarz 判定准则：

$$S=\pounds(D\mid M_J)-\varepsilon(D\mid M_I)-\frac{1}{2}(d_J-d_I)\log n\approx \ln B_{JI} \tag{3-40}$$

其中，$\pounds(\cdot)$ 是最大的对数边际似然，$d_J(d_I)$ 是模型 $M_J(M_I)$ 的参数个数，n 是样本观测的个数，这样就在没有具体先验的情况下得到一个贝叶斯因子的近似值。

计算 $2\times S$ 的值并参照表 3－3，即可知道那个模型更适合处理得到的样本：

表 3－3　　显著性参照

$2\ln B_{JI}$	证据支撑 M_I
0 to 2	不值一提
2 to 6	正
6 to 10	较大的正值
>10	非常大的正值

在我们的例子中，随机系数、随机方向向量 DODF 模型的 2S 值比固定系数 DODF 模型的 2S 值大 15，这意味着前者在处理具有技术异质性的欧洲电力部门数据时的表现远远优于后者。非常值得一提的是，表 3－4 表明，方向向量（g_b）确实会在国家间发生变化，g_b 值从奥地利的 0.9203 到丹麦的 1.0623 变化不等。这意味着样本中的不同国家采用不同的增长路径。对于那些 g_b 值大于 1 的国家，更注重减少碳氧化物的排放，对于那些 g_b 值小于 1 的国家，更注重扩大电力的产量。

三、影子价格

在解释由随机系数、随机方向向量 DODF 模型获得的结果之前，我们首先来讨论一下模型未考虑到技术异质性和增长途径异质性会造成怎样的结果。表3－4汇报了固定系数DODF模型和随机系数、随机方向向量DODF模型得到的样本期内每一年影子价格差值的最大值、最小值、绝对值和平均值。可以发现，平均差值从2.60到3.40不等，其均值为2.92。考虑到很多欧洲国家的影子价格已经低至每吨2.46～5.99美元，这个数字已经不小了。除此之外，我们发现在国家层面，影子价格的差值更大，例如，德国在1990年通过两种模型计算出来的影子价格差值达每吨7.51美元，证明不在模型中考虑技术异质性问题会导致很大的偏误。所以接下来我们着重解释随机系数、随机向量DODF模型得到的结果（见表3－5）。

表3－4　固定系数模型和随机系数、随机方向向量模型估计的影子价格之差

单位：美元

年份	均值	最小	最大
1990	3.40	0.32	7.51
1991	3.30	0.35	6.81
1992	3.15	0.47	6.13
1993	3.04	0.43	6.10
1994	2.97	0.35	6.10
1995	2.86	0.08	5.97
1996	2.77	0.03	6.04
1997	2.71	0.00	6.02
1998	2.73	0.07	6.08
1999	2.77	0.13	6.44
2000	2.65	0.08	6.63
2001	2.71	0.24	6.83
2002	2.69	0.19	6.98
2003	2.60	0.01	6.62

续表

年份	均值	最小	最大
2004	2.69	0.19	6.89
2005	2.91	0.43	6.99
2006	3.15	0.18	6.94
2007	3.35	0.02	6.95
平均值	2.91	0.20	6.56

表 3-5　　方向向量的估计

国家	估计值	95%置信区间	SIF
AUT	0.9203	(0.9128, 0.9336)	49.7787
BEL	1.0526	(1.0400, 1.0628)	49.7733
CYP	0.9885	(0.9571, 1.0103)	50.1835
CZE	1.0143	(1.0010, 1.0251)	49.9523
DNK	1.0623	(1.0579, 1.0741)	49.5302
ESP	0.9895	(0.9832, 1.0005)	49.7841
EST	0.9942	(0.9841, 1.0042)	49.5723
FIN	1.0084	(1.0036, 1.0201)	49.4800
FRA	1.0381	(1.0305, 1.0432)	49.1846
GER	1.0173	(1.0099, 1.0236)	49.9640
GRC	1.0099	(0.9986, 1.0147)	48.8789
HUN	0.9802	(0.9741, 0.9916)	49.2358
IRL	0.9615	(0.9438, 0.9760)	50.0947
ITA	1.0006	(0.9949, 1.0115)	49.5872
LVA	1.0465	(1.0253, 1.0640)	50.1148
LTU	0.9613	(0.9384, 0.9810)	50.1764
LUX	0.9662	(0.9472, 0.9743)	49.8980
MLT	1.0047	(0.9948, 1.0197)	49.7397
NLD	1.0540	(1.0416, 1.0662)	49.8792

续表

国家	估计值	95%置信区间	SIF
POL	1.0558	(1.0380，1.0738)	50.1023
PRT	1.0517	(1.0364，1.0579)	49.7044
SVK	1.0715	(1.0600，1.0903)	49.9669
SVN	0.9519	(0.9439，0.9652)	49.8224
SWE	1.0313	(1.0216，1.0476)	49.9133
UK	0.9319	(0.9253，0.9436)	49.8286

表3-6[①]汇报了欧洲25国每一年影子价格的加权平均值，每个国家的权重与该国正常产品的产能呈比例关系，我们还汇报了95%置信区间。从中可以得到两个结论，首先，平均影子价格的变化范围为16.84~48.66美元（以1990年美元为基准），均值为28.71美元，估计的均值与近期他人研究中得到的均值相近。例如，欧洲气候变化方案、关于对 CO_2 排放交易机制的建议等政策对 CO_2 的排放做出一定的规定，有很多研究想要满足这些排放要求的成本，这些研究大多使用能源经济模型。这些研究表明，在考虑到欧盟各国最低成本分布跨度十分大的客观事实情况下，欧盟2010年的影子价格为20欧元（26.7美元）每吨（Bickel and Friedrich，2005；Blok et al.，2001）。此外，唐宁和沃特（Downing and Watkiss，2003）总结了很多不同国家、不同部门 CO_2 的影子价格、实际或者是估计的允许价格，发现这些价格在2欧元到150欧元（2.6~199.5美元）间变动，而我们的研究结果也正好落在了这个区间内。

表3-6　　年平均影子价格　　单位：美元

年份	估计值	95%置信区间
1990	48.42	(47.20，50.97)
1991	48.66	(47.79，50.82)
1992	46.33	(45.11，47.92)

① 我们注意到有几个国家的数据在1994~1995年进入数据集（塞浦路斯、捷克、拉脱维亚、立陶宛，马耳他、斯洛伐克和斯洛文尼亚），这些国家的影子价格相对低，致使这两年间的平均影子价格下跌。

续表

年份	估计值	95%置信区间
1993	45.20	(44.29, 46.62)
1994	42.68	(42.11, 44.15)
1995	28.72	(28.40, 31.40)
1996	26.77	(26.31, 30.04)
1997	25.43	(25.17, 28.76)
1998	25.31	(25.00, 28.17)
1999	23.90	(23.55, 26.83)
2000	21.53	(21.14, 24.72)
2001	20.81	(19.78, 24.71)
2002	20.59	(18.78, 25.55)
2003	18.33	(16.79, 23.85)
2004	19.43	(18.02, 24.45)
2005	19.17	(17.96, 23.07)
2006	18.65	(16.11, 23.71)
2007	16.84	(14.53, 22.33)
平均值	29.43	(28.35, 31.80)

其次，每年平均影子的价格表现出下降趋势，从1990年的每吨48.42美元下降到2007年的每吨16.84美元。然而，有许多研究认为超过温室气体减排要求的一定数量的排放，会导致边际减排成本剧增。表面上看来我们的研究结果与这一结论相违背，但正如董（Duong，2009）指出的那样，减排成本剧增的结论建立在一个假设之上：温室气体的排放在极短时间内显著减少，如果温室气体的减少是一个渐变过程，是由一系列政策包括碳的价格、管制等导致的渐变过程，那么边际减排成本可能就不会增加，而这些情况在样本期内的欧洲电力部门中实实在在发生过。具体的，在样本期内，欧洲出台了一系列试图减少温室气体排放的政策，这些政策包括但不限于《欧盟碳排放交易体系》和1997年颁布的《可再生能源发展白皮书》。2001年发布的《可再生能源发展指导意见》

中还设立了在2010年前使可再生能源发电量占欧洲总发电量21%的目标。由于上述政策，使得欧洲国家进行了快速的由以化石能源为主要能量来源到以低碳能源或可再生能源为主的转变。例如从2003～2013年，由可再生能源生产的电能增加了84.4%，使得可再生能源在2013年成为欧洲电力生产最大的能量来源（Eurostat，2015），同时从1992～2008年，由可燃气体生产的电能产量平均以每年9%的速度高速增长（Eurostat，2015a）。此外，欧洲国家煤炭部门的能量转化效率也在提高。以德国为例，1990～2013年由煤炭生产的电能下降了9%，而同时期用于生产那部分电能的煤炭用量下降了15%，这说明德国现在比起1990年来使用了更少的煤炭却能生产出同等数量的电能（Jungjohann and Morris，2014）。效率的提高再加上本书提到的能源来源的转变，说明了为减少一吨CO_2的排放，需要减少的电能产出降低了。

除欧洲整体的年平均影子价格，我们还对每个国家的年平均影子价格进行了研究，表3－7给出了各个国家每年的影子价格，有两个发现，首先是欧洲主要国家如德国、法国、奥地利、英国等在样本期内经历了影子价格的下跌。以德国为例，其影子价格由1990年的每吨102.83美元降低至2007年的每吨57.36美元。正如本书所述，由于国家使用可再生能源和能源转化效率的提高而导致该国影子价格的下跌。

此外国家间影子价格的差距非常大，于是我们对每个国家的影子价格做了时间上的平均，结果的变化范围为：每吨2.46～83.29美元（见表3－7最后一行），我们注意到德国和波兰的平均影子价格最高（分别为每吨82.23美元和83.29美元），其次是英国（每吨34.23美元）、匈牙利（每吨33.89美元）、法国（每吨31.21美元）和意大利（每吨27.48美元）。相比之下，卢森堡、比利时、爱沙尼亚和爱尔兰的平均水平最低（影子价格分别为每吨2.46美元、每吨2.48美元、每吨2.86美元和每吨3.36美元），其次是芬兰（每吨3.70美元）、丹麦（每吨3.77美元）、荷兰（每吨3.88美元）、拉脱维亚（每吨4.10美元）、奥地利（每吨4.12美元）、马耳他（每吨4.40美元）、葡萄牙（每吨4.64美元）、斯洛文尼亚（每吨5.51美元）、瑞士（每吨5.99美元）、塞浦路斯（每吨6.46美元）、斯洛伐克（每吨7.81美元）、希腊（每吨11.95美元）、立陶宛

表 3-7　各个国家的影子价格

单位：美元

年份	奥地利	比利时	塞浦路斯	捷克共和国	丹麦	西班牙	爱沙尼亚	芬兰	法国	德国	希腊	匈牙利	爱尔兰	意大利	拉脱维亚	立陶宛	卢森堡	马耳他	荷兰	波兰	葡萄牙	斯洛伐克	斯洛文尼亚	瑞士	英国
1990	7.92	2.56	—	—	3.97	15.23	—	4.35	35.81	102.83	12.55	—	2.90	39.12	—	—	0.32	—	5.02	—	9.23	—	—	9.19	60.55
1991	7.59	2.34	—	—	4.00	16.70	—	4.37	34.59	109.94	12.29	—	2.79	39.18	—	—	0.55	—	5.08	—	8.43	—	—	8.61	57.35
1992	7.07	2.74	—	—	4.42	17.15	—	4.15	35.77	107.74	12.11	41.39	2.77	38.88	—	—	0.77	—	5.07	—	6.72	—	—	8.77	50.45
1993	6.73	3.00	—	—	4.36	18.63	—	3.51	36.91	107.12	13.21	39.79	2.51	37.33	—	—	0.93	—	5.00	—	6.09	—	—	7.94	47.18
1994	6.46	2.63	—	—	4.14	15.70	—	3.22	36.28	103.26	13.41	42.51	3.06	34.68	—	—	1.24	—	5.36	—	5.66	—	—	7.18	42.78
1995	5.98	2.31	5.03	21.53	4.52	15.34	4.05	3.24	35.07	96.33	13.31	38.18	3.04	30.29	3.76	15.99	1.86	4.54	5.69	89.85	5.55	8.77	5.71	6.48	38.13
1996	5.74	2.40	5.24	20.10	4.33	16.67	4.02	3.47	34.66	92.28	13.38	34.40	3.20	31.99	4.06	16.01	2.05	4.51	4.79	85.59	4.93	9.06	5.79	6.23	32.34
1997	4.78	2.59	5.42	21.64	4.27	14.51	4.24	3.41	33.11	86.90	12.18	39.60	3.03	27.11	4.98	15.44	2.35	4.49	4.36	83.85	4.33	8.55	5.58	5.87	30.94
1998	4.74	1.98	5.67	21.28	4.34	12.99	4.27	3.54	30.42	84.93	12.79	39.32	2.73	28.37	5.16	13.28	2.73	4.47	4.17	85.81	4.07	8.57	5.48	5.88	26.93
1999	4.05	2.22	5.75	19.52	3.87	10.79	3.97	3.57	29.47	78.54	13.13	37.64	3.15	24.84	5.02	13.67	2.84	4.42	3.90	87.14	4.26	8.98	5.54	5.78	23.68
2000	3.07	2.02	5.93	18.13	3.91	10.80	3.31	3.33	28.26	67.45	11.52	33.21	3.01	22.15	4.27	12.25	2.98	4.40	3.41	82.40	3.86	8.27	5.43	4.94	26.23
2001	2.89	2.03	6.21	15.45	3.36	8.60	2.15	3.68	29.14	67.23	10.60	32.48	3.55	20.93	4.07	12.84	3.18	4.24	3.18	83.33	3.06	8.00	5.43	4.25	23.24
2002	1.89	2.42	6.82	15.15	3.36	7.30	1.81	3.58	29.33	65.64	10.25	30.41	3.91	23.89	3.77	10.24	3.38	4.29	3.33	84.12	2.60	8.85	5.46	3.77	26.69
2003	1.80	2.49	7.13	14.17	3.25	6.62	1.73	3.50	26.98	62.27	11.27	27.17	3.68	18.57	3.42	9.96	3.55	4.21	2.94	81.51	2.43	8.12	5.49	4.38	20.36
2004	1.44	2.48	7.29	13.28	3.01	7.98	2.30	3.62	28.36	66.45	11.08	25.35	3.92	19.03	4.33	10.43	3.68	4.44	2.34	79.45	2.28	7.47	5.41	4.75	24.24
2005	0.84	2.70	7.55	11.11	3.24	7.56	2.26	3.84	26.37	64.19	10.76	26.07	4.43	18.89	3.60	9.16	3.79	—	2.28	77.78	2.53	6.05	5.39	4.50	23.28
2006	0.55	3.17	7.82	10.64	2.84	10.23	2.16	4.10	25.25	59.68	10.88	28.30	4.39	18.88	3.43	9.34	3.98	—	1.72	78.68	2.81	5.97	5.40	4.52	28.11
2007	0.64	—	8.08	9.72	2.74	9.46	0.86	4.13	26.06	57.36	10.31	26.38	4.37	20.50	3.41	8.74	4.11	—	2.12	—	—	4.91	—	4.83	33.74
平均值	4.12	2.48	6.46	16.29	3.77	12.35	2.86	3.70	31.21	82.23	11.95	33.89	3.36	27.48	4.10	12.10	2.46	4.40	3.88	83.29	4.64	7.81	5.51	5.99	34.23

（每吨 12.10 美元）、西班牙（每吨 12.35 美元）以及捷克共和国（每吨 16.29 美元）。2007 年的一项关于国家混合能源的研究显示，那些影子价格较高的国家（如德国和波兰），非常依赖煤炭等化石能源，那些影子价格很低的国家中大部分都需要大量使用可再生的低碳能源（风能、水能、核能、太阳能）。以波兰为例，其电力部门中火力发电工厂占大多数，尽管从 2007 年开始，煤炭在该国的使用量上逐渐下降，然而在样本期的最后一年即 2007 年，波兰国内仍有 91.4% 的电能由煤炭或者是其他需要燃烧的能源生产（European Environmental Agency，2010）。德国同样如此，在 2007 年，国内 47.3% 的电能由煤炭生产。相反，比利时在 2007 年有 54.3% 的电能由核能生产（利用煤炭发电的企业在比利时逐渐减少，2000 年有 14.25% 的电能由煤炭生产，到 2007 年占比下降到 10%）；芬兰有 58.9% 的电能由可再生能源生产；奥地利有 66% 的电能由可再生能源生产。哈克尼斯（Harkness，2006）发现火力发电企业比使用低碳能源发电的企业拥有更高的边际减排成本，我们的研究结果与之一致。

国家间影子价格的巨大差距表明欧洲仍有很大的空间即通过排放许可交易降低欧盟整体的排放成本。如果一个只覆盖欧洲能源部门且功效良好的 CO_2 许可交易系统建立起来了，那么卢森堡、比利时、爱沙尼亚、爱尔兰、芬兰、丹麦和荷兰等国家可能会通过出售排放许可从中获利，因为这些国家可以以低于许可的市场价格大量减少 CO_2 的排放。与之相对的是，德国、波兰等国可以从市场上购买许可来节省开支，因为这些国家如果不通过购买许可而直接减排会花费更多。

第七节　结　　论

在过去 30 年，人们减少温室气体的排放和水污染的意识逐渐增强，这使得科学家在“坏”的副产品如 CO_2、SO_2、水污染等的影子价格上进行了大量研究，然而很少有研究能够明确地解决技术异质性问题。这一问题由皮特曼（1981，1983）在 30 年前提出，但是几乎没有人试图在技术异质性的框架下研究坏产品的影子价格。

我们研究的目的是利用随机系数、随机向量 DODF 模型估计欧洲 25 国电力部门 CO_2 排放的影子价格，进而填补这一领域的空缺。这个模型有两个优点：首先，它允许模型参数随着经济单位的变化而变化，这意味它能够处理技术异质性；其次，模型允许方向向量随着经济单位的变化而变化，这意味着它能允许不同的国家有不同的增长途径，这显然更符合实际、更具一般性。再加上模型本身的优点，即它能够允许经济单位正常产品产出增加的同时“坏”的副产品产出减少。综上，该模型用来计算欧洲各国碳排放的影子价格是非常合适的。

贝叶斯因子分析表明随机系数、随机向量 DODF 模型的表现远优于固定系数 DODF 模型，这说明在欧洲电力部门内确实存在着不可忽视的技术异质性和增长途径异质性。我们还发现，如果不考虑技术异质性会导致影子价格出现偏误。我们使用随机系数、随机向量 DODF 模型发现，欧洲整体的影子价格变化范围为 16.84 ~ 48.66 美元（以 1990 年美元为基准），均值为 28.71 美元。欧洲国家间的影子价格变化非常大，从 2.46 ~ 83.29 美元不等。此外，我们还发现，无论是欧洲整体，还是欧洲的主要国家，其影子价格均表现出一种随时间下降的趋势。

第八节　本章部分公式证明

在我们只有一种正常产品、一种“坏”的副产品的案例中，式（3 - 2）的等式左边部分可以展开为：

$$\vec{D}(y+kg_y,\ b-kg_b,\ x,\ t;\ g)$$

$$= \beta_0 + \alpha_1(y+kg_y) + \beta_1(b-kg_b) + \sum_{n=1}^{3}\gamma_n x_n + \beta_\tau t$$

$$= \beta_0 + \alpha_1(y+kg_y) + \beta_1(b-kg_b) + \sum_{n=1}^{3}\gamma_n x_n + \beta_\tau t$$

$$+ \frac{1}{2}\alpha_{11}(y+kg_y)^2 + \frac{1}{2}\beta_{11}(b-kg_b)^2 + \frac{1}{2}\sum_{n=1}^{3}\sum_{n'=1}^{3}\gamma_{nn'}x_n x_{n'} + \frac{1}{2}\beta_{\tau\tau}t^2$$

$$
\begin{aligned}
&+ \sum_{n=1}^{3} \delta_{n1} x_n (y + kg_y) + \sum_{n=1}^{3} \varphi_{n1} x_n (b - kg_b) + \phi_{11} (y + kg_y)(b - kg_b) \\
&+ \alpha_{\tau 1} t(y + kg_y) + \beta_{\tau 1} t(b - kg_b) + \sum_{n=1}^{3} \gamma_{\tau n} t x_n \\
= &\ \beta_0 + \alpha_1 y + \beta_1 b + \sum_{n=1}^{3} \gamma_n x_n + \beta_\tau t + \frac{1}{2}\alpha_{11} y^2 + \frac{1}{2}\beta_{11} b^2 + \frac{1}{2}\sum_{n=1}^{3}\sum_{n'=1}^{3} \gamma_{nn'} x_n x_{n'} \\
&+ \frac{1}{2}\beta_{\tau\tau} t^2 + \sum_{n=1}^{3} \delta_{n1} x_n y + \sum_{n=1}^{3} \varphi_{n1} x_n b + \phi_{11} yb + \alpha_{\tau 1} ty + \beta_{\tau 1} + \sum_{n=1}^{3} \gamma_{\tau n} t x_n \\
&+ \alpha_1 kg_y - \beta_1 kg_b + \frac{1}{2}\alpha_{11}(2ykg_y + k^2 g_y^2) \\
&+ \frac{1}{2}\beta_{11}(-2bkg_b + k^2 g_b^2) + \sum_{n=1}^{3} \delta_{n1} x_n kg_y - \sum_{n=1}^{3} \varphi_{n1} x_n kg_b \\
&+ \phi_{11}(-ykg_b + bkg_y - k^2 g_y g_b) + \alpha_{\tau 1} tkg_y - \beta_{\tau 1} tkg_b
\end{aligned} \tag{3-41}
$$

注意式（3－41）的前两行，该等式右边部分其实就是$\vec{D}(y+kg_y, b-kg_b, x, t; g)$，式（3－41）还可写为如下形式：

$$
\begin{aligned}
&\vec{D}(y+kg_y, b-kg_b, x, t; g) \\
&= \vec{D}(y, b, x, t; g) + \alpha_1 kg_y - \beta_1 kg_b + \frac{1}{2}\alpha_{11}(2ykg_y + k^2 g_y^2) \\
&\quad + \frac{1}{2}\beta_{11}(-2bkg_b + k^2 g_b^2) + \sum_{n=1}^{3} \delta_{n1} x_n kg_y - \sum_{n=1}^{3} \varphi_{n1} x_n kg_b \\
&\quad + \phi_{11}(-ykg_b + bkg_y - k^2 g_y g_b) + \alpha_{\tau 1} tkg_y - \beta_{\tau 1} tkg_b
\end{aligned} \tag{3-42}
$$

根据式（3－2）中的转换性，我们可合并式（3－42）中部分项：

$$
\begin{aligned}
&\alpha_1 kg_y - \beta_1 kg_b + \frac{1}{2}\alpha_{11}(2ykg_y + k^2 g_y^2) + \frac{1}{2}\beta_{11}(-2bkg_b + k^2 g_b^2) \\
&+ \sum_{n=1}^{3} \delta_{n1} x_n kg_y - \sum_{n=1}^{3} \varphi_{n1} x_n kg_b + \phi_{11}(-ykg_b + bkg_y - k^2 g_y g_b) \\
&+ \alpha_{\tau 1} tkg_y - \beta_{\tau 1} tkg_b = -k
\end{aligned} \tag{3-43}
$$

式（3－43）两边同除以 k，可得：

$$
\begin{aligned}
&\alpha_1 g_y - \beta_1 g_b + \frac{1}{2}\alpha_{11}(2yg_y + kg_y^2) + \frac{1}{2}\beta_{11}(-2bg_b + kg_b^2) + \sum_{n=1}^{3} \delta_{n1} x_n g_y \\
&- \sum_{n=1}^{3} \varphi_{n1} x_n g_b + \phi_{11}(-yg_b + bg_y - kg_y g_b) + \alpha_{\tau 1} tg_y - \beta_{\tau 1} tg_b = 1
\end{aligned}
$$

当$(g_y, -g_b) = (1, -g_b)$且$k = -y$，式（3－44）可进一步写为：

$$\alpha_1 - \beta_1 g_b + \frac{1}{2}\alpha_{11} y + \frac{1}{2}\beta_{11}(-2bg_b - yg_b^2) + \sum_{n=1}^{3}\delta_{n1}x_n - \sum_{n=1}^{3}\varphi_{n1}x_n g_b + \phi_{11}b + \alpha_{\tau 1}t - \beta_{\tau 1}g_b t \quad (3-44)$$

整理式（3－44）后得：

$$(\alpha_1 - \beta_1 g_b + 1) + \frac{1}{2}(\alpha_{11} - \beta_{11}g_b^2)y + (\phi_{11} - \beta_{11}g_b)b + \left(\sum_{n=1}^{3}\delta_{n1} - \sum_{n=1}^{3}\varphi_{n1}g_b\right)x_n + (\alpha_{\tau 1} - \beta_{\tau 1}g_b)t \quad (3-45)$$

式（3－45）成立的一个充分条件为：

$$\beta_1 g_b - \alpha_1 = 1$$

$$\beta_{11} g_b - \phi_{11} = 0$$

$$\beta_{11} g_b^2 - \alpha_{11} = 0$$

$$\beta_{\tau 1} g_b - \alpha_{\tau 1} = 0$$

$$\varphi_{n1} g_b - \delta_{n1} = 0 \quad (n = 1,\ 2,\ 3)$$

第四章
为什么欧洲的银行盈利能力低于美国的银行：使用分解法进行实证

第一节　引　　言

在过去的十年间，与美国的银行相比，欧洲银行较差的盈利能力引起了政策制定者和研究者极大的担忧。根据欧洲央行（European Central Bank，2015），欧洲地区的银行在2000年的资产收益率约为0.65%，仅为美国银行的一半。且由于近几年的经济危机，欧洲银行与美国银行的收益能力差距越来越大，例如，2014年欧洲地区银行的资产收益率约为0.1%——大约比美国银行低十倍（European Central Bank，2015）。鉴于银行在促进经济增长和保持金融稳定方面起到重大作用，欧洲银行较弱的盈利能力引起了政策制定者和研究者的极大担忧。例如欧洲央行（European Central Bank，2015）警告，欧洲银行较弱的盈利能力威胁着欧洲金融的稳定。同时国际货币基金组织（International Monetary Fund，2015）还指出，低的盈利能力限制了银行增加准备金的能力，可能还会导致信贷损失的确认不够及时，而这是欧洲地区金融环境不稳定的另一信号。这些担忧反过来又引发了大量对关于欧洲银行盈利能力弱的决定因素的研究。相关的研究工作包括但不限于德米尔古·克昆特和惠津加（Demirguc - Kunt and Huizinga，2000）、戈达德等（Goddard et al.，2004）和欧洲央行（the European Central Bank，2015）。

以往关于欧洲银行盈利能力弱的研究一般都使用线性计量模型，来估计各种可能的对欧洲银行盈利能力有重大影子的因子。例如，戈达德等（Goddard et al.，2004）使用线性横截面模型、混合横截面模型、动态面板模型研究20世纪90年代银行规模、多样性、风险、所有者类型等因子对欧洲银行盈利能力的影响。亚历山德里和本杰明（Alessandri and Benjamin，2015）使用线性动态面板数据模型研究基金成本对英国银行收益能力的影响。欧洲央行（European Central Bank，2015）也使用线性动态面板数据模型研究银行规模、偿付能力、信贷风险、收入多样性对19家欧洲银行盈利能力的影响。

本章内容对该学术领域的贡献在于，我们使用了一种新的方法来研究问题，具体而言就是首次使用由奥唐纳（O'Donnell，2012）提出的盈利分解法研究欧洲银行盈利水平较低的问题（目前还没有研究者做过这样的工作）。

奥唐纳把盈利能力定义为公司产出的价值与生产这些产出所需成本的比值，然后奥唐纳把比较公司 i 在 t 时期和公司 h 在 s 时期的盈利能力的指数（用 $PROFI_{iths}$ 表示）分解为相乘的两项：公司 i 在 t 时期和公司 h 在 s 时期的交易转化指数（用 TTI_{iths} 表示）、公司 i 在 t 时期和公司 h 在 s 时期的全要素生产力（TFP）指数（用 $TFPI_{iths}$ 表示）。交易转化指数又可进一步分解为相乘的两项：公司 i 在 t 时期和公司 h 在 s 时期的产出价格指数（用 PI_{iths} 表示）、公司 i 在 t 时期和公司 h 在 s 时期的投入价格指数的倒数（用 $1/WI_{iths}$ 表示）。TFP 指数又可以进一步分解为相乘的四项：公司 i 在 t 时期和公司 h 在 s 时期的技术变更指数（用 $TFPI^*_{iths}$ 表示）、公司 i 在 t 时期和公司 h 在 s 时期的技术效率指数（用 $OTEI_{iths}$ 表示）、公司 i 在 t 时期和公司 h 在 s 时期的规模效率（用 $OSEI_{iths}$ 表示）、公司 i 在 t 时期和公司 h 在 s 时期的剩余混合效率指数（用 $RMEI_{iths}$ 表示）。总之，奥唐纳（2012）把盈利能力指数分为相乘的六项，得到六个解释因子，用公式表示为：

$$PROFI_{iths} = PI_{iths} \times \left(\frac{1}{WI_{iths}}\right) \times TFPI^*_{iths} \times OTEI_{iths} \times OSEI_{iths} \times RMEI_{iths} \quad (4-1)$$

奥唐纳（O'Donnell，2012）为我们研究为何欧洲银行比美国银行盈利能力弱提供了新颖的理论框架。我们设 i = EU，h = US，t = s，其中“EU”代表欧洲银行，“US”代表美国银行，则上述盈利指数分解式变为：

$$PROFI_{EUt,U.S.t} = PI_{EUt,U.S.t} \times \left(\frac{1}{WI_{EUt,U.S.t}}\right) \times TFPI^*_{EUt,U.S.t} \times OTEI_{EUt,U.S.t} \times OSEI_{EUt,U.S.t} \times RMEI_{EUt,U.S.t} \quad (4-2)$$

我们之所以设 t = s 是为了比较在特定的相同时期美国和欧洲银行的盈利能力和盈利能力的解释因子。根据式（4－2）可知，欧洲银行与美国银行盈利能力的比值由六个解释因子决定：t 时期欧洲银行和美国银行的产出价格指数（$PI_{EUt,U.S.t}$）、t 时期欧洲银行和美国银行的投入价格指数的倒数$\left(\frac{1}{WI_{EUt,U.S.t}}\right)$、t 时期欧洲银行和美国银行的技术变更指数（$TFPI^*_{EUt,U.S.t}$）、t 时期欧洲银行和美国银行的技术效率指数（$OTEI_{EUt,U.S.t}$）、t 时期欧洲银行和美国银行的规模效率指数（$OSEI_{EUt,U.S.t}$）、t 时期欧洲银行和美国银行的剩余混合效率指数（$RMEI_{EUt,U.S.t}$）。

每个解释因子都在比较某一时期、某一领域欧洲与美国银行的表现。如果因子的值小于（大于）1，那么就意味着在该领域欧洲银行的表现不如（优于）美国银行。因此，通过估计这些因子的值，我们就可以弄清楚欧洲银行在哪些领域落后于美国银行，此外，通过研究这些因子的时间态势，还能找到欧洲银行间盈利能力变化的驱动因素。

奥唐纳使用的分解法具有两个主要的优点，这使得用该方法研究欧洲银行的盈利能力差这一问题非常合适。该方法可以处理多企业、多时期的 TFP 比较问题，这是因为该方法使用低数量指数测量 TFP。众所周知，低数量指数是指在同一套参考价格下评估的不同商品篮子价值之比，具有及物性的理想性质（即用于多时间或多边比较）（Hill，2010）。幸运的是，$TFPI^{*}_{iths}$继承了这一优良性质，因此，可用于多时间或多边的比较（O'Donnell，2012）。在我们的具体案例中，这一优势意味着，除了将欧洲银行整体的盈利能力及其组成部分与美国银行进行比较外，我们还可以将每个欧洲国家银行的盈利能力及其组成部分与美国银行的盈利能力及其组成部分进行比较。此外，我们还可以在欧洲国家间比较银行盈利能力及其组成部分，如本章第五节所示。

奥唐纳的方法不依赖于对生产技术的严格假设，同时它不依赖于任何有关企业行为或投入或产出市场竞争水平的假设。这一优势意味着，即使我们没有关于欧洲和美国银行业市场结构和规模回报的先验信息，本书中使用的盈利能力、生产力和效率指数也是正确的。从计量角度而言，上述生产力和效率的衡量指数是使用与奥唐纳（O'Donnell，2012）的方法中相同的数据包络分析（DEA）方法进行估算的。这种方法有两个优点：首先，它不需要对边界的函数形式或随机误差项的分布进行任何明确的假设；其次，它没有与估计多输入多输出技术相关的统计问题（例如内生性）。此外，我们还使用西曼与威尔森（Simaramp and Wilson，2000）自助方法构造了生产力和效率估计的 95% 置信区间。我们将上述框架应用于一个由 2001 ~ 2014 年欧洲和美国大型银行组成的大样本中。其结果表明，与美国银行相比，欧洲银行的盈利能力不仅很弱，而且随着时间的推移甚至还在恶化。我们的分析表明，欧洲银行相对盈利能力的下降，既受交易指数下降的驱动，也受生产力指数下降的驱动，前者占主导地位。进一步分析表明，交易指数的下降主要是由于投入价格的显著上涨（尤其是融资成本的增加），而生产力指数的下降主要是由规模效率的下降所致。

第二节　理论框架

在本章中，我们首先定义用于比较公司 i 在 t 时期和公司 h 在 s 时期的盈利能力的指数，其次把这个指数分解为几个解释因子。正如在引言中所讨论的，这个分解中涉及的 TFP 指数是一个低指数。因此，我们也将具体讨论 TFP 指数。

一、盈利能力指数

用 i = 1，2，…，I 代表银行，t = 1，2，…，T 代表时间，用 $x_{it} \in R_{+}^{M}$ 代表投入数量向量，$q_{it} \in R_{+}^{N}$ 代表产出数量向量，$w_{it} \in R_{+}^{M}$ 代表投入价格向量，$p_{it} \in R_{+}^{N}$ 代表产出价格向量，$Q_{it} \equiv Q(q_{it})$ 代表总产出，$X_{it} \equiv X(x_{it})$ 代表总投入。总函数 Q(·) 和 X(·) 是非负、非递减和线性齐次的。相关的隐含总价格可以如下定义：

$$P_{it} = p'_{it} q_{it} Q_{it}$$

$$W_{it} = w'_{it} x_{it} X_{it}$$

有了这些定义，盈利能力（产出的价值与对应的投入的价值的比率）可以写为：

$$PROF_{it} = (P_{it} Q_{it})/(W_{it} X_{it}) \quad (4-3)$$

与奥唐纳（O'Donnell，2012）一样，我们可以把用于比较 i 公司在 t 时刻与 h 公司在 s 时刻盈利能力的指数定义为：

$$PROFI_{iths} = \frac{PROF_{it}}{PROF_{hs}} = \frac{P_{it} Q_{it}}{W_{it} X_{it}} \Big/ \frac{P_{hs} Q_{hs}}{W_{hs} X_{hs}} = \frac{PI_{iths}}{WI_{iths}} \times \frac{QI_{iths}}{XI_{iths}} = TTI_{iths} \times TFPI_{iths} \quad (4-4)$$

其中，

$$PI_{iths} = P_{it}/P_{hs} \quad (4-5)$$

是一个产出价格指数。

$$WI_{iths} = W_{it}/W_{hs} \tag{4-6}$$

是一个投入价格指数。

$$TTI_{iths} = PI_{iths}/WI_{iths} \tag{4-7}$$

是一个衡量产出价格相对于投入价格的变化交易指数。根据式（4－4），盈利能力指数可以被分解为相乘的两项：TTI_{iths}和 $TFPI_{iths}$。

奥唐纳（O'Donnell，2012）指出：（1）如果参加对比的两个企业有着相同的投入价格和产出价格，那么 TT 指数等于 1，盈利能力的不同完全由 TFP 的不同导致。（2）如果参加比较的两个企业 TFP 相同，既使用相同的投入会产生相同的产出，那么盈利能力的不同完全取决于投入价格到产出价格的变化。（3）如果盈利能力指数恒为 1，那么 TT 指数的倒数即为 TFP 指数。

在我们的研究中，i＝EU，h＝US，t＝s，其中“EU”代表欧洲的银行，“US”代表美国的银行。此时，式（4－4）变为：

$$PROFI_{EUt,U.S.t} = \frac{PROF_{EUt}}{PROF_{EUt}} = TTI_{EUt,U.S.t} \times TFPI_{EUt,U.S.t} \tag{4-8}$$

$PROFI_{EUt,U.S.t}$计算了 t 时期欧洲银行相对于美国银行的盈利能力，因此是一个自然的对欧洲银行和美国银行相对盈利能力的测算。根据式（4－6），欧洲银行和美国银行同时期的盈利能力指数由欧洲银行和美国银行的交易指数、欧洲银行和美国银行的 TFP 指数决定。本书接下来将会提到，TTI 可以被进一步分解为 2 个价格指数，TFPI 可以被进一步分解为 4 个生产力和效率指数。

二、低 TFP 指数及其分解低 TFP 指数

为了构造盈利能力指数，我们需要明确两个总函数 $Q(q_{it})$ 和 $X(q_{it})$。在这一章中我们参考奥唐纳（O'Donnell，2012），使用低指数的形式来明确 $Q(q_{it})$ 和 $X(q_{it})$。这样做的原因有两个：首先，这样得出的低 TFP 指数是可传递的，因此适用于多边比较。这意味着我们可以比较欧洲和美国之间、每个欧洲国家和美国之间以及各个欧洲国家之间的银行生产力（以及盈利能力）。其次，得出的低 TFP 指数是可因式分解的，因此它可以完全分解为几个相乘的解释因子。具体的，$Q(q_{it})$ 和 $X(q_{it})$ 可被写为：

$$Q(q_{it}) \propto p'_o q_{it} \tag{4-9}$$

$$X(x_{it}) \propto w'_o x_{it} \tag{4-10}$$

p_o 和 w_o 为预先确定的、不随时间变化的参考价格，相关的产出数量、投入数量、TFP 指数为：

$$QI_{iths} = \frac{Q(q_{it})}{Q(q_{hs})} = \frac{Q_{it}}{Q_{hs}} = \frac{p'_o q_{it}}{p'_o q_{hs}} \tag{4-11}$$

$$XI_{iths} = \frac{X(x_{it})}{X(x_{hs})} = \frac{X_{it}}{X_{hs}} = \frac{w'_o x_{it}}{w'_o x_{hs}} \tag{4-12}$$

$$TFPI_{iths} = \frac{TFP_{it}}{TFP_{hs}} = \frac{QI_{iths}}{XI_{iths}} = \frac{p'_o q_{it}}{p'_o q_{hs}} \frac{w'_o x_{hs}}{w'_o x_{it}} \tag{4-13}$$

这些指数是以相同参考价格评估的不同商品篮子价值的比率。参考豪尔（Hill，2008）和奥唐纳（O'Donnell，2012）研究中的术语，我们称 TFP 指数为低 TFP 指数。对于在式（4-9）~式（4-13）中产出与投入的参考价格，理论上来说任何产出与投入价格集均可使用。以产出参考价格 p_o 为例，如果选择 b 银行在 k 期间的产出价格作为参考产出价格，则该方法将成为一种星形方法，其中 b 银行在 k 期间的观测值位于星形中心。以 k 期 b 为基础，得出 t 期 i 银行与 s 期 h 银行的低产出量指数，即 t 期 i 银行与 s 期 h 银行的拉氏指数之比。

$$QI_{iths} = \frac{p'_o q_{it}}{p'_o q_{hs}} = \frac{p'_{bk} q_{it}}{p'_{bk} q_{hs}} = \frac{p'_{bk} q_{bk}}{p'_{bk} q_{hs}} \frac{p'_{bk} q_{it}}{p'_{bk} q_{bk}} \tag{4-14}$$

式（4-14）中的低数量指数是基于 s 期 h 银行的 k 期 b 银行的帕氏数量指数与基于 k 期 b 银行的 t 期 i 银行的拉氏指数的乘积。如果 t 期的银行 i 和 s 期的银行 h 之间存在很大差异，而 k 期的银行 b 介于两者之间，则式（4-14）中的链指数可以提供一个令人满意的数量度量。但是，如果 t 期的 i 银行和 s 期的 h 银行非常相似，而 k 期的 b 银行与两者非常不同，那么链式指数就不太可能提供令人满意的数量度量了。

为了避免上述问题，奥唐纳（2012）使用了所有银行在所有时期的样本平均价格。产生的数量指数通常被称为"Geary - Khamis（GK）数量指数"[①]。经合组织已将其作为经合组织国家之间进行比较的方法之一。在我们的例子中，t 期银行 i 和 s 期银行 h 之间的 GK 产出量指数可以写为：

---

① 严格来说这里的数量指数是 GK 指数的一种特殊情况。这里把所有银行在所有时期的价格作了简单平均而不是含权重的平均。

$$QI_{iths} = \frac{p'_o q_{it}}{p'_o q_{hs}} = \frac{\bar{p}' q_{it}}{\bar{p}' q_{hs}} \tag{4-15}$$

其中，

$$\bar{p} = \frac{1}{IT} \sum_{i=1}^{I} \sum_{t=1}^{T} p_{it}$$

同样，t 期银行 i 和 s 期银行 h 之间的 GK 投入量指数可以写为：

$$XI_{iths} = \frac{w'_o x_{it}}{w'_o x_{hs}} = \frac{\bar{w}' x_{it}}{\bar{w}' x_{hs}} \tag{4-16}$$

其中，

$$\bar{w} = \frac{1}{IT} \sum_{i=1}^{I} \sum_{t=1}^{T} w_{it}$$

相应地，t 期银行 i 与 s 期银行 h 之间的 GK—TFP 指数可写为：

$$TFPI_{iths} = \frac{QI_{iths}}{XI_{iths}} = \frac{\bar{p}' q_{it}}{\bar{p}' q_{hs}} \frac{\bar{w}' x_{hs}}{\bar{w}' x_{it}} \tag{4-17}$$

值得注意的是，式（4-17）中的低 TFP 指数满足以下七个理想性质，即单调性、线性齐次性、同一性、零次齐次性、可公度性、比例性和传递性。与之相对的，我们经常使用的其他指数（例如拉氏、帕氏、费雪、托恩奎斯特、希克斯·穆尔斯坦指数）只满足前六条公理，而不满足最后一条。而后面提及的这几个指数可以通过一个几何平均程序（EKS）转变为具有传递性的指数（Elteto & Koves，1964；Szulc，1964）。由此产生的 EKS 指数破坏了同一性公理，即尽管产出—投入组合没有变化，EKS 指数也可能会增大或减少。此外，这些 EKS 指数也不可以完全被因式分解，所以无法被分解为技术变更、效率等次级影响因子。相反，低 TFP 指数可以被完全因式分解。所以，接下来我们参考奥唐纳（2012），介绍如何将低 TFP 指数分解为生产力、效率等因子。

奥唐纳（2012）认为，式（4-17）中的低 TFP 指数可以分解为技术变化的度量和几种效率变化的度量，包括技术效率、规模效率和剩余混合效率。这种分解方法可用公式表示为：

$$\begin{aligned} TFPI_{iths} &= \frac{\bar{p}' q_{it}}{\bar{p}' q_{hs}} \frac{\bar{w}' x_{hs}}{\bar{w}' x_{it}} \\ &= \frac{TFP^*_{it}}{TFP^*_{hs}} \times \frac{OTE_{it}}{OTE_{hs}} \times \frac{OSE_{it}}{OSE_{hs}} \times \frac{RME_{it}}{RME_{hs}} \\ &= TFPI^*_{iths} \times OTEI_{iths} \times OSEI_{iths} \times RMEI_{iths} \end{aligned} \tag{4-18}$$

其中，TFP_{it}^* 是给定技术下可能的最大的 TFP，OTE_{it} 是法雷尔（Farrell，1957）提出的产出方向效率测度，OSE_{it} 是常用的产出方向规模效率测度（当投入产出混合固定时，某一技术有效点的 TFP 与最大可能的 TFP 之差）。RME_{it} 是剩余混合效率（某一规模有效点的 TFP 与最大可能的 TFP 之差），剩余混合效率主要是混合效应，可能还会包含规模上的变化（O'Donnell，2010）。根据式（4－18），$TFPI_{iths}$ 可被分解为四部分。第一部分 $TFPI_{iths}^* = \frac{TFP_t^*}{TFP_s^*}$ 是技术变更指数，比较 i 银行在 t 期所面临环境中的最大 TFP 与 h 银行在 s 期所面临环境中的最大 TFP；第二部分 $OTEI_{iths} = \frac{OTE_{it}}{OTE_{hs}}$ 是处在 t 时期的 i 和处在 s 期的 h 的效率指数；第三部分 $OSEI_{iths} = \frac{OSE_{it}}{OSE_{hs}}$ 是处在 t 时期的 i 和处在 s 期的 h 的规模效率指数；第四部分 $RMEI_{iths} = \frac{RME_{it}}{RME_{hs}}$ 是处在 t 时期的 i 和处在 s 期的 h 的剩余混合效率指数。

三、分解盈利能力指数

结合式（4－6）～式（4－8）及式（4－18），可以将盈利能力指数全部分解：

$$PROFI_{iths} = TTI_{iths} \times TFPI_{iths}$$

$$= PI_{iths} \times \left(\frac{1}{WI_{iths}}\right) \times TFPI_{iths}^* \times OTEI_{iths} \times OSEI_{iths} \times RMEI_{iths} \qquad (4-19)$$

根据式（4－19），t 期银行 i 相对于 s 期银行 h 的盈利能力由六个本质不同的驱动组成：t 时期的 i 和处在 s 期的 h 的产出价格指数（PI_{iths}）；t 时期的 i 和处在 s 期的 h 的投入价格指数的倒数$\left(\frac{1}{WI_{iths}}\right)$；t 时期的 i 和处在 s 期的 h 的技术变更指数（$TFPI_{iths}^*$）；t 时期的 i 和处在 s 期的 h 的技术效率指数（$OTEI_{iths}$）；t 时期的 i 和处在 s 期的 h 的规模效率指数（$OSEI_{iths}$）；t 时期的 i 和处在 s 期的 h 的剩余混合效率指数（$RMEI_{iths}$）。

本书对 i＝EU，h＝U.S.，t＝s 的情况进行了重点研究，所以在这种情况下，式（4－19）可写为：

$$\mathrm{PROFI}_{\mathrm{EUt,U.S.t}} = \mathrm{PI}_{\mathrm{EUt,U.S.t}} \times \left(\frac{1}{\mathrm{WI}_{\mathrm{EUt,U.S.t}}}\right) \times \mathrm{TFPI}^{*}_{\mathrm{EUt,U.S.t}}$$

$$\times \mathrm{OTEI}_{\mathrm{EUt,U.S,t}} \times \mathrm{OSEI}_{\mathrm{EUt,U.S.t}} \times \mathrm{RMEI}_{\mathrm{EUt,U.S.t}} \quad (4-20)$$

根据式（4 –20），欧洲银行相对于美国银行的盈利能力指数可以被分解为六个因子，与上述的分解相同，只需要用欧洲银行代替 i、美国银行代替 h。需要注意的是，每一个解释因子都将欧洲银行在某一特定领域的表现与美国银行在同一年同一领域的表现进行了比较。如果解释因子的值小于（大于）1，则表明欧洲银行在相应领域的表现不如（优于）美国银行。因此，通过估计这些解释因子的值，我们可以确定欧洲银行落后于美国银行的领域。

第三节　DEA 估计

本节中我们将讨论用于估计 TFP^{*}_{it}、OTE_{it}、OSE_{it} 和 RME_{it} 的方法，即 DEA（数据包络分析）。至于 P_{it} 和 W_{it}，可以利用式（4 –9）和式（4 –10）及 x_{it}、q_{it}、w_{it}、p_{it} 从样本中直接计算得到。因此，我们不再讨论 P_{it} 和 W_{it} 的构建。

通过解决奥唐纳（O'Donnell，2012）提出的线性规划问题就可以得到 TFP^{*}_{it} 的估计值。线性规划问题为：

$$\mathrm{TFP}^{*}_{t} = \max_{\theta,z,v}\{p'_{o}z：z \leqslant Q\theta；X\theta \leqslant v；w'_{o}v = 1；\theta'\iota = 1；\theta，z，v \geqslant 0\} \quad (4-21)$$

其中，Q 是 $N \times n_t$ 维产出矩阵，X 是 $M \times n_t$ 维投入矩阵。ι 是 $n_t \times 1$ 维单位向量，n_t 是 t 时期用于估计生产边界的观测个数，限制条件 $z \leqslant Q\theta$ 和 $X\theta \leqslant v$ 代表了可能的生产集，$w'_{o}v = 1$ 是归一化约束。如果缺失归一化约束，那么待估计的技术将表现出规模报酬不变性。在估计了 TFP^{*}_{t} 之后，可以用观测到的 TFP 与 t 期间的最大 TPF 之比来计算 t 期间银行的 TPF 效率（用 TFPE_{it} 表示）。

$$\mathrm{TFPE}_{it} = \frac{\mathrm{TFP}_{it}}{\mathrm{TFP}^{*}_{t}} \quad (4-22)$$

如果技术不是规模报酬不变的，那么 OTE_{it} 的估计可通过以下线性规划来构建：

$$OTE_{it} = \min_{\lambda,\theta} \{ \lambda^{-1}: \lambda q_{it} \leqslant Q\theta; X\theta \leqslant x_{it}; \theta'\iota = 1; \theta, \lambda \geqslant 0 \} \quad (4-23)$$

如果将归一化条件 $\theta'\iota = 1$ 从式（4－23）移除，那么式（4－23）就给出了规模报酬不变下的技术效率（用 OTE_{it}^{CRS} 表示）。

根据奥唐纳（O'Donnell，2011）的研究，产出方向的规模效率可通过以下式子计算：

$$OSE_{it} = \frac{OTE_{it}^{CRS}}{OTE_{it}} \leqslant 1 \quad (4-24)$$

剩余混合效率可通过以下计算：

$$RME_{it} = \frac{TFPE_{it}}{OTE_{it} OSE_{it}} \leqslant 1 \quad (4-25)$$

上面概述的 DEA 算法为我们提供了生产力和效率度量的点估计。然而，存在抽样变异性，因此就存在估计的统计不确定性。为了解决这一问题，我们参考西玛与威尔森（Simar and Wilson，2000）提出的自助法并计算点估计的 95% 置信区间。自助法在生产力和效率估计领域已被广泛使用（Kumar and Russell，2002；Jeon and Sickles，2004）。

第四节　数　　据

数据来源于两个广泛使用的数据源，样本期为 2001～2014 年，有关美国银行的数据来自美国联邦存款保险公司的收入和状况报告，而有关欧洲银行的数据则来自范迪克局和惠誉评级提供的 Bankscope 数据库。虽然美国银行的数据也可从 Bankscope 数据库中获得，但我们发现美国联邦存款保险公司收入和状况报告涵盖的美国银行比 Bankscope 数据库更多。因此，我们选择使用美国联邦存款保险公司收入和状况报告来获取美国银行的数据。我们的样本并不会包含欧洲和美国的所有银行，而是只包含那些总资产超过十亿美元的大银行（以 2001 年美元为基准），这样可以保证样本中的银行不会存在特别大的差异。将门槛设定为十亿美元有两个原因：首先，用十亿美元来区分银行的大小是否被广泛使用，例如科尔等（Cole et al.，2004）的研究。许多研究表明大银行和小银行使用不同的技术（Cole et al.，2004；Berger et al.，2005），具体来说，大型银行倾向于采用“硬”信息生产技术，而小型银行倾向于采用“软”信息生产技术（Berger et al.，2005）。为了避免潜在的技术异质性，我们着重研究总资产超过十亿美元的银行。其次，由于大型银行的资源集中性，资产超过10亿美元的银行占有了欧洲和美国所有银行资产的主要份额。具体来说，在美国，资产超过10亿美元的大型银行占美国银行业总资产的92.15%；而在欧洲，大型银行占欧洲银行业总资产的98.76%。此外，我们还过滤掉重复记录和各项资产为负的银行，最后我们得到6 716个银行年度观察数据，其中包括347家欧洲银行和316家美国银行。在确定投入和产出时，我们采用被广泛使用的中介法（Sealey and Lindley，1977），在产出方面，定义了两个产出：由消费贷款、工业贷款、商业贷款和房地产贷款组成的总贷款（q_1），以及证券（q_2），其中包括所有非贷款金融资产（即所有金融资产减去消费贷款、非消费贷款、证券和权益之和）。有两个问题值得一提。第一，最好将总贷款（即 q_1）分为不同类别（如消费贷款、工商贷款和房地产贷款）。但是，在Bankscope数据库中没有关于细分贷款的数据。因此，我们使用贷款总额来明确我们的产出。第二，最好指定“表外项目”，通常以“非传统收入”计量，作为额外产出。然而，非传统收入只能以总价值的形式获得，这意味着不可能将其关联数量与其关联价格分开，而这两个变量都是本章所需要的。为了解决这个问题，我们假设所有非贷款金融资产（即证券）产生非传统收入。相应地，证券价格的计算方法是将：（其他利息收入+非利息收入总额）/证券数量。

在投入端，包括两个投入：劳动力，x_1；已购买的基金和存款，x_2。最好包括实物资本 x_3，其中包括房产和其他固定资产，作为额外投入。美国银行的经营场所费用和其他固定资产可在收入和状况报告中找到，但在Bankscope数据库中，欧洲银行的相关费用和固定资产数据却无法获得。这意味着我们无法获得欧洲银行的实物资本价格。为了解决这一问题，我们假设房屋和其他固定资产的费用是由购买的基金和存款产生的。相应地，购买的基金和存款的价格是用（利息支出总额+其他业务支出）/购买的基金和存款的数量来计算的。

至于产出与投入价格，总贷款价格（p_1）是通过将“贷款利息和费用”除以 q_1 得出的。证券价格（p_2）是用（其他利息收入+非利息收入总额）/q_2，得出的。劳动价格（w_1）是用：工资和员工福利/x_1，得出的。购买的基金和存款的价格（w_2）是通过：利息支出总额+其他营业支出/x_2，得出的。为了确保各个国家和时间段内变量的计算方式相近，所有值均以2001年美元汇率为基准表示。

第五节　实证结果

本章节我们将首先比较欧洲银行整体与美国银行的盈利能力及其组成部分。其次，我们还将进行稳健性检查，以评估我们的结果是否对使用不同的截止值来定义的大型银行具有稳健性。

一、比较欧洲和美国银行的盈利能力

（一）盈利能力的分解

表4-1给出了$PROFI_{EUt,U.S.t}$的结果，它比较了欧洲银行在特定年份的盈利能力与美国银行在同一年份的盈利能力。从技术上讲，$PROFI_{EUt,U.S.t}$是通过以下三个步骤获得的：(1) 利用式（4-4）、式（4-9）和式（4-10）计算每家欧洲银行在每一年的盈利能力，然后，以总资产为权重，对欧洲各银行进行平均，计算每年的欧洲整体的盈利能力（即$PROF_{EUt}$）；(2) 以类似的方式，计算每年美国国家银行整体的盈利能力（即$PROF_{U.S.t}$）；(3) 利用公式$PROFI_{EUt,U.S.t}$ = $PROF_{EUt}PROF_{EUt}$计算得到$PROFI_{EUt,U.S.t}$。如果$PROFI_{EUt,U.S.t}$值大于（小于）1，那么就表明欧洲银行的盈利能力优于（不如）美国银行。

表 4-1　　欧洲银行的盈利能力指数

年份	估计值	95%置信区间
2001	0.7035	(0.5728, 0.9276)
2002	0.5973	(0.3706, 0.9088)
2003	0.5206	(0.3783, 0.7202)
2004	0.6895	(0.5773, 0.7200)
2005	0.7948	(0.6030, 0.8734)
2006	0.7984	(0.6077, 0.9178)
2007	0.7987	(0.5936, 0.9281)
2008	0.5660	(0.4148, 0.8705)
2009	0.5537	(0.4380, 0.6598)
2010	0.5507	(0.4413, 0.6365)
2011	0.4804	(0.3415, 0.6305)
2012	0.3161	(0.2287, 0.5399)
2013	0.2703	(0.1614, 0.3581)
2014	0.2372	(0.1560, 0.3682)

表 4-1 给出了两个结论。第一，欧洲银行的盈利能力远低于美国银行，因为盈利指数 $PROFI_{EUt,U.S.t}$ 在 23.72% ~79.87%，平均为 56.27%。这一发现与之前采用不同盈利衡量标准的研究结果一致。例如，国际货币基金组织（2015）发现，1993~2003 年，欧洲银行的税前资产回报率仅为美国银行的 1/3。坎尼（Cannels，2006）还发现，四个欧洲国家（法国、德国、西班牙和英国）的银行资产回报率远低于其美国同行。第二，自 2008 年以来，欧洲各银行的相对盈利能力（即利润指数 $PROFI_{EUt,U.S.t}$）大幅下降。具体来说，$PROFI_{EUt,U.S.t}$ 从 2001 年的 70.35% 下降到 2003 年的 52.06%，然后反弹到 2007 年的 79.87%。然而，该指数从 2008 年的 56.60% 持续下降至 2014 年的 23.72%。这一下降表明，与美国同行相比，欧洲银行的盈利能力自 2008 年以来已明显恶化。为了调查欧洲银行盈利能力低下的原因，我们将盈利能力指数 $PROFI_{EUt,U.S.t}$ 分解为两个部分：（1）$TTI_{EUt,U.S.t}$（即欧洲和美国银行的交易指数、投入产出价

格指数）；（2）$TFPI_{EUt,U.S.t}$（即欧洲银行和美国银行的 TFP 指数），分解结果如表4－2所示。从表4－2中可以得到三个发现。第一，在样本期内，欧洲银行在产出/投入价格比（交易指数）方面一直表现不佳。具体来说，每年的 $TTI_{EUt,U.S.t}$指数都低于1，在31.63%～75.26%，平均为56.12%。这表明，欧洲银行的资产回报率始终低于美国银行或/和投入价格始终高于美国银行。由于 $TTI_{EUt,U.S.t}$是 $PROFI_{EUt,U.S.t}$的因式，这一结果也表明，欧洲银行糟糕的交易指数一直导致其盈利能力较弱。第二，就生产率而言，欧洲银行在2009年之前的表现优于美国银行，但之后却不如美国银行。具体来说，2009年之前，除2004年外，年度 $TFPI_{EUt,U.S.t}$均高于1；但自2009年以来，一直低于1，在91.10%到94.99%不等。这表明，在经济危机前的几年，欧洲银行的盈利能力低下是由于它们的交易指数差；但在经济危机后的几年，欧洲银行的盈利能力低下是由于交易指数低和生产力低共同造成的。第三，欧洲银行相对盈利能力的下降主要是由于其交易指数的恶化（即 $TTI_{EUt,U.S.t}$）。这可以通过比较 $TTI_{EUt,U.S.t}$和 $TFPI_{EUt,U.S.t}$在取样期间下降的速率来看。具体来说，在样品期间，$TFPI_{EUt,U.S.t}$下降了29.6%，从129.84%降至91.41%。相比之下，$TTI_{EUt,U.S.t}$的降幅更大（39.6%＝（52.33%－31.63%）/52.33%），这意味着欧洲银行盈利能力指数的下降更多的是由于交易指数的下降。$TTI_{EUt,U.S.t}$的主导作用也可以通过比较 $TTI_{EUt,U.S.t}$和 $TFPI_{EUt,U.S.t}$的下降分别对 $PROFI_{EUt,U.S.t}$下降的贡献大小看出来。具体来说，$TFPI_{EUt,U.S.t}$的下降占到了 $PROFI_{EUt,U.S.t}$下降的42.8%，而 $TTI_{EUt,U.S.t}$的下降占到了57.2%，这说明 $PROFI_{EUt,U.S.t}$下降的主要原因是 $TTI_{EUt,U.S.t}$的下降。

表4－2　　欧洲银行的交易指数和 TFP 指数

年份	$TTI_{EUt,U.S.t}$		$TFPI_{EUt,U.S.t}$	
	估计值	95%置信区间	估计值	95%置信区间
2001	0.5233	（0.5051，0.6010）	1.2984	（1.1976，1.3001）
2002	0.4928	（0.4559，0.5676）	1.1994	（1.0120，1.2775）
2003	0.4773	（0.4463，0.4967）	1.1103	（1.0086，1.1978）
2004	0.7165	（0.6921，0.7781）	0.9843	（0.9088，1.0109）
2005	0.7380	（0.7234，0.7512）	1.0437	（1.0363，1.0886）

续表

年份	$TTI_{EUt,U.S.t}$		$TFPI_{EUt,U.S.t}$	
	估计值	95%置信区间	估计值	95%置信区间
2006	0.7478	(0.7261, 0.7640)	1.0297	(1.0202, 1.0318)
2007	0.7526	(0.7518, 0.7606)	1.0272	(1.0147, 1.0839)
2008	0.5666	(0.5354, 0.5743)	1.0567	(1.0484, 1.0740)
2009	0.6243	(0.5860, 0.6276)	0.9499	(0.8512, 0.9676)
2010	0.6198	(0.5896, 0.6654)	0.9279	(0.8592, 0.9541)
2011	0.5453	(0.5202, 0.5518)	0.9324	(0.8279, 0.9366)
2012	0.3876	(0.3831, 0.4128)	0.9222	(0.8575, 0.9324)
2013	0.3491	(0.3407, 0.3788)	0.9110	(0.7593, 0.9575)
2014	0.3163	(0.2968, 0.3722)	0.9141	(0.7257, 0.9573)

（二）分解交易指数

为了进一步调查欧洲银行产出/投入价格比（即交易指数）恶化的原因，我们将$TTI_{EUt,U.S.t}$分解为两个部分。$PI_{EUt,U.S.t}$（产出价格指数）和$WI_{EUt,U.S.t}$（即投入价格指数）。分解结果见表4-3，从表4-3中可得到两个结论。首先，$PI_{EUt,U.S.t}$一直低于1，平均值为0.7727；而$WI_{EUt,U.S.t}$一直高于1，平均值为1.7342。这表明，在样本期内，欧洲银行不仅获得了较低的资产回报，而且相对于美国同行支付了较高的投入价格。此外，它还进一步表明，欧洲银行的产出/投入价格比率较低，不仅是因为它们的资产回报率较低，还因为它们的投入价格较高。其次，$PI_{EUt,U.S.t}$在采样期间波动范围相对较窄（0.7536至0.9210），但$WI_{EUt,U.S.t}$从2001年的1.5352显著增加到2014年的2.3830。后一个结果表明，欧洲银行的产出/投入价格比（即$TTI_{EUt,U.S.t}$）的恶化主要是由其相对较高的投入价格推动的。为了证实这一点，我们计算了$PI_{EUt,U.S.t}$变化对$TTI_{EUt,U.S.t}$变化的贡献，以及$WI_{EUt,U.S.t}$变化对$TTI_{EUt,U.S.t}$变化的贡献。结果表明，在$TTI_{EUt,U.S.t}$的变化中，$PI_{EUt,U.S.t}$的变化占10.1%，而$WI_{EUt,U.S.t}$的变化占89.9%，这证实了投入价格的上涨是欧洲银行产出/投入价格比恶化的主要原因。为了更细致地研究为什么欧洲银行有更低的产出价格和更高的投入价格，我们计算了四个价格指数：欧洲银行和美国银行之间的工资指数（用$W^1_{EUt,U.S.t}$表示）；欧洲银行和美国银行之间已购买的基金和存款的价格指数（用 $W^2_{EUt,U.S.t}$表示）；欧洲银行和美国银行之间贷款总额的价格指数（用 $P^1_{EUt,U.S.t}$表示）；欧洲银行和美国银行之间证券的价格指数（以 $P^2_{EUt,U.S.t}$表示）。前两个价格指数有助于解释 $WI_{EUt,U.S.t}$的变化，后两个价格指数有助于解释 $PI_{EUt,U.S.t}$的变化。从技术上讲，工资指数是通过以下三个步骤获得的：（1）通过使用总资产作为权重在各银行之间进行平均，计算每年欧洲整体的总工资（用 W^1_{EUt}表示）；（2）以类似的方式，计算美国的总工资（用 $W^1_{U.S.t}$表示）；（3）使用公式 $W^1_{EUt,U.S.t} = W^1_{EUt}/W^1_{U.S.t}$计算得到 $W^1_{EUt,U.S.t}$。其他三个指数（即 $W^2_{EUt,U.S.t}$、$P^1_{EUt,U.S.t}$和 $P^2_{EUt,U.S.t}$）以类似的方法构建。

表 4－3　　　　欧洲银行的产出价格指数和投入价格指数

年份	$PI_{EUt,U.S.t}$		$WI_{EUt,U.S.t}$	
	估计值	95% 置信区间	估计值	95% 置信区间
2001	0.8034	(0.7784, 0.8280)	1.5352	(1.4987, 1.6092)
2002	0.8771	(0.8511, 0.8853)	1.7796	(1.7679, 1.8223)
2003	0.8726	(0.8672, 0.8961)	1.8282	(1.7517, 1.8928)
2004	0.9210	(0.8904, 0.9408)	1.2853	(1.2583, 1.3947)
2005	0.7684	(0.7668, 0.7796)	1.0413	(1.0164, 1.1358)
2006	0.8015	(0.7986, 0.8104)	1.0717	(0.9944, 1.1400)
2007	0.7987	(0.7870, 0.8133)	1.0613	(0.9600, 1.1242)
2008	0.8153	(0.7980, 0.8185)	1.4389	(1.3887, 1.4420)
2009	0.8241	(0.7978, 0.8294)	1.3200	(1.2537, 1.4108)
2010	0.8218	(0.7843, 0.8227)	1.3258	(1.2250, 1.4406)
2011	0.8610	(0.8447, 0.8843)	1.5790	(1.5201, 1.6312)
2012	0.7827	(0.7702, 0.8033)	2.0194	(1.9359, 2.0877)
2013	0.7773	(0.7620, 0.7817)	2.2267	(2.2067, 2.2311)
2014	0.7536	(0.7436, 0.7564)	2.3830	(2.3200, 2.4233)

表 4－4 总结了这四个价格指数的结果。根据 $P^1_{EUt,U.S.t}$和 $P^2_{EUt,U.S.t}$的时间模式，样本期可分为三个子期，即 2001～2008 年、2009～2011 年和 2012～2014 年。对于第一个阶段，$P^1_{EUt,U.S.t}$在所有年份（2005 年除外）均高于 1，平均为 115.05%，

表 4－4　欧洲银行的两个投入和两个产出的价格指数

年份	$P^1_{EUt,USt}$		$P^2_{EUt,USt}$		$W^1_{EUt,USt}$		$W^2_{EUt,USt}$	
	估计值	95%置信区间	估计值	95%置信区间	估计值	95%置信区间	估计值	95%置信区间
2001	1.1116	（1.0323，1.2043）	0.5441	（0.4925，0.6541）	1.4910	（1.4104，1.5176）	1.3009	（1.1503，1.5609）
2002	1.2947	（1.2093，1.3834）	0.6715	（0.5675，0.7353）	1.2647	（1.2047，1.3641）	1.8198	（1.6237，2.0827）
2003	1.2892	（1.2110，1.3780）	0.5192	（0.4212，0.6310）	1.2838	（1.2047，1.3950）	2.1375	（1.9323，2.3283）
2004	1.0702	（0.9933，1.1531）	0.8632	（0.8470，0.9592）	0.9860	（0.9730，1.0982）	1.6060	（1.5278，1.7275）
2005	0.8664	（0.7735，0.9120）	0.7205	（0.6993，0.7784）	1.0071	（0.9017，1.0995）	1.0364	（0.8916，1.1457）
2006	1.3705	（1.2848，1.4730）	0.7853	（0.7598，0.8099）	1.2564	（1.1515，1.2604）	0.9590	（0.8071，1.0762）
2007	1.1309	（1.0810，1.1940）	0.9803	（0.9464，1.0561）	0.9296	（0.9208，0.9393）	0.9453	（0.6835，1.1162）
2008	1.0710	（0.9785，1.1703）	0.7713	（0.7334，0.7811）	1.1044	（1.0208，1.1887）	1.2800	（1.0489，1.4174）
2009	1.0296	（0.9651，1.1262）	1.0118	（1.0092，1.0277）	1.1214	（1.0897，1.2010）	1.1990	（0.9379，1.3671）
2010	0.8279	（0.7722，0.8535）	1.2464	（1.1861，1.2557）	0.9514	（0.8973，1.0539）	1.4777	（1.3391，1.5381）
2011	0.8547	（0.8448，0.9388）	1.1897	（1.1610，1.1917）	0.8162	（0.7180，0.8171）	2.0759	（1.9086，2.2054）
2012	0.8630	（0.7945，0.9719）	0.7593	（0.7203，0.7748）	0.8473	（0.8159，0.9362）	2.2978	（2.2734，2.4237）
2013	0.7798	（0.7299，0.8114）	0.8766	（0.7810，0.9410）	0.7949	（0.7576，0.8696）	2.4598	（2.1818，2.5062）
2014	0.7252	（0.6982，0.7546）	0.9544	（0.8575，1.0031）	0.7676	（0.7476，0.8320）	2.3378	（2.1144，2.4322）

而 $P^2_{EUt,U.S.t}$在所有年份都低于 1，平均为 73.19%。这表明，在危机前的几年里，欧洲银行的产出价格表现不佳是由证券收益率较低造成的。第二个阶段（即全球金融危机后的三年），$P^1_{EUt,U.S.t}$大部分低于 1，平均为 90.41%，而 $P^2_{EUt,U.S.t}$则高于 1，平均为 114.93%。这表明，在第二个阶段，欧洲银行的产出价格表现不佳是由于贷款回报率较低造成的。2009～2011 年子阶段 $P^2_{EUt,U.S.t}$临时增加的一个可能原因是，美国银行在最近的全球金融危机中受到的打击比欧洲银行在该子阶段受到的打击更大。对于第三个子阶段（即 2012～2014 年），$P^1_{EUt,U.S.t}$和 $P^2_{EUt,U.S.t}$都远低于 1，前者平均为 78.93%，后者平均为 86.35%。这表明，在第三个阶段，欧洲银行的产出价格表现不佳，是由于贷款和证券回报率较低共同造成的。欧洲银行在最后一个阶段的两个产出价格表现不佳的一个可能原因是最近欧洲主权债务危机的解除。

就两种投入价格而言，$W^1_{EUt,U.S.t}$在 2009 年之前高于 1（2004 年和 2007 年除外），但之后低于 1。这表明，尽管在经济危机前几年欧洲银行支付的薪酬高于美国银行，但它们设法在经济危机后几年将人事支出降至美国水平以下。相比之下，除 2006 年和 2007 年外，$W^2_{EUt,U.S.t}$在所有年份都超过 1。此外，$W^2_{EUt,U.S.t}$呈总体上升趋势，从 2001 年的 130.09% 大幅上升至 2014 年的 233.78%。这表明，相对于美国银行，欧洲银行支付的存款利率（相对）越来越高。有关 $W^1_{EUt,U.S.t}$和 $W^2_{EUt,U.S.t}$的结果表明，欧洲银行的投入价格（相对）上升主要是由于它们的（相对）融资成本（即存款利率）的上升。

本节给出的结果与前人的研究结果一致。例如，威甘德（Weigand，2015）发现，与美国银行相比，欧洲银行在 2001～2013 年支付了更高的融资成本。具体来说，在此期间，欧洲最大银行（总资产超过 500 亿美元）的存款利息支付总额的平均比率在 4%～12.2%，而美国最大银行的存款利息支付总额的平均比率在 0.28%～4%，明显低于欧洲银行。此外，威甘德（Weigand，2015）还发现，2001～2013 年，美国银行从盈利资产中持续获得更高的回报。例如，2013 年，美国银行的盈利资产收益率为 3.9%，而欧洲银行仅为 2.2%。亚历山大和本杰明（Alessandri and Benjamin，2015 年）也从理论和实证上表明，融资成本的增加对银行盈利能力有负面影响。

（三）TFP 指数的分解

我们还对 $TFPI_{EUt,U.S.t}$变化背后的原因感兴趣。为此，我们将 $TFPI_{EUt,U.S.t}$分解为四个部分：$TFPI^{*}_{EUt,U.S.t}$、$OTEI_{EUt,U.S,t}$、$OSEI_{EUt,U.S.t}$和 $RMEI_{EUt,U.S.t}$。$TFPI^{*}_{EUt,U.S.t}$在本章中等于1。这是因为，在构建盖里·哈米斯（Geary·Khamis）指数时，我们将所有欧洲银行和美国银行汇集在一起，以确保每一家银行在所有时期都以所有银行的样本平均价格进行评估。这意味着在每一时期，我们都假设欧洲银行和美国银行有相同的生产边界，这也就意味着：

$$TFPI^{*}_{EUt,U.S.t} = TFP^{*}_{EUt}/TFP^{*}_{U.S.t} = 1$$

表4－5给出了$OTEI_{EUt,U.S,t}$、$OSEI_{EUt,U.S.t}$和$RMEI_{EUt,U.S.t}$的结果。从表中可以得出两个结论。第一，欧洲银行在技术效率和剩余混合效率方面一直优于美国银行。具体来说，在整个采样期间，$OTEI_{EUt,U.S,t}$和$RMEI_{EUt,U.S.t}$均大于1，前者平均为112.39%，后者平均为122.49%。第二，欧洲银行的规模效率一直低于美国银行。具体的，在所有样本年中，$OSEI_{EUt,U.S.t}$都低于1，从0.5815到0.9009不等。

表4－5　　欧洲银行TFP指数的组成部分

年份	$OTEI_{EUt,U.S.t}$		$OSEI_{EUt,U.S.t}$		$RMEI_{EUt,U.S.t}$	
	估计值	95%置信区间	估计值	95%置信区间	估计值	95%置信区间
2001	1.0904	(1.0617，1.1794)	0.9009	(0.8116，1.0336)	1.3205	(1.2749，1.4418)
2002	1.0804	(1.0564，1.1729)	0.8584	(0.8092，0.9529)	1.2930	(1.2338，1.3197)
2003	1.0814	(1.0599，1.1747)	0.8628	(0.8439，0.9244)	1.1975	(1.1843，1.2568)
2004	1.0671	(1.0557，1.1697)	0.7980	(0.7582，0.8809)	1.1566	(1.0886，1.1696)
2005	1.1239	(1.1080，1.1322)	0.8170	(0.8135，0.8604)	1.1479	(1.0817，1.1794)
2006	1.2137	(1.1970，1.2202)	0.5815	(0.5759，0.6706)	1.4932	(1.3872，1.5385)
2007	1.2692	(1.2553，1.2857)	0.6027	(0.5964，0.7130)	1.2740	(1.1688，1.3992)
2008	1.1774	(1.0618，1.1866)	0.6848	(0.6039，0.8041)	1.3313	(1.2819，1.3932)
2009	1.1363	(1.1119，1.1430)	0.7622	(0.7619，0.8011)	1.1143	(1.0850，1.1416)
2010	1.0985	(1.0803，1.1132)	0.7510	(0.7319，0.7849)	1.1630	(1.0895，1.1998)
2011	1.1134	(1.0865，1.1280)	0.7355	(0.7334，0.7687)	1.1790	(1.0877，1.2097)
2012	1.0883	(1.0683，1.0956)	0.7444	(0.7398，0.7737)	1.1685	(1.0912，1.2373)
2013	1.0903	(1.0769，1.1068)	0.7499	(0.7452，0.7737)	1.1427	(1.0912，1.2104)
2014	1.1044	(1.0932，1.1148)	0.7223	(0.7062，0.7477)	1.1671	(1.0888，1.2310)

这表明规模效率是三个组成部分中唯一一个对欧洲银行的生产率产生负面影响的因素。欧洲银行规模效率低的一个可能原因是，欧洲银行平均比美国银行大得多，因此更有可能耗尽规模经济。例如，在我们的样本中，欧洲银行的资产中位数为72亿美元，而美国银行的资产中位数仅为欧洲银行资产中位数的1/2.8（即26亿美元）。这一结果与威甘德（Weigand，2015）的研究一致，他发现2013年美国最大的20家银行的资产中位数为640亿美元，而欧洲银行的资产中位数要高得多（1 000亿美元）。欧洲银行规模过大的一个很可能的后果是，欧洲银行耗尽了其规模经济，导致其规模效率低于美国银行。

二、欧洲各国与美国银行盈利能力比较

在分析了整个欧洲银行的盈利能力及其组成部分后，我们现在转向每个欧洲国家的盈利能力及其组成部分。具体的，我们计算了每个欧洲国家的PROFI、TTI、TFPI*、OTEI、OSEI和RMEI。由于篇幅限制，我们仅分别在表4－6至表4－10中介绍欧洲五大经济体（德国、英国、法国、意大利和西班牙）的结果。请注意，每个表格都比较了某一具体的欧洲国家的银行在某一年的表现与美国银行在同一年的表现。

表4－6至表4－10表明，这五个国家的银行有五个主要相似之处。第一，五个欧洲国家的银行都比美国的银行利润低得多，英国、西班牙、意大利、法国和德国的年平均PROFI值分别为61.3%、60.8%、56.5%、53.5%和49.3%。此外，本书的结果表明，在五个欧洲国家中，英国的银行业利润最高，而德国的银行业利润最低。这与赫负（Huefner，2010）的发现一致，即2000～2007年，德国银行的利润通常低于英国、法国、意大利和西班牙的银行利润。

第二，五个欧洲国家银行的相对盈利能力呈现总体下降趋势。具体来说，英国银行的相对盈利能力从2001年的72.88%下降到2014年的24.44%，而法国、德国、意大利和西班牙银行的相对盈利能力分别从74.78%、69.16%、77.86%和78.96%下降到18.45%、20.92%、23.21%和24.55%。这意味着五个欧洲国家的银行盈利能力相对于其美国同行都有所下降。

表 4 – 6　　英国银行的盈利能力指数及其组成部分

年份	PROFI	TTI	TFPI	PI	WI	PI^1	PI^2	WI^1	WI^2	OTEI	OSEI	RME
2001	0.7288 (0.726, 0.7397)	0.6459 (0.5488, 0.7278)	1.1237 (1.097, 1.1546)	1.0015 (0.9106, 1.0448)	1.5505 (1.3679, 1.6557)	2.2512 (2.2067, 2.2602)	0.6887 (0.5931, 0.7314)	1.2441 (1.1931, 1.2649)	1.5606 (1.4729, 1.5875)	1.0131 (1.0054, 1.038)	0.9409 (0.9316, 1.0152)	1.1718 (1.1559, 1.2007)
2002	0.6037 (0.5785, 0.6468)	0.5512 (0.4634, 0.5575)	1.1004 (1.0826, 1.136)	1.0415 (0.9845, 1.0636)	1.8895 (1.7306, 2.0765)	1.6658 (1.3803, 1.7553)	0.8455 (0.609, 0.9585)	1.1775 (1.1207, 1.2385)	2.1858 (1.8067, 2.3683)	1.0013 (0.991, 1.0092)	0.9464 (0.9223, 1.0047)	1.1555 (1.1407, 1.2535)
2003	0.5595 (0.4478, 0.7019)	0.5558 (0.4974, 0.6231)	1.0273 (1.0011, 1.0765)	1.1252 (1.0445, 1.1674)	2.0245 (1.7176, 2.026)	1.8827 (1.7908, 2.0088)	0.8876 (0.7599, 0.9542)	1.1617 (1.0121, 1.2527)	2.5830 (2.3941, 2.8619)	0.9811 (0.9807, 1.0379)	0.9644 (0.9552, 0.9878)	1.0870 (1.0602, 1.2264)
2004	0.6721 (0.5336, 0.7474)	0.5834 (0.5555, 0.65)	1.1105 (1.0968, 1.1405)	0.8029 (0.7168, 0.8611)	1.3764 (1.1468, 1.5506)	0.8736 (0.7565, 0.912)	0.6898 (0.5676, 0.6924)	1.5070 (1.4105, 1.532)	1.2822 (0.8978, 1.3947)	1.0873 (1.0766, 1.1052)	0.8415 (0.8039, 0.8947)	1.2169 (1.1771, 1.2211)
2005	0.8759 (0.7766, 0.9006)	0.8186 (0.6901, 0.8883)	1.0281 (1.0046, 1.0809)	0.8600 (0.774, 0.8637)	1.0507 (0.7315, 1.2624)	1.1271 (1.0695, 1.3001)	0.6136 (0.479, 0.7612)	1.1351 (0.9481, 1.225)	0.9590 (0.7744, 1.2463)	1.1582 (1.1466, 1.2122)	0.8045 (0.7863, 0.8084)	1.1100 (1.0838, 1.1125)
2006	0.8950 (0.8576, 1.0133)	0.8797 (0.8487, 0.9308)	0.9652 (0.9563, 0.9946)	0.8269 (0.7302, 0.8785)	0.9400 (0.8315, 1.0855)	1.2065 (1.0821, 1.2527)	0.5204 (0.5134, 0.6304)	1.0813 (0.9382, 1.157)	0.8007 (0.4934, 0.9685)	1.2485 (1.2327, 1.3119)	0.4696 (0.4435, 0.5238)	1.6881 (1.6822, 1.7975)
2007	0.8788 (0.7741, 0.9977)	0.8422 (0.7447, 0.8872)	0.9912 (0.972, 1.0299)	0.7571 (0.6471, 0.8246)	0.8989 (0.863, 1.0284)	1.3482 (1.2147, 1.4123)	1.8215 (1.6634, 1.8299)	0.7936 (0.6767, 0.8888)	0.7532 (0.457, 1.0389)	1.3155 (1.3109, 1.3264)	0.4085 (0.3987, 0.511)	1.6451 (1.6443, 1.7296)

续表

年份	PROFI	TTI	TFPI	PI	WI	PI^1	PI^2	WI^1	WI^2	OTEI	OSEI	RME
2008	0.6598 (0.5204, 0.7787)	0.6673 (0.6249, 0.749)	1.0313 (1.0176, 1.0675)	0.6445 (0.6201, 0.7043)	0.9658 (0.9044, 1.087)	1.2956 (1.0036, 1.4675)	0.5376 (0.3517, 0.55)	0.8907 (0.7471, 0.9064)	0.7498 (0.3781, 0.9191)	1.2132 (1.195, 1.2366)	0.6433 (0.6174, 0.6849)	1.3187 (1.2957, 1.3211)
2009	0.6454 (0.5869, 0.7885)	0.7414 (0.6844, 0.7807)	0.9151 (0.9025, 0.9235)	0.7416 (0.7081, 0.7791)	1.0003 (0.7851, 1.0527)	1.1376 (0.9825, 1.2263)	0.8456 (0.831, 0.9216)	1.0368 (0.8545, 1.1167)	0.7688 (0.6315, 0.8073)	1.1709 (1.1529, 1.2231)	0.7050 (0.6977, 0.7422)	1.1234 (1.0791, 1.2341)
2010	0.6245 (0.5529, 0.725)	0.7326 (0.6676, 0.7548)	0.8750 (0.8701, 0.942)	0.7634 (0.677, 0.8205)	1.0421 (1.0318, 1.2619)	0.8530 (0.7907, 1.0752)	0.8992 (0.7852, 1.0618)	0.8709 (0.7474, 0.9911)	0.9203 (0.7952, 0.9836)	1.1387 (1.1306, 1.1469)	0.6567 (0.6526, 0.7299)	1.2003 (1.1708, 1.2142)
2011	0.5417 (0.5213, 0.5435)	0.6414 (0.52, 0.6575)	0.8765 (0.8593, 0.8859)	0.7600 (0.7264, 0.7637)	1.1849 (0.8707, 1.2774)	0.8367 (0.6249, 1.0528)	1.0112 (0.9526, 1.0668)	0.7612 (0.602, 0.7753)	1.1784 (1.1721, 1.2717)	1.1566 (1.1535, 1.1732)	0.6503 (0.641, 0.7099)	1.1944 (1.1599, 1.2515)
2012	0.3631 (0.3365, 0.3946)	0.4679 (0.3392, 0.4989)	0.8552 (0.8361, 0.8811)	0.7058 (0.6238, 0.7207)	1.5083 (1.25, 1.7207)	1.2461 (0.9945, 1.4263)	0.7250 (0.6867, 0.862)	0.7418 (0.5898, 0.8431)	1.3307 (0.9389, 1.4422)	1.1244 (1.1187, 1.1932)	0.6514 (0.6298, 0.6965)	1.1929 (1.1704, 1.2304)
2013	0.2931 (0.2117, 0.3538)	0.3928 (0.3503, 0.4797)	0.8552 (0.8332, 0.8748)	0.6999 (0.583, 0.7728)	1.7817 (1.6637, 1.8973)	0.8705 (0.7861, 0.9834)	0.8758 (0.7623, 0.8802)	0.7218 (0.6797, 0.8276)	1.5457 (1.4735, 1.6386)	1.1331 (1.1236, 1.1881)	0.6402 (0.6327, 0.7693)	1.2033 (1.1554, 1.298)
2014	0.2444 (0.1294, 0.3319)	0.3397 (0.302, 0.3519)	0.8552 (0.8293, 0.8967)	0.6638 (0.5504, 0.7225)	1.9542 (1.919, 2.0512)	0.7561 (0.5636, 0.9578)	0.7229 (0.5389, 0.8526)	0.6801 (0.5898, 0.7889)	1.4801 (1.4467, 1.7044)	1.1442 (1.1202, 1.1655)	0.6324 (0.5961, 0.6598)	1.1941 (1.1868, 1.2156)

表 4－7　法国银行的盈利能力指数及其组成部分

年份	PROFI	TTI	TFPI	PI	WI	PI^1	PI^2	WI^1	WI^2	OTEI	OSEI	RMEI
2001	0.7478 (0.6811, 0.788)	0.6764 (0.6159, 0.7881)	1.0735 (1.0678, 1.1216)	0.7974 (0.7385, 0.8061)	1.1789 (0.931, 1.5084)	0.8504 (0.8113, 0.8738)	0.7373 (0.6918, 0.8989)	1.1346 (1.1162, 1.1684)	1.0985 (0.6709, 1.1878)	0.9985 (0.978, 1.0275)	0.9167 (0.8726, 0.9646)	1.1669 (1.1017, 1.202)
2002	0.6223 (0.566, 0.6302)	0.5872 (0.5601, 0.6229)	1.0369 (1.0194, 1.0586)	0.8892 (0.8415, 0.909)	1.5144 (1.3124, 1.8339)	0.9211 (0.8664, 0.9388)	0.8005 (0.5047, 0.9059)	0.9843 (0.9593, 1.0225)	1.6705 (1.2205, 2.0789)	0.9614 (0.9582, 0.9683)	0.9405 (0.9329, 1.082)	1.1405 (1.073, 1.2979)
2003	0.7366 (0.6238, 0.7622)	1.0480 (1.0245, 1.0528)	0.8303 (0.8121, 0.8895)	1.0198 (0.9954, 1.0719)	0.9732 (0.8647, 1.2859)	1.1298 (1.1055, 1.1774)	0.8393 (0.773, 0.9277)	0.8142 (0.6848, 0.8653)	1.6747 (1.3653, 1.9488)	0.9182 (0.9158, 0.9751)	0.9759 (0.9426, 1.0671)	0.9240 (0.8425, 0.9368)
2004	0.7390 (0.5877, 0.8093)	0.8934 (0.7407, 1.0017)	0.8756 (0.8732, 0.8763)	1.1575 (1.157, 1.1575)	1.2957 (0.8088, 1.3925)	0.9686 (0.9136, 1.025)	1.9004 (1.8416, 2.0992)	0.9280 (0.8716, 0.9382)	1.9225 (1.8924, 2.2562)	1.0413 (1.0301, 1.0609)	0.9361 (0.9289, 1.012)	0.9052 (0.8816, 1.0692)
2005	0.7313 (0.6947, 0.7937)	0.6493 (0.6393, 0.6746)	1.0604 (1.0562, 1.0614)	0.7899 (0.7071, 0.805)	1.2165 (0.9013, 1.4392)	0.7785 (0.7382, 0.8378)	0.8717 (0.6457, 0.9111)	1.2603 (1.2073, 1.2792)	1.0973 (0.7829, 1.1412)	1.1182 (1.1085, 1.1764)	0.8380 (0.7909, 0.9843)	1.1434 (1.1208, 1.2232)
2006	0.7408 (0.6018, 0.8266)	0.6880 (0.5226, 0.7613)	1.0101 (1.0021, 1.0325)	0.8550 (0.7806, 0.8924)	1.2428 (0.9438, 1.4111)	0.7943 (0.742, 0.8544)	0.9480 (0.9361, 1.1472)	1.2271 (1.2126, 1.283)	1.0841 (0.9052, 1.3153)	1.2048 (1.1866, 1.2513)	0.3799 (0.3672, 0.4345)	2.3512 (2.3024, 2.4951)
2007	0.7081 (0.6942, 0.8709)	0.6673 (0.5529, 0.7218)	1.0031 (1.003, 1.0621)	0.8369 (0.7798, 0.8437)	1.2542 (0.943, 1.3138)	0.8362 (0.7456, 0.8849)	0.8780 (0.6271, 1.0745)	0.8055 (0.695, 0.8167)	1.1329 (0.5968, 1.3063)	1.2573 (1.235, 1.3026)	0.3977 (0.3677, 0.4119)	1.8347 (1.7777, 1.8457)

续表

年份	PROFI	TTI	TFPI	PI	WI	PI^1	PI^2	WI^1	WI^2	OTEI	OSEI	RMEI
2008	0.5422 （0.4407， 0.6656）	0.5829 （0.5481， 0.5925）	0.9526 （0.9445， 0.9835）	0.9000 （0.8609， 0.9352）	1.5440 （1.3252， 1.831）	0.9120 （0.9047， 0.9311）	1.2714 （1.2226， 1.4661）	0.9393 （0.8136， 0.9754）	1.4011 （0.7454， 1.8357）	1.1582 （1.1496， 1.2117）	0.6867 （0.6464， 0.7702）	1.2238 （1.2155， 1.2326）
2009	0.4289 （0.4234， 0.454）	0.5103 （0.492， 0.6045）	0.8963 （0.8783， 0.902）	0.9247 （0.8566， 0.9677）	1.8121 （1.591， 1.8507）	0.7221 （0.6434， 0.7635）	1.6545 （1.6458， 1.6701）	0.9104 （0.7903， 0.9352）	1.9286 （1.5505， 2.228）	1.1354 （1.1134， 1.1996）	0.7647 （0.7603， 0.8866）	1.0455 （1.0218， 1.2006）
2010	0.4439 （0.338， 0.5362）	0.5067 （0.474， 0.5814）	0.9090 （0.8944， 0.9202）	0.8677 （0.8552， 0.8902）	1.7124 （1.4646， 1.868）	0.6619 （0.6163， 0.6656）	1.5372 （1.3874， 1.6942）	1.0600 （0.9848， 1.0832）	2.1608 （1.9934， 2.499）	1.1139 （1.1001， 1.163）	0.7141 （0.7135， 0.8157）	1.1789 （1.1682， 1.3078）
2011	0.3932 （0.3708， 0.5575）	0.4550 （0.4498， 0.5585）	0.9048 （0.8867， 0.9067）	0.8841 （0.8649， 0.929）	1.9432 （1.5593， 2.1165）	0.7685 （0.704， 0.8113）	1.2096 （1.1128， 1.3466）	0.8007 （0.6876， 0.8913）	2.7855 （2.3817， 3.1497）	1.1189 （1.1056， 1.186）	0.6914 （0.6534， 0.7485）	1.1976 （1.1544， 1.4162）
2012	0.2545 （0.2285， 0.4205）	0.3248 （0.2275， 0.3417）	0.8897 （0.8803， 0.8988）	0.7505 （0.681， 0.7523）	2.3104 （2.1842， 2.6327）	0.7379 （0.7149， 0.7608）	0.6909 （0.4986， 0.8355）	0.8880 （0.7797， 0.9657）	2.8170 （2.3593， 3.1632）	1.0719 （1.0553， 1.1445）	0.7034 （0.6924， 0.8061）	1.2070 （1.1388， 1.3674）
2013	0.2182 （0.1697， 0.35）	0.2939 （0.1691， 0.3512）	0.8647 （0.8446， 0.904）	0.8224 （0.8206， 0.8636）	2.7979 （2.3447， 2.9578）	0.7665 （0.7243， 0.776）	0.8703 （0.786， 0.9219）	0.7400 （0.6059， 0.8174）	3.3799 （2.9466， 3.794）	1.0722 （1.0721， 1.0789）	0.6956 （0.6576， 0.8406）	1.1833 （1.0843， 1.2366）
2014	0.1845 （0.1644， 0.3225）	0.2532 （0.1067， 0.3608）	0.8753 （0.8608， 0.9218）	0.7714 （0.7549， 0.8004）	3.0462 （2.6838， 3.3653）	0.7382 （0.6496， 0.7583）	0.8672 （0.6767， 1.0476）	0.7332 （0.7022， 0.7978）	3.3961 （2.7889， 3.6847）	1.1052 （1.087， 1.1708）	0.6591 （0.6165， 0.7405）	1.2302 （1.2102， 1.2372）

表 4－8　德国银行的盈利能力及其组成部分

年份	PROFI	TTI	TFPI	PI	WI	PI^1	PI^2	WI^1	WI^2	OTEI	OSEI	RMEI
2001	0. 6916 (0. 59, 0. 7492)	0. 4847 (0. 469, 0. 4857)	1. 3327 (1. 316, 1. 4096)	0. 7953 (0. 7554, 0. 8109)	1. 6407 (1. 3673, 1. 7428)	1. 0538 (0. 7177, 1. 2295)	0. 4694 (0. 3685, 0. 4815)	1. 5534 (1. 4591, 1. 6547)	1. 3197 (1. 1784, 1. 3481)	1. 1033 (1. 102, 1. 127)	0. 8877 (0. 87, 0. 9082)	1. 3641 (1. 3551, 1. 4766)
2002	0. 5833 (0. 5223, 0. 6853)	0. 4488 (0. 3768, 0. 4841)	1. 2355 (1. 2312, 1. 3009)	0. 8597 (0. 8118, 0. 8682)	1. 9156 (1. 7775, 2. 0587)	1. 2535 (0. 8704, 1. 4298)	0. 4866 (0. 4349, 0. 5154)	1. 3168 (1. 1406, 1. 3515)	1. 8414 (1. 5841, 1. 8759)	1. 0960 (1. 0929, 1. 119)	0. 8361 (0. 8274, 0. 881)	1. 3518 (1. 3285, 1. 3537)
2003	0. 4917 (0. 3669, 0. 522)	0. 4155 (0. 3923, 0. 4547)	1. 1469 (1. 1264, 1. 1594)	0. 8175 (0. 7681, 0. 8301)	1. 9675 (1. 6634, 2. 0195)	1. 2060 (0. 8033, 1. 4459)	0. 3852 (0. 2855, 0. 4044)	1. 3441 (1. 1274, 1. 4465)	2. 1292 (1. 6866, 2. 3437)	1. 1039 (1. 1023, 1. 1397)	0. 8354 (0. 8307, 0. 8739)	1. 2548 (1. 254, 1. 2652)
2004	0. 5588 (0. 5063, 0. 5962)	0. 4917 (0. 4379, 0. 4972)	1. 1278 (1. 1252, 1. 1504)	0. 8616 (0. 8553, 0. 8987)	1. 7521 (1. 5235, 1. 7794)	1. 1588 (0. 6734, 1. 2275)	0. 5516 (0. 4812, 0. 5704)	1. 2251 (1. 1354, 1. 3549)	2. 0479 (1. 7441, 2. 1436)	1. 0796 (1. 0761, 1. 0828)	0. 8540 (0. 8428, 0. 8723)	1. 2228 (1. 2075, 1. 2665)
2005	0. 6567 (0. 6355, 0. 7832)	0. 5274 (0. 4576, 0. 5506)	1. 2116 (1. 1977, 1. 2739)	0. 6742 (0. 674, 0. 6976)	1. 2783 (1. 2106, 1. 3789)	0. 9626 (0. 819, 1. 081)	0. 4587 (0. 3724, 0. 5178)	1. 3455 (1. 3291, 1. 4144)	1. 2003 (0. 8906, 1. 3705)	1. 1197 (1. 1111, 1. 1477)	0. 8682 (0. 8458, 0. 8908)	1. 2567 (1. 2562, 1. 3142)
2006	0. 6718 (0. 6306, 0. 6837)	0. 5396 (0. 4829, 0. 5468)	1. 1827 (1. 173, 1. 2566)	0. 7356 (0. 6956, 0. 7546)	1. 3633 (1. 1353, 1. 5923)	3. 1286 (2. 8882, 3. 1286)	0. 3209 (0. 2061, 0. 4)	2. 1391 (2. 023, 2. 26)	1. 0788 (0. 7616, 1. 2074)	1. 2363 (1. 2237, 1. 2387)	0. 5886 (0. 5792, 0. 642)	1. 6085 (1. 5955, 1. 6241)
2007	0. 6827 (0. 6633, 0. 7732)	0. 5548 (0. 5034, 0. 5997)	1. 1736 (1. 155, 1. 2054)	0. 7146 (0. 6816, 0. 7357)	1. 2879 (1. 254, 1. 4071)	1. 7362 (1. 644, 1. 9537)	0. 5456 (0. 4958, 0. 6391)	1. 5771 (1. 4463, 1. 6122)	1. 0019 (0. 7433, 1. 0282)	1. 3014 (1. 2898, 1. 3193)	0. 8171 (0. 798, 0. 8863)	0. 9932 (0. 9549, 1. 0801)

续表

年份	PROFI	TTI	TFPI	PI	WI	PI^1	PI^2	WI^1	WI^2	OTEI	OSEI	RMEI
2008	0.4477 (0.3887, 0.544)	0.3962 (0.3721, 0.4138)	1.1978 (1.1932, 1.2207)	0.6323 (0.5938, 0.6364)	1.5960 (1.5533, 1.693)	1.1368 (1.1336, 1.3129)	0.4545 (0.3254, 0.5505)	1.5769 (1.4292, 1.6938)	1.3054 (0.8551, 1.4766)	1.1424 (1.1267, 1.1714)	0.7457 (0.7447, 0.8044)	1.4662 (1.4386, 1.4692)
2009	0.4634 (0.3443, 0.5294)	0.4647 (0.4178, 0.4744)	1.0692 (1.0646, 1.1246)	0.6938 (0.6707, 0.7171)	1.4929 (1.224, 1.5675)	1.8655 (1.4345, 2.0951)	0.6104 (0.4711, 0.6326)	1.7077 (1.634, 1.838)	1.2467 (1.2369, 1.2971)	1.1524 (1.1521, 1.1762)	0.7423 (0.7405, 0.764)	1.2762 (1.2551, 1.3768)
2010	0.4774 (0.3808, 0.5175)	0.4722 (0.4315, 0.5113)	1.0491 (1.0468, 1.0538)	0.7445 (0.7272, 0.767)	1.5766 (1.36, 1.6529)	1.0148 (0.7421, 1.101)	1.0242 (0.9888, 1.0369)	1.3722 (1.2355, 1.4702)	1.8148 (1.4432, 1.9685)	1.1294 (1.123, 1.1347)	0.6549 (0.6296, 0.666)	1.4785 (1.4662, 1.5216)
2011	0.4312 (0.3348, 0.4726)	0.4259 (0.4253, 0.4636)	1.0646 (1.0561, 1.0711)	0.7845 (0.7718, 0.8039)	1.8421 (1.5267, 2.0341)	1.0049 (0.8406, 1.3087)	0.8807 (0.8566, 0.8977)	1.1676 (0.9735, 1.2375)	2.5449 (2.0419, 2.5582)	1.1436 (1.1378, 1.1749)	0.6448 (0.6249, 0.7043)	1.5106 (1.474, 1.556)
2012	0.2853 (0.2742, 0.3656)	0.3118 (0.238, 0.3499)	1.0309 (1.0278, 1.0634)	0.7141 (0.711, 0.7432)	2.2905 (2.0135, 2.4225)	0.8773 (0.4856, 0.9072)	0.5905 (0.4948, 0.6767)	1.2236 (1.1865, 1.3045)	2.6987 (2.337, 2.8961)	1.1139 (1.1092, 1.1304)	0.6734 (0.6676, 0.6931)	1.4345 (1.4286, 1.4923)
2013	0.2483 (0.2209, 0.3235)	0.2905 (0.2467, 0.3012)	1.0000 (0.9985, 1.0319)	0.7278 (0.6907, 0.7572)	2.5055 (2.2335, 2.6068)	0.8627 (0.6861, 1.1484)	0.6759 (0.6485, 0.7728)	1.1047 (0.893, 1.1844)	2.7834 (2.697, 3.1014)	1.1130 (1.1057, 1.1233)	0.6968 (0.681, 0.7412)	1.3422 (1.3385, 1.4257)
2014	0.2092 (0.2003, 0.2216)	0.2523 (0.2199, 0.2874)	1.0046 (1.0039, 1.0726)	0.6726 (0.6636, 0.6785)	2.6659 (2.6384, 2.8057)	0.8234 (0.5985, 1.1102)	0.6570 (0.5412, 0.6757)	1.1047 (0.9147, 1.1802)	2.6352 (2.5822, 2.8345)	1.1348 (1.1246, 1.1703)	0.6751 (0.6666, 0.7196)	1.3671 (1.3329, 1.3676)

表 4－9　意大利银行的盈利能力及其组成部分

年份	PROFI	TTI	TFPI	PI	WI	PI^1	PI^2	WI^1	WI^2	OTEI	OSEI	RMEI
2001	0.7786 (0.7625, 0.7987)	0.7989 (0.6779, 0.8105)	0.9241 (0.9164, 0.9678)	0.8527 (0.8169, 0.898)	1.0674 (1.0542, 1.3342)	0.9452 (0.7965, 0.9492)	0.7248 (0.5974, 0.7965)	0.9297 (0.8237, 0.9876)	1.0893 (0.712, 1.3453)	0.9488 (0.9427, 0.976)	0.9476 (0.9201, 0.9994)	1.0313 (1.0152, 1.0463)
2002	0.6074 (0.5473, 0.7501)	0.5945 (0.5658, 0.607)	1.0157 (1.0082, 1.0576)	0.9056 (0.789, 0.9536)	1.5233 (1.0896, 1.552)	0.9539 (0.799, 0.9733)	0.8332 (0.7135, 0.8963)	0.8558 (0.7708, 0.8892)	1.7953 (1.5888, 1.9792)	0.9646 (0.9513, 1.0176)	0.9598 (0.9492, 1.0284)	1.0919 (1.0875, 1.1067)
2003	0.5533 (0.5246, 0.6992)	0.5994 (0.4788, 0.6647)	0.9408 (0.9391, 0.9729)	1.0557 (0.9491, 1.1058)	1.7612 (1.3394, 1.7961)	1.0617 (1.0049, 1.1062)	1.0181 (0.8409, 1.0549)	0.8947 (0.8762, 0.9241)	2.3849 (2.1049, 2.6537)	0.9369 (0.9137, 0.9655)	0.9915 (0.9797, 1.0837)	1.0138 (0.9992, 1.0742)
2004	0.5628 (0.5393, 0.6641)	0.6259 (0.5502, 0.6617)	0.9105 (0.905, 0.9421)	1.0951 (1.0864, 1.1403)	1.7495 (1.4578, 1.7681)	1.1517 (1.0527, 1.217)	0.9260 (0.882, 0.9824)	0.8436 (0.7839, 0.8606)	2.5724 (2.1437, 2.8175)	0.9476 (0.9447, 0.9724)	0.9290 (0.8969, 0.9629)	1.0380 (1.0358, 1.0924)
2005	0.8422 (0.7633, 0.9236)	0.8295 (0.7331, 0.8715)	0.9520 (0.9466, 0.993)	0.4430 (0.4214, 0.5081)	0.5340 (0.4113, 0.6177)	0.3451 (0.2775, 0.3973)	0.6014 (0.3606, 0.6695)	0.5427 (0.4928, 0.582)	0.4657 (0.367, 0.6477)	1.1482 (1.1358, 1.209)	0.7685 (0.7536, 0.8547)	1.0920 (1.0772, 1.1148)
2006	0.8129 (0.6935, 0.8921)	0.8127 (0.6942, 0.8741)	0.9440 (0.9277, 0.9921)	0.9217 (0.9146, 1.0027)	1.1341 (0.9502, 1.3145)	0.8416 (0.6816, 0.8482)	1.0034 (0.8254, 1.1523)	1.0366 (0.9432, 1.0385)	1.0472 (1.0469, 1.2777)	1.2301 (1.2097, 1.2389)	0.6106 (0.5953, 0.6587)	1.2043 (1.1889, 1.2305)
2007	0.7975 (0.6879, 0.8745)	0.8058 (0.715, 0.887)	0.9397 (0.9317, 0.9763)	0.8799 (0.8212, 0.9564)	1.0920 (0.7364, 1.3083)	0.7939 (0.6732, 0.831)	1.0003 (0.979, 1.1164)	0.8180 (0.7587, 0.8785)	0.9735 (0.4482, 1.1383)	1.2956 (1.2858, 1.3609)	0.5501 (0.5181, 0.6176)	1.1508 (1.1366, 1.1719)

续表

年份	PROFI	TTI	TFPI	PI	WI	PI^1	PI^2	WI^1	WI^2	OTEI	OSEI	RMEI
2008	0.5721 (0.4439, 0.5813)	0.6474 (0.5693, 0.6891)	0.9086 (0.8977, 0.9165)	1.0390 (0.9693, 1.0394)	1.6047 (1.3118, 1.7727)	0.9640 (0.8785, 0.9999)	1.1827 (1.0492, 1.2598)	1.0203 (0.985, 1.0343)	1.4818 (1.1143, 1.6188)	1.1935 (1.1737, 1.2419)	0.6735 (0.6455, 0.7383)	1.1400 (1.1292, 1.1825)
2009	0.5347 (0.5128, 0.6901)	0.6661 (0.5456, 0.7173)	0.8366 (0.8323, 0.8578)	0.9511 (0.9257, 0.9902)	1.4279 (1.0145, 1.6159)	0.8260 (0.6804, 0.895)	1.3449 (1.1455, 1.4237)	1.0183 (0.9633, 1.0926)	1.2266 (0.965, 1.3446)	1.1281 (1.1102, 1.204)	0.7649 (0.7387, 0.7853)	0.9876 (0.9863, 1.0262)
2010	0.5402 (0.4037, 0.6662)	0.6552 (0.5299, 0.6957)	0.8409 (0.8342, 0.8706)	0.8606 (0.7796, 0.893)	1.3136 (1.0475, 1.5363)	0.6576 (0.55, 0.6823)	1.5004 (1.2732, 1.553)	0.8816 (0.8254, 0.9435)	1.2521 (0.8603, 1.2576)	1.1116 (1.1021, 1.1189)	0.7940 (0.7857, 0.8658)	0.9720 (0.9603, 1.0174)
2011	0.4895 (0.4468, 0.5699)	0.6003 (0.5085, 0.646)	0.8453 (0.84, 0.8933)	0.9187 (0.8667, 0.9396)	1.5303 (1.1538, 1.5568)	0.7215 (0.5955, 0.7339)	1.6877 (1.6829, 1.7396)	0.7392 (0.6733, 0.7873)	1.7606 (1.6349, 1.8789)	1.1377 (1.1192, 1.1673)	0.7861 (0.7668, 0.8761)	0.9661 (0.9627, 0.9734)
2012	0.3178 (0.2869, 0.3348)	0.4257 (0.4079, 0.453)	0.8259 (0.8131, 0.8406)	0.8863 (0.7855, 0.9409)	2.0820 (1.8068, 2.1209)	0.7239 (0.6429, 0.7994)	1.1178 (1.0128, 1.1384)	0.7481 (0.7237, 0.7483)	2.1663 (1.7865, 2.2371)	1.0942 (1.0924, 1.1781)	0.7810 (0.7592, 0.8808)	0.9849 (0.979, 1.0364)
2013	0.2633 (0.1752, 0.3085)	0.3725 (0.3568, 0.4539)	0.8123 (0.799, 0.846)	0.9127 (0.8198, 0.9892)	2.4500 (2.1798, 2.5914)	0.7245 (0.7102, 0.8038)	1.3801 (1.1688, 1.3912)	0.7059 (0.6964, 0.7713)	2.5338 (2.0396, 2.7712)	1.0993 (1.085, 1.1392)	0.7731 (0.7496, 0.8708)	0.9745 (0.9707, 0.9913)
2014	0.2321 (0.1989, 0.3835)	0.3330 (0.251, 0.3701)	0.8289 (0.8158, 0.8692)	0.8740 (0.7833, 0.9012)	2.6246 (2.4046, 2.8285)	0.6965 (0.6817, 0.7951)	1.4350 (1.2342, 1.5126)	0.7178 (0.6814, 0.7856)	2.3845 (2.3697, 2.6189)	1.1232 (1.1025, 1.1658)	0.7372 (0.7343, 0.7852)	1.0114 (1.0036, 1.0682)

表 4－10　西班牙银行的盈利能力及其组成部分

年份	PROFI	TTI	TFPI	PI	WI	PI^1	PI^2	WI^1	WI^2	OTEI	OSEI	RMEI
2001	0.7896 (0.672, 0.9065)	1.3839 (1.2927, 1.4028)	0.5512 (0.5128, 0.5836)	1.3405 (1.3385, 1.4403)	0.9686 (0.8242, 1.2733)	1.3039 (1.2505, 1.412)	1.3308 (1.2671, 1.3674)	0.6238 (0.5808, 0.6432)	1.5642 (1.0854, 1.7608)	0.8262 (0.7892, 0.8275)	0.9761 (0.9715, 1.0568)	0.6766 (0.6669, 0.7208)
2002	0.6861 (0.5296, 0.7162)	1.2647 (1.101, 1.2691)	0.5360 (0.5136, 0.6398)	1.5632 (1.5343, 1.5843)	1.2361 (0.776, 1.4048)	1.4193 (1.2914, 1.5085)	1.6938 (1.5267, 1.8219)	0.5798 (0.5236, 0.5994)	2.3446 (1.9675, 2.4933)	0.8612 (0.8463, 0.9691)	0.9770 (0.97, 1.0459)	0.6341 (0.6256, 0.7234)
2003	0.6525 (0.5879, 0.747)	1.1941 (0.9561, 1.3277)	0.5418 (0.5341, 0.5594)	1.6080 (1.5414, 1.6886)	1.3466 (0.8653, 1.5748)	1.3107 (1.2454, 1.3539)	2.0236 (2.0003, 2.0491)	0.6310 (0.5677, 0.6546)	2.5809 (2.5627, 2.9025)	0.8630 (0.8357, 0.9273)	1.0095 (0.9795, 1.0464)	0.6272 (0.6141, 0.753)
2004	0.6914 (0.5462, 0.7486)	0.7419 (0.4963, 0.8304)	0.8990 (0.8779, 0.9041)	0.8548 (0.7451, 0.9201)	1.1522 (0.8395, 1.4112)	0.6971 (0.5516, 0.7498)	1.0692 (0.8731, 1.1624)	0.6761 (0.6216, 0.6977)	1.4367 (1.0659, 1.8064)	1.0904 (1.0821, 1.1013)	0.7439 (0.722, 0.7766)	1.1194 (1.0826, 1.1662)
2005	0.7725 (0.6603, 0.8152)	0.7695 (0.6483, 0.8303)	0.9485 (0.9307, 0.9975)	0.9518 (0.8808, 0.9577)	1.2369 (1.0711, 1.3795)	0.8306 (0.7938, 0.8645)	1.2162 (1.0247, 1.2337)	0.7712 (0.7315, 0.8057)	1.4061 (0.963, 1.6793)	1.1551 (1.1425, 1.1913)	0.7599 (0.7585, 0.8173)	1.0934 (1.0611, 1.1032)
2006	0.8404 (0.8391, 0.8602)	0.8726 (0.7847, 1.0055)	0.9076 (0.8724, 0.9269)	0.9558 (0.8537, 1.0457)	1.0953 (0.9781, 1.2738)	0.7985 (0.6787, 0.8397)	1.2955 (1.268, 1.368)	0.7922 (0.7369, 0.8216)	1.0972 (1.0858, 1.2242)	1.2438 (1.2045, 1.2485)	0.6917 (0.661, 0.7328)	1.0071 (0.9841, 1.0207)
2007	0.8451 (0.7499, 0.9821)	0.8842 (0.6864, 0.9119)	0.9055 (0.8933, 0.9653)	1.0227 (1.0128, 1.1346)	1.1567 (1.0716, 1.2553)	0.9298 (0.8951, 0.9932)	1.2219 (1.2182, 1.3232)	0.6200 (0.6096, 0.6579)	1.1463 (0.8068, 1.3747)	1.3124 (1.2848, 1.3933)	0.5556 (0.5439, 0.6095)	1.0897 (1.0503, 1.1355)

续表

年份	PROFI	TTI	TFPI	PI	WI	PI^1	PI^2	WI^1	WI^2	OTEI	OSEI	RMEI
2008	0. 6323 (0. 4873, 0. 7339)	0. 7162 (0. 6589, 0. 799)	0. 9029 (0. 8668, 0. 9811)	1. 2136 (1. 0895, 1. 269)	1. 6943 (1. 231, 2. 0229)	1. 1837 (1. 1609, 1. 29)	1. 3415 (1. 2193, 1. 3695)	0. 7518 (0. 6897, 0. 759)	1. 6992 (1. 2729, 1. 708)	1. 2080 (1. 1708, 1. 2229)	0. 6710 (0. 6497, 0. 767)	1. 1197 (1. 0856, 1. 1487)
2009	0. 6099 (0. 524, 0. 7283)	0. 7374 (0. 7141, 0. 8438)	0. 8599 (0. 8462, 0. 9201)	1. 1517 (0. 9966, 1. 2195)	1. 5618 (1. 4942, 1. 7077)	1. 0456 (0. 9145, 1. 1027)	1. 4541 (1. 449, 1. 4877)	0. 8617 (0. 8161, 0. 8646)	1. 4818 (1. 0592, 1. 6311)	1. 1653 (1. 1274, 1. 1751)	0. 7324 (0. 716, 0. 7396)	1. 0199 (0. 9973, 1. 0207)
2010	0. 6228 (0. 5232, 0. 6497)	0. 7583 (0. 7379, 0. 8435)	0. 8360 (0. 82, 0. 906)	1. 1053 (1. 0893, 1. 2026)	1. 4576 (1. 3178, 1. 7438)	0. 9097 (0. 7818, 0. 9686)	1. 6325 (1. 5187, 1. 664)	0. 7584 (0. 7196, 0. 7832)	1. 6185 (1. 3744, 1. 9434)	1. 1386 (1. 1168, 1. 1883)	0. 7445 (0. 7109, 0. 8181)	0. 9995 (0. 9679, 1. 1195)
2011	0. 5176 (0. 4073, 0. 641)	0. 6497 (0. 5427, 0. 7435)	0. 8208 (0. 8189, 0. 8696)	1. 2384 (1. 2037, 1. 2518)	1. 9060 (1. 4258, 2. 1076)	1. 0376 (1. 0158, 1. 0631)	1. 7633 (1. 7619, 1. 8209)	0. 6149 (0. 5754, 0. 6514)	2. 6317 (2. 0161, 2. 7198)	1. 1555 (1. 1515, 1. 2306)	0. 7211 (0. 7081, 0. 7474)	0. 9974 (0. 9542, 1. 1183)
2012	0. 3359 (0. 2635, 0. 4064)	0. 4688 (0. 3475, 0. 5597)	0. 7891 (0. 7563, 0. 8001)	1. 1298 (1. 0621, 1. 2402)	2. 4101 (2. 2233, 2. 7409)	1. 0249 (0. 9653, 1. 1133)	1. 1141 (1. 0206, 1. 1402)	0. 6329 (0. 5781, 0. 6414)	2. 8456 (2. 7459, 2. 9738)	1. 1262 (1. 0891, 1. 169)	0. 7046 (0. 6694, 0. 7354)	1. 0043 (0. 9999, 1. 0303)
2013	0. 2691 (0. 2091, 0. 3927)	0. 3979 (0. 3544, 0. 5305)	0. 7720 (0. 7487, 0. 8521)	1. 1723 (1. 0966, 1. 2758)	2. 9459 (2. 7531, 3. 1135)	1. 0301 (0. 9075, 1. 1072)	1. 3833 (1. 3279, 1. 4793)	0. 6128 (0. 5942, 0. 6595)	3. 5817 (3. 0062, 3. 9535)	1. 1294 (1. 1146, 1. 2131)	0. 7072 (0. 6982, 0. 7156)	0. 9770 (0. 9345, 1. 1005)
2014	0. 2455 (0. 1959, 0. 3401)	0. 3589 (0. 1607, 0. 4831)	0. 8048 (0. 7815, 0. 8245)	1. 1157 (0. 9533, 1. 2301)	3. 1090 (2. 6655, 3. 1478)	1. 0061 (0. 8858, 1. 0213)	1. 3210 (1. 2502, 1. 4563)	0. 6038 (0. 5925, 0. 64)	3. 4471 (3. 0496, 3. 712)	1. 1524 (1. 1284, 1. 2104)	0. 6800 (0. 6633, 0. 7683)	1. 0316 (1. 0223, 1. 1272)

第三，在五个欧洲国家中，银行相对盈利能力的下降主要是由于 TTI 的下降。为此，我们计算了 TFPI 和 TTI 的变化对 PROFI 变化的贡献。结果表明，在样本期内，TTI 的下降占英国利润下降的 66. 49% 。法国、德国、意大利和西班牙的这一数字分别为 77. 22% 、66. 08% 、84. 98% 和 264. 10% 。

第四，五个欧洲国家的银行都比美国银行具有更低的规模效率。如表 4 – 6 ~ 表4 – 10 所示，在每个时期内，五个欧洲国家的 OSEI 始终低于 1，这表明在五个欧洲国家中，银行的规模回报率均低于其美国同行。同样，这五个国家的银行规模效率都很低，可能是因为它们相对于美国同行而言规模较大。例如，2014 年，英国、法国、德国、意大利和西班牙的银行资产中位数分别为 43. 4 亿美元、123. 3 亿美元、37. 4 亿美元、130. 6 亿美元和 34. 0 亿美元，而美国的银行资产中位数仅为 20. 2 亿美元。

第五，五个欧洲国家的银行在技术效率和剩余混合效率方面均优于美国同行。具体来说，英国、法国、德国、意大利和西班牙的年平均 OTEI 分别为 113. 5% 、109. 1% 、114. 1% 、109. 7% 和 110. 2% 。英国、法国、德国和意大利的年平均 RMEI 分别为 125. 0% 、126. 7% 、135. 2% 和 104. 7% 。对于西班牙的银行而言，尽管其相对剩余混合效率的年平均值低于 1（95. 7% ），但其相对剩余混合效率在大部分样本期（2001 ~ 2003 年和 2013 年除外）高于 1。

除了上述五个相似之处外，五个欧洲国家的银行也有三个不同之处。首先，德国是唯一一个在银行全要素生产率方面一直优于美国同行的国家。具体来说，德国银行的 TFPI 一直高于或等于 1，范围从 1. 00 到 1. 33。相比之下，全要素生产率指数在英国为 85. 5% 至 112. 4% 、法国为 87. 5% 至 107. 4% 、意大利为 81. 2% 至 92. 4% 、西班牙为 55. 1% 至 94. 9% 。其次，西班牙是唯一一个相对生产率（即 TFPI）总体呈上升趋势的国家，从 2001 年的 55. 1% 上升到 2014 年的 80. 5% 。相比之下，其他四个欧洲国家，全要素生产率总体呈下降趋势。具体来说，英国的 TFPI 从 2001 年的 112. 4% 降至 2014 年的 85. 5% ，法国从 2001 年的 107. 4% 降至 2014 年的 87. 5% ，德国从 133. 3% 降至 100. 5% ，意大利从 2001 年的 92. 4% 降至 82. 9% 。最后，英国的产出/投入价格比恶化主要是由于产出价格指数下降，而在其他四个欧洲国家，主要是由于投入价格指数上升。具体来说，我们计算出产出价格指数（P）下降和投入价格指数（W）上升对五个欧洲国家产出/投入价格指数下降的贡献。结果表明，在英国，产出价格指数的下降占产出/投入价格比下降的 56.43%。相比之下，法国的投入价格指数上升贡献了比值下降的 98.0%，德国为 80.2%，意大利为 101.7%，西班牙为 93.0%。这是因为与其他四个欧洲国家的银行相比，英国的银行在管理劳动力和存款成本方面做得更好。具体来说，英国的投入价格指数增长了 26.0%，而法国、德国、意大利和西班牙的投入价格指数分别增长了 158.4%、62.5%、145.9% 和 221.0%。

三、稳健性检验

最近，以 100 亿美元为门槛来定义大型银行被越来越频繁的使用。因此，在本小节中，我们研究了此次实证结果对于使用 100 亿美元作为界定大型银行临界值的稳健性。使用 100 亿美元作为截止值，我们得到 1，并对 378 个银行进行年度观察，包括 136 家欧洲银行和 31 家美国银行。我们再次计算此银行样本中欧洲的 PROFI、TTI、TFPI*、OTEI、OSEI 和 RMEI。结果如表 4 - 11 所示。从表 4 - 11 可以看出，我们通过使用 10 亿美元作为截止值获得的主要结论在这里仍然成立。

第一，欧洲大型银行的利润始终低于美国银行，平均 $PROFI_{EUt,U.S.t}$ 为 41.83%。此外，在样本期内，欧洲大型银行的盈利能力相对于美国银行有所下降，盈利指数（$PROFI_{EUt,U.S.t}$）从 2001 年的 70.4% 降至 2011 年的 40.18%，随后又降至 2014 年的 22.5%。

第二，欧洲大型银行相对盈利能力的下降主要取决产出/投入价格比的下降所造成的。在采样期间，$PROFI_{EUt,U.S.t}$ 的两个成分均下降，其中 $TTI_{EUt,U.S.t}$ 下降的百分比超过 $TFPI_{EUt,U.S.t}$ 下降的百分百。具体来说，$TFPI_{EUt,U.S.t}$ 从 103.4% 下降到 82.8%，下降了 20.0%，而 $TTI_{EUt,U.S.t}$ 从 52.8% 下降到 32.1%，甚至下降了更多（39.2%）。就贡献而言，$TFPI_{EUt,U.S.t}$ 的下降贡献了 $PROFI_{EUt,U.S.t}$ 下降的 33.7%，而 $TTI_{EUt,U.S.t}$ 下降贡献了 66.3%。

表 4 – 11　稳健性检验欧洲银行的盈利能力及其组成部分

年份	PROFI	TTI	TFPI	PI	WI	PI^1	PI^2	WI^1	WI^2	OTEI	OSEI	RMEI
2001	0.7038 (0.4334, 0.9776)	0.5280 (0.4541, 0.5394)	1.0336 (0.9591, 1.4026)	0.8440 (0.7963, 0.8692)	1.5984 (1.3937, 1.7303)	1.1515 (1.0915, 1.2445)	0.4550 (0.4023, 0.5701)	1.4349 (1.2787, 1.5589)	1.3443 (1.0623, 1.3917)	0.9959 (0.9944, 0.9999)	0.9539 (0.9556, 0.993)	1.0940 (0.9899, 1.4363)
2002	0.5506 (0.3778, 0.7363)	0.4821 (0.4037, 0.5475)	0.9589 (0.8622, 1.181)	0.8766 (0.8452, 0.9417)	1.8183 (1.5908, 1.8725)	1.3989 (1.1615, 1.5449)	0.4379 (0.2828, 0.5131)	0.9968 (0.8075, 1.107)	1.8079 (1.5556, 1.8929)	0.9975 (0.9945, 1.0005)	0.9222 (0.9167, 0.9615)	1.0434 (0.9151, 1.2543)
2003	0.4261 (0.2722, 0.7254)	0.4849 (0.4198, 0.5429)	0.8643 (0.6957, 0.9776)	1.0567 (0.9646, 1.0888)	2.1793 (2.1633, 2.2691)	1.6704 (1.527, 1.6769)	0.5218 (0.3389, 0.6119)	1.2810 (1.1563, 1.3932)	2.5240 (2.3895, 2.5834)	1.0080 (0.9985, 1.0084)	0.9116 (0.9051, 0.9426)	0.9491 (0.7537, 1.052)
2004	0.5795 (0.3959, 0.8032)	0.7664 (0.7109, 0.7782)	0.7377 (0.4658, 0.7896)	1.1364 (1.0359, 1.1438)	1.4828 (1.3854, 1.589)	1.2862 (1.1808, 1.3343)	0.9818 (0.93, 1.0822)	0.7947 (0.689, 0.9238)	1.9251 (1.5812, 2.0115)	1.0001 (0.9985, 1.0086)	0.8968 (0.8938, 0.9198)	0.8373 (0.5259, 0.8817)
2005	0.7533 (0.5199, 0.8577)	0.8404 (0.768, 0.9047)	0.8102 (0.5326, 0.8235)	0.8198 (0.7469, 0.8432)	0.9755 (0.9741, 0.9807)	0.9676 (0.8531, 1.0173)	0.7323 (0.6236, 0.7931)	0.7653 (0.6124, 0.8577)	1.0336 (0.8712, 1.1313)	1.0083 (1.0004, 1.0177)	0.8716 (0.8621, 0.9042)	0.9393 (0.6123, 0.9595)
2006	0.7167 (0.4402, 0.8677)	0.7996 (0.7837, 0.8004)	0.8508 (0.5501, 0.8978)	0.8651 (0.8117, 0.9287)	1.0819 (0.8824, 1.2801)	1.5964 (1.5806, 1.6304)	0.7604 (0.7201, 0.8775)	1.0468 (0.9279, 1.0598)	1.0727 (0.7705, 1.3063)	1.0055 (0.9999, 1.0136)	0.8800 (0.864, 0.9004)	0.9728 (0.624, 0.9953)
2007	0.7248 (0.527, 0.8683)	0.7715 (0.7055, 0.8055)	0.9014 (0.5646, 0.9689)	0.7593 (0.7165, 0.8277)	0.9842 (0.8683, 1.0356)	1.2267 (1.2249, 1.2305)	0.8429 (0.6821, 0.9073)	0.5521 (0.3755, 0.6907)	0.9484 (0.8491, 1.1722)	1.0028 (0.9973, 1.0118)	0.8776 (0.8486, 0.9015)	1.0371 (0.6466, 1.0912)

续表

年份	PROFI	TTI	TFPI	PI	WI	PI^1	PI^2	WI^1	WI^2	OTEI	OSEI	RMEI
2008	0.4018 (0.2237, 0.6317)	0.5114 (0.5064, 0.5273)	0.9092 (0.6098, 0.9766)	0.7624 (0.7584, 0.8315)	1.4909 (1.3475, 1.6593)	1.1318 (0.928, 1.1803)	0.6583 (0.5167, 0.7254)	0.9114 (0.846, 0.9581)	1.2530 (1.0479, 1.3737)	1.0100 (1.0026, 1.0156)	0.8806 (0.8571, 0.9127)	1.0318 (0.6839, 1.0804)
2009	0.4067 (0.2591, 0.6755)	0.5806 (0.4986, 0.6257)	0.7572 (0.4958, 0.7598)	0.8819 (0.8336, 0.9299)	1.5189 (1.3928, 1.649)	1.1644 (1.029, 1.2935)	0.9926 (0.931, 1.0304)	1.0244 (0.8575, 1.1502)	1.2308 (1.1661, 1.4249)	0.9995 (0.9966, 1.0062)	0.8720 (0.849, 0.8902)	0.8789 (0.5702, 0.907)
2010	0.4552 (0.2294, 0.6973)	0.5949 (0.5669, 0.643)	0.7756 (0.498, 0.8573)	0.8619 (0.8578, 0.9292)	1.4488 (1.1439, 1.5561)	0.9267 (0.9136, 1.0263)	1.1437 (1.0513, 1.2211)	0.7984 (0.6896, 0.8526)	1.4008 (1.2719, 1.5352)	0.9936 (0.988, 1.0012)	0.8550 (0.8337, 0.8771)	0.9240 (0.5869, 0.9551)
2011	0.4018 (0.1755, 0.5459)	0.5213 (0.4891, 0.6092)	0.8124 (0.5573, 0.8873)	0.8731 (0.7984, 0.8954)	1.6747 (1.3738, 1.8518)	0.9492 (0.9318, 1.0137)	1.1423 (1.0647, 1.1632)	0.5937 (0.4083, 0.6542)	1.8120 (1.6973, 1.9239)	0.9997 (0.9915, 1.0046)	0.8521 (0.8173, 0.8703)	0.9636 (0.6637, 0.9943)
2012	0.2672 (0.1849, 0.4543)	0.3620 (0.295, 0.4137)	0.8234 (0.6106, 0.8983)	0.6790 (0.6175, 0.7336)	1.8757 (1.6889, 1.8826)	0.7563 (0.5841, 0.8318)	0.6473 (0.5138, 0.6667)	0.7133 (0.5561, 0.8079)	1.8683 (1.5742, 1.9261)	0.9947 (0.9908, 0.9989)	0.8691 (0.8355, 0.8795)	0.9600 (0.7124, 0.9994)
2013	0.2331 (0.2268, 0.3125)	0.3297 (0.3089, 0.3863)	0.8097 (0.5831, 0.8158)	0.6817 (0.614, 0.6971)	2.0675 (1.8772, 2.1821)	0.7280 (0.6598, 0.8145)	0.7396 (0.6783, 0.7503)	0.6722 (0.4674, 0.7055)	1.9338 (1.7276, 2.0904)	0.9832 (0.9821, 0.9893)	0.8928 (0.8623, 0.9017)	0.9290 (0.6688, 0.9437)
2014	0.2247 (0.2077, 0.3992)	0.3211 (0.2454, 0.3771)	0.8276 (0.5954, 0.9185)	0.6521 (0.588, 0.7202)	2.0309 (1.7935, 2.1488)	0.6803 (0.6617, 0.8132)	0.8114 (0.7048, 0.8509)	0.6426 (0.5844, 0.646)	1.8253 (1.7953, 1.8419)	0.9801 (0.98, 0.9874)	0.8668 (0.8574, 0.8835)	0.9838 (0.7005, 0.9915)

第三，产出/投入价格比的恶化主要取决于投入价格的上涨，特别是存款利率的上涨。为此，我们将产出/投入价格比（$TTI_{EUt,U.S.t}$）分解为两个部分：$PI_{EUt,U.S.t}$（即欧洲银行和美国银行之间的产出价格指数）和 $WI_{EUt,U.S.t}$（即欧洲银行和美国银行之间的投入价格指数）。结果显示在表 4 - 11 的第五列和第六列中，可知，$PI_{EUt,U.S.t}$已从 2001 年的 84.4% 下降 22.7% 至 2014 年的 65.2%，占样本期间产出/投入价格比率下降的 45.7%。相比之下，$WI_{EUt,U.S.t}$从 2001 年的 159.8% 增加到 2014 年的 203.1%，增长了 27.1%，占产出/投入比率下降的 54.3%。为了调查 $WI_{EUt,U.S.t}$下降背后的原因，我们还计算了工资指数（用 $W^1_{EUt,U.S.t}$表示）和已购买基金和存款的价格指数（用 $W^2_{EUt,U.S.t}$表示）。结果显示在表 4 - 11 的第六行和第七行中。可以看出，虽然 $W^1_{EUt,U.S.t}$在 2009 年之前的四年内高于 1，但此后一直低于 1，这表明欧洲银行在 2009 年后能够将其人事费用降至美国水平以下。相比之下，$W^2_{EUt,U.S.t}$从 2001 年的 134.4% 增加到 2014 年的 182.5%，这表明欧洲银行的存款利率在样本期间相对于美国银行的存款利率显著增加。$W^1_{EUt,U.S.t}$的下降以及 $W^2_{EUt,U.S.t}$的增长表明，欧洲银行的投入价格恶化主要是由于其相对于美国同行的融资成本或存款利率增加。

第四，欧洲银行的规模效率一直低于美国银行。从最后三行可以看出，欧洲银行的相对规模效率在样本期间一直低于 1（从 2011 年的 0.8521 到 2011 年的 0.9539）。相比之下，欧洲银行的相对技术效率和剩余混合效率一直在 1 附近波动，这意味着规模效率是 TFP 的各组成部分中唯一一个一直对欧洲银行的盈利能力造成负面影响的组成部分。

第六节　结　　论

在过去的十年中，欧洲银行相对于美国银行较差的盈利能力在近期引起了政策制定者和研究者的担忧。在本章中，我们采用了奥唐纳（O’Donnell，2012）的盈利能力分解方法，以揭示欧洲银行与美国银行相比盈利能力较差的原因。具体来说，我们将比较欧洲银行和美国银行在同一时期的盈利能力（$PROFI_{EUt,U.S.t}$）并将其分解为六个解释性因子：（1）同期欧美银行间产出价格指数（$PI_{EUt,U.S.t}$）；（2）同期欧美银行间投入价格指数的倒数$\left(\frac{1}{WI_{EUt,U.S.t}}\right)$；（3）同期欧美银行间技术变更指数（$TFPI^{*}_{EUt,U.S.t}$）；（4）同期欧美银行间技术效率指数（$OTEI_{EUt,U.S.t}$）；（5）同期欧美银行间规模效率指数（$OSEI_{EUt,U.S.t}$）；（6）同期欧美银行间剩余混合效率指数（$RMEI_{EUt,U.S.t}$）。我们对每一个解释性因子都比较了欧洲银行在某一特定领域某一年的表现与美国银行在同一年的表现。如果解释性因素的值小于（大于）1，则表明欧洲银行在相应领域的表现不如（优于）美国银行。因此，通过估计这些解释性因素的值，我们可以确定欧洲银行落后于美国银行的领域。换言之，这种分解可以帮助我们解释为什么欧洲银行的盈利能力不如美国银行。我们使用 DEA 方法估计上述生产力和效率指数。这种方法有两个优点：第一，它不需要对边界的函数形式或随机误差项的分布进行任何明确的假设；第二，没有与估计多投入多产出技术相关的统计问题（例如内生性）。此外，我们还使用西曼与威尔森（Simaramp and Wilson，2000）自助法构造了生产力和效率指数估计的 95% 置信区间。我们将上述框架应用于一个包含了 2001 ~ 2014 年欧洲和美国大型银行的大样本。结果表明，与美国银行相比，欧洲银行的盈利能力不仅很弱，而且随着时间的推移还在恶化。我们的分解表明，欧洲银行相对盈利能力的下降，既受交易指数下降的影响，也受生产力指数下降的影响，前者占主导地位。进一步分析表明，交易指数的下降主要是由于投入价格的显著上涨（尤其是融资成本的增加），而生产力指数的下降主要是由规模效率的下降所导致。

第五章
结　语

前四章主要是基于国外经验以及方法论上的创新，由于篇幅有限，在此我们给出一些针对中国目前形势的议题，可以通过扩展上述方法来进行研究：

第一，全要素生产率是经济增长质量的体现。

党的十九大报告中首次出现“提高全要素生产率”，这就意味着政府的关注点不只局限于经济增长，还更加强调增长的质量，而长远增长的实现依赖于质量的提升。研究和掌握全要素生产率的变化规律和变化机理不仅具有学术价值，同时可以对政府相关部门的决策起到参考作用。研究全要素生产率的第一步在于对其测度。为了便于量化，生产力对于一个生产者来说可以被简单的定义为一种产出与投入比。在这种简单的情况下，即生产者只用一种生产要素来生产一种产品或提供一种服务，这个比率的计算是相当简单的；如果生产者用多种要素来生产多种产品或提供多种服务的话，这个比率的计算就会涉及构建相关的要素和产品的指数。基于此逻辑，接下来，生产力增长（率）便可以被理解为产品指数增长和生产要素指数增长的差异。在给出了生产力及其增长的定义之后，研究生产力的变异机制便成为了一个十分重要的议题。在早期的生产力文献当中，比如早期的阿布拉莫维茨（Abramovitz，1956）、索罗（Solow，1957）以及斯当（Stone，1980）等认为，生产力的波动其实是反映了人们的一种“无知”，就像回归模型中的误差项一样，这种思想一直对生产力研究产生着深刻的影响。学者们把大多时间用在削弱这种残差影响。这种削弱主要体现在最小化在构建产品和要素指数中所产生的观测误差。努力使得所有变量都符合经济理论所构想的某种原生形态。关于“削弱”的方法在格里里奇（Griliches，1996）和 OECD（2001）中有很详细的介绍，在此不做赘述。净化后的生产力可以被进行分解研究以便找到其变化的因素。美国劳工统计局（BLS，2005）和 OECD（2001）总结出生产力变化（不管是对于时间还是在不同生产者之间）主要来自四个方面的动力：（1）生产技术的进步；（2）生产规模的改变；（3）运行效率的提升；（4）其他外部效应的改变。

在这里需要强调为什么要以微观的视角来测度生产力：首先，为了提高和促进各行各业的效能，尤其是跟国家核心竞争力相关的部门与企业的效能，需要区分和识别影响生产力的可控内因（比如效率）与不可控外因。这样会便于政策制定者来检验或测试各种产业政策对影响生产力内因的促进效果，为进一步改进相关政策提供依据。兹克斯等（Zeitsch et al.，1994）的澳大利亚电力输送研究就很好地说明了这一点。其次，上到国家下到行业的效能取决于组成这些主体的微观个体效能。刘易斯（Lewis，2004）关于13个国家跨越12年的生产力研究可以很好地揭示这一点。最后，研究生产力是研究生产者财务效用的关键一环，正如米勒（Miller's，1984）的题目所示"Profitability = Productivity + Price Recovery"，即盈利能力 = 生产力 + 价格补偿。生产力的增长甚至可以抵消价格风险，为企业的财务能力助力。格里菲尔·塔杰和洛维尔（Grifell－Tatje and Lovell，1999）关于西班牙商业银行应对欧元区竞争的研究、萨利安（Salerian，2003）关于澳大利亚铁路运输业应对价格风险的研究、霍里根（Horrigan，1968）与埃隆（Eilon，1984）对于"杜邦（DuPont）三角"关系的研究、班克等（Banker et al.，1993）对于美国电信企业盈利能力的分解研究等均可佐证以上观点。

第二，效率是经济增长质量的核心组成部分。

作为全要素生产率的重要组成部分，"效率"往往受到学术界的关注，无独有偶。党的十九大报告中提到经济发展的三个变革——质量变革、动力变革、效率变革，这三者是高度统一的，政府也认识到最终的经济动力是效率的提升。在学术界，效率（efficiency）与非效率（inefficiency）好像是一个硬币的两面，理解了非效率便会理解效率，反之亦然。库普曼斯（Koopmans，1951）已经给出了关于技术效率的定义，德斌（Debreu，1951）和法雷尔（Farrell，1957）引入了技术非效率（或者技术效率）的测度。遗憾的是非效率的理论模型在学术界至今没有被严格给出（Parmeter and Kumbhakar，2014）。尽管如此，非效率（或效率）的实证研究一刻都没有停止，因为大量的观察证据表示，企业几乎不可能完全实现它们的最优化目标，怎样解释实际产出与最优产出的差距往往需要效率的介入。更重要的是，比如，如何在行业内同质性很强的情形下来解释生产单位之间的生产力差别。有两个例子，第一个是西弗森（Syverson，2011），其研究发现很多相似的美国制造业企业在同样的要素水平下，按生产力排名，处在前10%的企业产能要比排名后10%的企业产能高出一倍。同样的情况也在中国与印度中发生（Hsieh and Klenow，2009）。再比如陈等（Chew et al.，1990）通过研究美国商业食品生产厂家的生产力发现，即便在最大限度保障同质性的情况下选择了40个生产单位，产能最高的单位产能竟是最低者的3倍。进一步控制了其他影响因素后（比如地理原因等），差距仍为两倍。从上述实例中均可看出非效率的身影。因此研究效率对于研究生产率十分重要。回到非效率本身，它可以是技术的（technical）也可以是经济的（economic），完全取决于生产者所追求的目标。如果生产者追求最大化产出，或者最小化要素使用量的话，那么技术非效率可以被定义为其实际产出与理论最优产出的差距，或者实际要素使用量与理论最小要素使用量的差距。如果生产者追求某种经济目标的话，比如追求成本最小，那么成本非效率可以被表示成生产者的实际成本与理论最小成本的差距。应用同样的逻辑，还可以定义收入非效率和利润非效率等。由于理论上的最优生产模式是不可观测的（比如在给定要素用度下最大的产出），实证研究中的效率测度因此具有相对的意义，即所谓某一生产者的技术非效率（或经济效率）是指此生产者的生产模式相对于样本中“最优”生产者的生产模式差距的度量。接下来的重要任务就是怎样从这些可观测的相对效率来更加准确地推断理论上的效率。要达到这一目的很大程度上取决于精准的构建紧扣经济学原理的统计模型，以便更有效地榨取数据中蕴藏的有用信息，这也是本项目的重点努力方向之一。

第三，供给侧改革提振实体经济效率，取得成绩的同时也面临着挑战。

实体经济应是一个健康经济体的发动机，而组成实体经济的各种企业便是这个发动机里的零部件。机器的良好运行离不开各个部件的有效和高效运作。

目前，中国企业债务不论从绝对水平还是企业偿债比率来看，在国际上都是非常高的。供给侧结构性改革在 2015 年提出并大力推行，其很重要的一个面向群体就是振兴中的中国企业，其主要任务可以归纳为“三去一降一补”。其中“三去”中的“一去”，便指的是去杠杆。去杠杆作为一种金融激励政策，最重要是为了控制金融风险，在这方面取得了比较明显的效果。评估去杠杆政策对企业的全要素生产力和生产效率的作用便成为一个很重要的议题。另一项挑战来自要素市场扭曲。白俊红与卞元超（2016）总结要素市场扭曲主要分为劳动力要素市场扭曲和资本要素市场扭曲。劳动力要素市场扭曲的因素可以分为户籍制度限制，劳动力价格限制和市场需求下降。而资本要素市场扭曲的因素可分为政府干预信贷决策、非生产性寻租和政府创新补贴政策。要素市场的扭曲直接影响到资源配置效率，从而影响到全要素生产率。党的十九大报告也提出了，经济体制改革必须以完善产权制度和要素市场化配置为重点，实现产权有效激励、要素自由流动、价格反应灵活、竞争公平有序、企业优胜劣汰。要素市场扭曲主要由劳动力要素市场扭曲和金融市场扭曲组成。政府在消除生产要素自由流动的体制机制障碍方面做了大量工作，其中户籍制度改革红利最为明显，对劳动力市场扭曲有所减轻。但是金融市场的扭曲依然存在，因此评估要素市场扭曲对企业的全要素生产率和生产效率的影响便成为另一个重要议题。不论是去杠杆政策还是要素市场扭曲，从技术的角度来讲，都可以视为生产环境因素。在实证研究中通过测度，这些环境因素可以被环境变量代表。

第四，人力资本对全要素生产率的贡献。

从长期来看，改善人力资源、完善教育体制对全要素生产率和生产效率的改善都起到至关重要的作用。2016 年中共中央印发《关于深化人才发展体制机制改革的意见》中提出，通过推进人才管理体制改革，改进人才培养支持机制，健全人才顺畅流动机制等措施，通过深化改革，力争到 2020 年，在人才发展体制机制的重要领域和关键环节上取得突破性进展。围绕中国“提高全要素生产率”这一长期目标，正确评估在金融激励政策和要素市场扭曲并存的情况下，人力资本对全要素生产率和效率的贡献，评估人力资源改善的实际效果就变得十分重要了。

第五，科技创新型企业是国家成长的源泉。

纵观历史的发展，从西方工业革命开始，驱动整个世界前进的动力就是科学技术的进步。尤其进入 21 世纪后，信息科学、生命科学、宇航技术等领域取得了众多突破性的成果，这些成果很多被转换成生产力，直接推动整个人类社会高速发展。在这个转换的过程中，创新型企业发挥了巨大的作用。因此党的十九大明确提出要加快建设创新型国家，加大对企业创新的扶持力度，鼓励企业与高校、科研机构开展合作创新。国家之所以制定“三去一降一补”的供给侧改革以及大力整顿要素市场，就是为了落实对企业创新的扶持，真正把创新型企业从各种羁绊中解放出来，发挥它们应有的活力，促进中国增长在质量上的改善。

从方法论的角度来说，新的随机前沿模型目前的研究热度依然很高。

1. 半参数/非参数随机前沿模型（semi-parametric/non-parametric SFA model）

随机前沿分析法的发展与微观计量经济学的发展紧密相连，与传统回归模型大类的区别主要集中在两点：其一，在建模过程中需要严格考虑微观理论的种种规范，在有限制条件的情况下对模型的系统参数进行统计推断；其二，非效率通常被作为合成误差项的一个组成部分，另外的组成部分则是传统意义上的随机误差。最早使用计量模型来研究生产函数的方法可以追溯到温斯顿（Winsten，1957）的修正最小二乘法，其后具有代表性的是艾格纳和朱（Aigner and Chu，1968）提出的确定性的生产函数模型，正式把非效率作为误差项来处理。随机前沿模型的基本框架则是由艾格纳等（Aigner et al.，1977）、米豪森和范登布罗克（Meeusen and van den Broeck，1977）几乎在同一时间提出的，合成误差项的概念也随之被确立。大量的学者通过引进和改善计量领域的先进成果，并在此基础上开始迅速推动其发展。包括基于最大似然估计思想的斯迪文森（Stevenson，1980）、格林（Greene，1990）、乔德鲁等（Jondrow et al.，1982）、巴蒂斯和科利（Battese and Coelli，1988），基于面板数据估计方法的施密特和斯克力丝（Schmidt and Sickles，1984），基于贝叶斯估计思想的库普等（Koop et al.，1997），奥唐纳和科埃利（O'Donnell and Coelli，2005）。SFA 模型得到计量经济学家垂青的一个非常重要的原因是，此模型把生产技术与随机噪声（市场冲击/风险等）有机地结合成一个整体，同时又可以把这种噪声与非效率（或效率）进行很好的区别。而且由于 SFA 模型本身是计量模型，所以对系统参数进行常规统计检验也是可行的。随之而来的代价也是显而易见的，就是需要对生产函数的形式或者非效率（或效率）的统计分布做出较为严格的限制，即给定某种含固定参数的函数形式。传统的非参数方法指的是数据包络分析（DEA）及其衍生方法，其最初主要应用在管理学和运筹学领域。沙尔内等（Charnes et al.，1978）首次提出了 DEA 方法；班克等（Banker et al.，1984）在 DEA 中加入了多种规模回报的设定；彼得森（Petersen，1990）对 DEA 的凸性进行了修正；德普锐斯等（Deprins et al.，1984）则彻底放弃凸性从而提出了 FDH（free disposal hull）方法；菲尔等（Fare et al.，1985）运用 DEA 的估计方法研究了一系列的经济效率；西玛和威尔逊（Simar and Wilson，1998）为 DEA 估计量提供了进行统计推断的方法。DEA 领域（理论与实证）在其 40 年的发展中积累了大量的文献，在此就不赘述了。随着面板数据被大量应用，自然而然的也会影响 SFA 的发展，学者们开始利用面板数据的特点，试图放松 SFA 模型中的比较严格的假设。学界在此处的努力主要有两个路径，第一，放松非效率（或效率）的参数分布假设，其中比较重要的研究有施密特和斯克勒（Schmidt and Sickles，

1984)、康威尔等（Cornwell et al.，1990)、李和施密特（Lee and Schmidt，1993)、格里芬和斯蒂奥（Griffen and Steel，2004)、豪斯和帕米特（Horrace and Parmeter，2011)、帕米特等（Parmeter et al.，2014)、冯等（Feng et al.，2019)。第二，使用非参数或者半参数计量模型设定，以此来放松生产函数（或其他函数）的线性函数形式（包括超越对数)，这方面比较显著的研究包括范等（Fan et al.，1996)、昆巴卡尔等（Kumbhakar et al.，2007)、撒和昆巴卡尔（Sun and Kumbhakar，2013)、帕克等（Park et al.，2015)、马丁斯和姚（Martins - Filho and Yao，2015)、姚等（Yao et al.，2017)。本书目前也主要打算在第二条路径上继续推进半参数 SFA 模型的发展，因为本书注意到，可以针对改进较不灵活的生产函数形式（或其他函数）以减少模型设定误差的影响，虽然经过前人的努力，非参数或半参数 SFA 模型在近十年内得到了长足发展，但是主要的模型都是建立在核估计的基础上。核估计的主要缺点是：（1）计算相对复杂而且存在收敛速度缓慢的情况，因为核估计主要是基于“局部”估计的思想；（2）一些经济学理论假设或限制很难在核估计中被加入，这一点大大限制了非参数模型在生产力测度中的应用。(3）在处理内生变量的问题上比较烦琐。由于本书在实证研究中使用的是面板数据，因此对面板数据中存在的截面相关问题和空间相关问题也会考虑，而忽略上述相关问题会导致对非效率的估计出现偏误。在面板数据中处理截面相关和空间相关的文献也比较丰富，如白（Bai，2009)、贝利等（Bailey et al.，2013)、卡帕特斯等（Kapetanios et al.，2014)。

2. 外部性对生产力和生产效率的影响

过去的半个世纪中，无论在经济学，管理学或是运筹学等领域，量化企业的生产力和生产效率的早期用途是为了给管理者提供评估企业运行状况的指标化依据，而关于一系列外部性因素（或者称为环境变量）对于生产力的影响的研究大大丰富了这个领域的内容。第一个例子来自研究竞争与生产力的关系，早期的观点比如希克斯（Hicks，1935）认为，追求生产效率的优化是在高强度的市场竞争环境下为了生存而采取的手段，随着企业垄断力的增强，这种追求效率的意愿将会降低。鲍莫尔（Baumol，1959)、戈登（Gordon，1961）与威廉森（Williamson，1964）的研究表明，拥有更大市场力量的企业会更游刃有余地选择最大化自身的效用（utility）而并不是只关注利润或生产。因为利润最大化可能只是其效用最大化的一个组成部分，甚至是达到某些特定目标的一个限制条件。伯杰和汉南（Berger and Hannan，1998）关于在高市场聚集度下美国银行业的实证研究表明，美国大银行的成本效率相对比较低。随着市场的开放、国际交易的频繁和市场竞争的加剧使企业重新重视对生产力和生产效用的提升。卡尔松（Carlsson，1972）的实证研究中发现了瑞典企业的生产效能与国内市场保护力度的反向关系；泰布特和韦斯特布鲁克（Tybout and Westbrook，1995）、帕夫尼克（Pavcnik，2002）与斯克（Schor，2004）的实证研究发现，在诸多拉美国家中存在的生产力与开放程度的正向关系，均可以佐证外部竞争刺激企业提高生产效率这一观点。作为外部性影响的另一经典例子，政府对市场的管控行为是另一个在学界、政界和商界被广泛讨论的议题。比如在研究“回报率监控政策”对发电企业效用的影响中，一些理论和实证研究（Bogetoft，2000）发现，此政策对于发电企业的发电效能有负面影响，进而影响到电价。再如对环保政策与企业效能关系的研究，从波特（Porter，1991）开始，人们认识到经过精心设计的环保规则很有可能刺激企业创新，提升其效能，甚至增加其利润。安贝克和巴拉（Ambec and Barla，2002）、菲尔等（Fare et al.，1989，1993）、雷因哈德等（Reinhard et al.，1999）与波尔等（Ball et al.，2004）在农业领域的实证与理论研究都可以佐证上述论点。影响企业生产力和效率的外部因素也包括企业所有制。不光在中国，在发达国家中关于所有制对经济活动的影响也是一个由来已久的议题，此研究主要集中在教育、医疗、能源等行业。相关的研究包括尼斯卡宁（Niskanen，1971）、德阿莱西（de Alessi，1974）、林赛（Lindsay，1976）、汉斯曼（Hansmann，1988）、佩斯蒂奥和图尔肯（Pestieau and Tulkens，1993）、贾马什和波利特（Jamash and Pollitt，2001）等基本倾向于表示公有制企业在效率上，尤其是在成本效率上要逊于私有制企业，其原因很可能是公有制企业本身的目标和限制条件都与私有制企业不同。以上的简短文献回顾充分说明，来自多个方面的外部性与企业的生产效率有着密不可分的联系，因此，找到外部性的作用机制便成为一个很重要的研究方向。本书主要关注两个具体的外部性对创新型企业生产行为的影响：（1）要素市场配置；（2）政府的最新金融激励政策之一：去杠杆。

3. 市场外部性对创新企业创新效率的影响

要素市场扭曲作为影响生产效率的市场外部性因素将会是本书实证研究部

分的重点关注之一。近年来，国内学界对要素市场扭曲的微观层面的生产力和效率影响十分关注，比如白俊红与卞元超（2016）运用SFA模型等其他模型发现劳动力要素市场扭曲和资本市场扭曲对创新生产效率损失具有显著正向影响。林伯强与杜克锐（2013）使用固定效应SFA模型发现要素市场扭曲对我国能源效率的提升有显著负面影响。戴魁早与刘友金（2016）利用构建理论模型发现要素市场扭曲显著地抑制了企业或产业创新效率的提高，而要素市场扭曲对创新效率产生的抑制效应存在边际贡献递减规律。本书认为，要素市场的扭曲，尤其是劳动力要素市场的扭曲，与人力资本有着紧密的联系。要素市场扭曲应该通过某种机制来影响人才资源的配置，从而影响生产力和生产效率。国内比较相关的研究有：袁志刚和解栋栋（2011）、龚关和胡关亮（2013）发现纠正生产力错配可以在很大程度上提高TFP。盖庆恩等（2013）采用封闭的两部门经济模型得出了，若消除劳动力市场扭曲，中国劳均产出将会增加。马颖等（2018）运用CHIP行业数据测算出人力资本错配对行业产出和经济总产出的影响。目前国内还缺乏有机的把人力资本和要素市场扭曲结合起来，或者说在控制了所有要素（劳动和资本）市场的扭曲程度后，提炼出人力资源对（技术，成本，收益等）效率的实际影响，从而在此基础上检验它们对生产率的影响机制的研究。从计量建模的角度来讲，目前国内无论是在人力资本与生产力的实证研究中，还是在要素市场扭曲与创新效率的实证研究中，虽然大量使用面板数据模型（比如固定效应SFA），但是基本都是参数模型，而且忽略了面板数据中存在的截面相关问题（cross-sectional dependence），以及不可观测的异质性问题，以上技术问题的忽略都会对参数的统计推断造成不利影响（产生较大偏误等）。本书在实证与计量层面上有望弥补以上的不足。

4. 金融激励政策对创新企业创新效率的影响

金融激励政策作为另一个外部性因素也被本书考虑在内。自“去杠杆”被列为供给侧结构性改革的重要任务以来，国内涌现了大量的相关文献，主要集中于探讨经济或企业高杠杆率的特征事实和形成原因。中国企业杠杆率存在结构性差异，大型国有企业的杠杆率更高（陆正飞等，2015；任泽平和冯赟，2016；钟宁桦等，2016）。其中利差管制、银行经营偏好（朱太辉等，2018）、外资管制放松（蒋灵多和陆毅，2018）以及金融渠道获利增加（刘贯春等，2018）等是推动高企业杠杆率增长的重要原因。此外，信贷配给和软预算约束的存在，使得金融资源产生产权错配和行业错配，助推了近年企业部门杠杆率的猛增（牛斐，2018；蒋灵多和陆毅，2018；郑曼妮和黎文靖，2018；王宇伟，2018）。

仅有少量研究进一步探讨了如何推进企业去杠杆问题。通过已有研究发现，杠杆率水平和结构与经济增长之间存在显著的负相关关系，降杠杆在一定程度上会促进经济的复苏和增长。当杠杆率增长速度过多偏离经济增长速度时，会对实体经济形成挤压效应，从而抑制经济增长（陈颖和缪海斌，2018）。国外众多研究也表明，较高的财务杠杆对企业行为绩效具有显著的负向效应（Ghosh，2008；Matsa，2011；Phillips and Sertsios，2013；Kini et al.，2016），同时舒拉里克和泰勒（Schularick and Taylor，2012）从宏观层面指出，信贷增长与杠杆率的迅速提高往往是金融危机爆发的前兆。基于此，刘贯春等（2018）认为，当期金融资产持有份额增加会降低下一期的银行信贷需求，使得金融资产持有份额上升，并将有助于降低企业杠杆率。王红建等（2018）认为，放松利率管制不仅能够显著抑制企业过度负债，加快资本结构调整速度，而且可以延长企业债务期限。郑曼妮和黎文靖（2018）则认为市场竞争能够推动企业去杠杆，原因在于市场竞争之下企业经营风险上升，未来现金流的不确定性增强，导致过度负债国企较难获得外源融资，从而实现去杠杆目标。

5. 关键生产要素在市场外部性和金融激励的影响下对企业效率的贡献

本书所关注的另一个方向是在以上两种外部性的共同作用下，人力资本对生产率和效率的推动到底有多少。因为卢卡斯（Lucas，1988）、罗默（Romer，1990a）、波尔（Barro，1990，1997）等提出的新增长理论指出，由于新技术是由人才创造、吸收与运用的，因此人力资本在生产力增长中拥有重要的地位（Kneller，2005；Kneller and Stevens，2006）。本哈比卜和斯毕各（Benhabib and Spiegel，1994）的实证研究进一步佐证了此理论。国外的文献在此方面的实证研究大多集中在国家间的比较上，而且结论上也不甚一致，具体内容可以参见米勒和乌帕迪亚（Miller and Upadhyay，2000，2002）与奥洛夫斯多特（Olofsdotter，1998）。之前研究的诟病之处主要集中在所使用的回归模型没有很好地控制住不可观测的异质性，同时也存在着较大模型设定误差的风险（Rodriguez，2006）。近年来西玛等（Simar et al.，2015）与马斯特罗马克和西马尔（Mastromarco and Simar，2017）从模型层面提出了一套解决上述问题的方法，本书利用和改进他们的方法用以研究本书的相关内容。国内研究人力资本与生产力的文献主要分为两大类：第一类侧重于宏观层面，主要关心人力资本的投入和质量与（全国或地区）经济增长的关系，比如程惠芳与陈超（2017）、刘智勇等（2018）、李世刚与尹恒（2017）、黄燕萍等（2013）、罗勇等（2013）；第二类侧重于微观层面，这也是本书所关注的大方向。国内在此方向的研究文献也比较丰富，近期的文献有：李左峰（2013）研究创新型企业创新投入要素的产出弹性估计；刘善仕等（2017）指出上市企业人力资本社会网络的中心度和结构洞与企业创新绩效显著正相关；陈维涛等（2014）发现地区出口企业的生产率增长有助于中国人力资本的积累；梁文泉与陆铭（2016）发现人力资本对于服务业企业产生的正外部性主要体现在大企业中。

参考文献

[1] 白俊红、卞元超:《要素市场扭曲与中国创新生产的效率损失》,载于《中国工业经济》2016年第11期,第39~55页。

[2] 陈维涛、王永进、李坤望:《地区出口企业生产率、二元劳动力市场与中国的人力资本积累》,载于《经济研究》2014年第49期,第83~96页。

[3] 陈颖、缪海斌:《降杠杆会抑制经济增长吗?——国际实证与中国观察》,载于《国际金融研究》2018年第8期,第3~12页。

[4] 程惠芳、陈超:《开放经济下知识资本与全要素生产率——国际经验与中国启示》,载于《经济研究》2017年第52期,第21~36页。

[5] 戴魁早、刘友金:《要素市场扭曲与创新效率——对中国高技术产业发展的经验分析》,载于《经济研究》2016年第51期,第72~86页。

[6] 盖庆恩、朱喜、程名望、史清华:《要素市场扭曲、垄断势力与全要素生产率》,载于《经济研究》2015年第50期,第61~75页。

[7] 龚关、胡关亮:《中国制造业资源配置效率与全要素生产率》,载于《经济研究》2013年第48期,第4~15页。

[8] 黄燕萍、刘榆、吴一群、李文溥:《中国地区经济增长差异:基于分级教育的效应》,载于《经济研究》2013年第48期,第94~105页。

[9] 李世刚、尹恒:《政府—企业间人才配置与经济增长——基于中国地级市数据的经验研究》,载于《经济研究》2017年第52期,第78~91页。

[10] 李欣泽、陈言:《金融摩擦与资源错配研究新进展》,载于《经济学动态》2018年第9期,第100~114页。

[11] 李左峰:《创新型企业创新投入要素的产出弹性估计》,载于《管理世界》2013年第2期,第176~177页。

[12] 梁文泉、陆铭:《后工业化时代的城市:城市规模影响服务业人力资本外部性的微观证据》,载于《经济研究》2016年第51期,第90~103页。

[13] 林伯强、杜克锐：《要素市场扭曲对能源效率的影响》，载于《经济研究》2013 年第 48 期，第 125 ~ 136 页。

[14] 刘贯春、张军、刘媛媛：《金融资产配置、宏观经济环境与企业杠杆率》，载于《世界经济》2018 年第 41 期，第 148 ~ 173 页。

[15] 刘善仕、孙博、葛淳棉、王琪：《人力资本社会网络与企业创新——基于在线简历数据的实证研究》，载于《管理世界》2017 年第 7 期，第 88 ~ 98 页。

[16] 陆正飞、何捷、窦欢：《谁更过度负债：国有还是非国有企业?》，载于《经济研究》2015 年第 50 期，第 54 ~ 67 页。

[17] 罗勇、王亚、范祚军：《异质型人力资本、地区专业化与收入差距——基于新经济地理学视角》，载于《中国工业经济》2013 年第 2 期，第 31 ~ 43 页。

[18] 马颖、何清、李静：《行业间人力资本错配及其对产出的影响》，载于《中国工业经济》2018 年第 11 期，第 5 ~ 23 页。

[19] 聂辉华、贾瑞雪：《中国制造业企业生产率与资源误置》，载于《世界经济》2011 年第 34 期，第 27 ~ 42 页。

[20] 牛斐：《国有企业软预算约束对资本结构的影响研究》，载于《管理世界》2018 年第 34 期，第 182 ~ 183 页。

[21] 盛誉：《贸易自由化与中国要素市场扭曲的测定》，载于《世界经济》2005 年第 6 期，第 29 ~ 36 页。

[22] 苏启林、赵永亮、杨子晖：《市场冲击、要素扭曲配置与生产率损失——基于出口企业订单波动的经验研究》，载于《经济研究》2016 年第 51 期，第 101 ~ 115，158 页。

[23] 涂正革、肖耿：《中国的工业生产力革命——用随机前沿生产模型对中国大中型工业企业全要素生产率增长的分解及分析》，载于《经济研究》2005 年第 3 期，第 4 ~ 15 页。

[24] 王红建、杨筝、阮刚铭、曹瑜强：《放松利率管制、过度负债与债务期限结构》，载于《金融研究》2018 年第 2 期，第 100 ~ 117 页。

[25] 王宇伟、盛天翔、周耿：《宏观政策、金融资源配置与企业部门高杠杆率》，载于《金融研究》2018 年第 1 期，第 36 ~ 52 页。

［26］姚战琪：《生产率增长与要素再配置效应：中国的经验研究》，载于《经济研究》2009 年第 44 期，第 130～143 页。

［27］袁堂军：《中国企业全要素生产率水平研究》，载于《经济研究》2009 年第 44 期，第 52～64 页。

［28］袁志刚、解栋栋：《中国劳动力错配对 TFP 的影响分析》，载于《经济研究》2011 年第 46 期，第 4～17 页。

［29］曾先峰、李国平：《资源再配置与中国工业增长：1985～2007 年》，载于《数量经济技术经济研究》2011 年第 28 期，第 3～18 页。

［30］郑曼妮、黎文靖：《中国过度负债企业去杠杆——基于资本结构动态调整视角》，载于《国际金融研究》2018 年第 10 期，第 87～96 页。

［31］钟宁桦、刘志阔、何嘉鑫、苏楚林：《我国企业债务的结构性问题》，载于《 经济研究》2016 年第 51 期，第 102～117 页。

［32］朱太辉、魏加宁、刘南希、赵伟欣：《如何协调推进稳增长和去杠杆？——基于资金配置结构的视角》，载于《管理世界》2018 年第 34 期，第 25～32 页。

［33］Abramovitz M. Resource and output trends in the United States since 1870. American Economic Review，1956（46）：5－23.

［34］Aigner D.，Chu S. On estimating the industry production function. American Economic Review，1968（58）：826－839.

［35］Aigner D.，Lovell C.，Schmidt P. Formulation and estimation of stochastic frontier production function models. Journal of Econometrics，1977（6）：21－37.

［36］Alessandri P.，Nelson B. Simple banking：profitability and the yield curve. Journal of Money，Credit and Banking，2015（47）：143－175.

［37］Altunbas Y.，Chakravarty S. Frontier cost functions and bank efficiency. Economics Letters，2001（72）：233－240.

［38］Ambec S.，Barla P. A theoretical foundation of the Porter hypothesis. Economics Letters，2002（75）：355－360.

［39］Bai J. Panel data models with interactive fixed effects. Econometrica，2009（77）：1229－1279.

［40］Bailey N.，Holly S.，Pesaran M. Modelling spatial dependence with pairwise correlations. Working Paper, University of Cambridge, 2013.

[41] Ball V., Lovell C., Nehring R., Luu H. Incorporating environmental impacts in the measurement of agricultural productivity growth. Journal of Agricultural and Resource Economics, 2004 (29): 436 – 460.

[42] Banker R., Chang H., Majumbar K. Analyzing the underlying dimensions of firm profitability. Managerial and Decision Economics, 1993 (14): 25 – 36.

[43] Banker R., Charnes A., Cooper W. Some models for estimating technical and scale inefficiencies in data envelopment analysis. Management Science, 1984 (30): 1078 – 1092.

[44] Barro R. Government spending in a simple model of endogenous growth, Journal of Political Economy, 1990 (98): S103 – S125.

[45] Barro R. Determinants of Economic Growth, The MIT Press, Cambridge, MA, 1997.

[46] Battese G., Coelli T. Prediction of firm level technical efficiencies with a generalized frontier production function and panel data. Journal of Econometrics, 1988 (38): 387 – 399.

[47] Baumol W. Business behaviour, value and growth. New York: Macmillan, 1959.

[48] Benhabib J., Spiegel M. The role of human capital in economic development. Evidence from aggregate cross-country data, Journal of Monetary Economics, 1994 (34): 143 – 173.

[49] Berger A., Deyoung R. Problem loans and cost efficiency in commercial banks. Journal of Banking and Finance, 1997 (21): 849 – 870.

[50] Berger A., Hannan T. The efficiency cost of market power in the banking industry: A test of the quiet life and related hypotheses. Review of Economics and Statistics, 1998 (80): 454 – 465.

[51] BLS. Multifactor productivity trends, 2002. Bureau of Labor Statistics, US Department of Labor, 2005.

[52] Bogetoft P. DEA and activity planning under asymmetric information. Journal of Productivity Analysis, 2000 (13): 7 – 48.

[53] Carlsson B. The measurement of efficiency in productivity: An application to Swedish manufacturing industries. Swedish Journal of Economics, 1972 (74): 468 –485.

[54] Cazals C., Florens J., Simar L. Nonparametric frontier estimation: A robust approach, Journal of Econometrics, 2002 (106): 1 –25.

[55] Cecchetti S., Kharroubi E. Reassessing the impact of finance on growth. BIS Working Papers, 2012.

[56] Charnes A., Cooper W., Rhodes E. Measuring the efficiency of decision making units. European Journal of Operational Research, 1978 (2): 429 –444.

[57] Chew B., Clark K., Bresnahan T. Measurement, coordination and learning in a multi-plant network, in R. Kaplan, ed., Measures for Manufacturing Excellence, Harvard Business School Press, Boston, 1990: 129 –162.

[58] Cornwell C., Schmidt P., Sickles R. Production frontiers with cross-sectional and time-series variation in efficiency levels. Journal of Econometrics, 1990 (46): 185 –200.

[59] Daraio C., Simar L. Conditional nonparametric frontier models for convex andnon convex technologies: A unifying approach, Journal of Productivity Analysis, 2007 (28): 13 –32.

[60] De Alessi L. An economic analysis of government ownership and regulation: Theory and the evidence from the electric power industry. Public Choice, 1974 (19): 1 –42.

[61] Debreu G. The coefficient of resource utilization. Econometrica, 1951 (19): 273 –292.

[62] Deprins D., Simar L., Tulkens H. Measuring labour efficiency in post offices. In M. Marchand, P. Pestieau, and H. Tulkens, eds., The Performance of Public Enterprises: Concepts and Measurement. Amsterdam: North – Holland, 1984.

[63] Eilon S. The art of reckoning – Analysis of performance criteria. London: Academic Press, 1984.

[64] Fan Y., Li Q., Weersink A. Semiparametric estimation of stochastic production frontier models. Journal of Business and Economic Statistics, 1996 (14):

460 – 468.

[65] Fare R., Grosskopf S., Lovell C. The measurement of efficiency of production. Boston: Kluwer – Nijhoff Publishing, 1985.

[66] Fare R., Grosskopf S., Lovell C., Pasurka C. Multilateral productivity comparissons when some outputs are undesirable: a nonparametric approach. Review of Economics and Statistics, 1989 (71): 90 – 98.

[67] Fare R., Grosskopf S., Lovell C., Yaisawarng S. Derivation of shadow prices for undesirable outputs: a distance function approach. Review of Economics and Statistics, 1993 (71): 90 – 98.

[68] Farrell M. The measurement of productive efficiency. Journal of the Royal Statistical Society, Series A, General, 1957 (120): 253 – 282.

[69] Feng G., Serletis A. Efficiency, technical change, and returns to scale in large US banks: panel data evidence from an output distance function satisfying theoretical regularity. Journal of Banking and Finance, 2010 (34): 127 – 138.

[70] Feng G., Wang C. Why European banks are less profitable than U. S. banks: a decomposition approach. Journal of Banking and Finance, 2018 (90): 1 – 16.

[71] Feng G., Wang C., Zhang X. Estimation of inefficiency in stochastic frontier models: a Bayesian kernel approach. Journal of Productivity Analysis, 2019 (51): 1 – 19.

[72] Ghosh, Saibal. Leverage, foreign borrowing and corporate performance: firm-level evidence for India. Applied Economics Letters, 2008, 15 (8): 607 – 616.

[73] Goddard J., Molyneux P., Wilson S. The profitability of European banks: a cross-sectional and dynamic panel analysis. The Manchester School, 2004 (72): 1 – 19.

[74] Gordon R. Business leadership in the large corporation. Berkeley: University of California Press, 1961.

[75] Greene W. A gamma-distributed stochastic frontier model. Journal of Econometrics, 1990 (46): 141 – 163.

[76] Grifell – Tatje E., Lovell C. Profits and productivity. Management Science, 1999 (45): 1177 – 1193.

[77] Griffin J., Steel M. Semiparametric bayesian inference for stochastic frontier models. Journal of Econometrics, 2004 (123): 121－152.

[78] Griliches Z. The discovery of the residual: a historical note. Journal of Economic Literature, 1996 (34): 1324－1330.

[79] Griliches Z., Regev H. Firm productivity in Israeli industry 1979－1988. Journal of Econometrics, 1995, 65 (1): 175－203.

[80] Hansmann H. Ownership of the firm. Journal of Law, Economics and Organisation, 1988 (4): 267－304.

[81] Hicks J. The theory of monopoly: A survey. Econometrica, 1935 (3): 1－20.

[82] Horrace W., Parmeter C. Semiparametric deconvolution with unknown error variance. Journal of Productivity Analysis, 2011 (35): 129－141.

[83] Horrigan J. A short history of fanatical ratio analysis. Accounting Review, 1968 (43) 284－294.

[84] Hsieh C., Klenow J. Misallocation and manufacturing TFP in China and India. Quarterly Journal of Economics, 2009 (124): 1403－1448.

[85] Jamash T., Pollitt M. Benchmarking the regulation: international electricity experience. Utilities Policy, 2001 (9): 107－130.

[86] Jondrow J., Lovell C., Materov I., Schmidt P. On the estimation of technical inefficiency in the stochastic frontier production model. Journal of Econometrics, 1983 (19): 233－238.

[87] Kapetanios G., Mitchell J., Shin Y. A nonlinear panel data model of cross-sectional dependence. Journal of Econometrics, 2014 (179): 134－157.

[88] Kini O., Shenoy J., Subramaniam V. Impact of financial leverage on the incidence and severity of product failures: evidence from product recalls. The Review of Financial Studies, 2016, 30 (5): 1790－1829.

[89] Kneller R. Frontier technology, absorptive capacity and distance. Oxford Bulletin of Economics and Statistics, 2005 (67): 1－24.

[90] Kneller R., Stevens P. Frontier technology and absorptive capacity: Evidence from OECD manufacturing industries. Oxford Bulletin of Economics and Statis-

tics, 2006 (68): 1 -21.

[91] Koop G., Osiewalski J., Steel M. Bayesian efficiency analysis through individual effects: hospital cost frontiers. Journal of Econometrics, 1997 (76): 77 - 105.

[92] Koopmans T. An analysis of production as an efficient combination of activities. In T. C. Koopmans, ed., Activity Analysis of Production and Allocation. Cowles Commission for Research in Economics Monograph No. 13. New York: John Wiley and Sons, 1951.

[93] Kumbhakar S., Park B., Simar L., Tsionas E. Nonparametric stochastic frontiers: a local maximum likelihood approach. Journal of Econometrics, 2007 (137): 1 -27.

[94] Lee Y., Schmidt P. A production frontier model with flexible temporal variation in technical efficiency, in K. L. H. Fried and S. Schmidt, eds. The Measurement of Productive efficiency. Oxford University Press, Oxford, United Kingdom, 1993.

[95] Lewis W. The power of productivity. Chicago: University of Chicago Press, 2004.

[96] Lindsay C. A theory of government enterprise. Journal of Political Economy, 1976 (84): 1061 -1077.

[97] Li Q., Racine J. Nonparametric econometrics: theory and practice. Princeton University Press, 2007.

[98] Lucas R. On the mechanics of economic development. Journal of Monetary Economics, 1988 (22): 3 -42.

[99] Mamatzakis E., Staikouras C., Koutsomanoli - Filippaki A. Bank efficiency in the new european union member states: is there convergence? . International Review of Financial Analysis, 2008 (17): 1156 -1172.

[100] Martins - Filho C., Yao F. Nonparametric stochastic frontier estimation via profile likelihood. Econometrics Reviews, 2015 (34): 413 -451.

[101] Mastromarco C., Serlenga L., Shin Y. Modelling technical efficiency in cross sectionally dependent stochastic frontier panels. Journal of Applied Econometrics, 2016 (31): 281 -297.

[102] Mastromarco C., Simar L. Cross – section dependence and latent heterogeneity to evaluate the impact of human capital on country performance. Working Paper, 2017.

[103] Matsa D. A. Running on empty? Financial leverage and product quality in the supermarket industry. American Economic Journal: Microeconomics, 2011, 3 (1): 137 – 173.

[104] Maudos J., Pastor J., Pérez F. Cost and profit efficiency in european banks. Journal of International Financial Markets, 2002 (12): 33 – 58.

[105] Meeusen W., Van Den Broeck J. Efficiency estimation from Cobb – Douglas production functions with composed error. International Economic Review, 1977 (18): 435 – 444.

[106] Mendoza E. G. Sudden stops, financial crises, and leverage. American Economic Review, 2010, 100 (5): 1941 – 1966.

[107] Miller D. Profitability = productivity + price recovery. Harvard Business Review, 1984 (62): 145 – 153.

[108] Miller S., Upadhyay M. The effects of openness, trade orientation, and human capital on total factor productivity. Journal of Development Economics, 2000 (63): 399 – 423.

[109] Miller S., Upadhyay M. Total factor productivity, human capital and outward orientation: differences by stage of development and geographic regions. Department of Economics Working Paper Number 2002 – 03, University of Connecticut, 2002.

[110] Niskanen W. Bureaucracy and representative government. Chicago: Aldine Publishing Co, 1971.

[111] O'Donnell C. Nonparametric estimates of the components of productivity and profitability change in U. S. agriculture. American Journal of Agriculture Economics, 2012 (94): 873 – 890.

[112] O'Donnell C., Coelli T. A Bayesian approach to imposing curvature on distance functions. Journal of Econometrics, 2005 (126): 493 – 523.

[113] OECD. OECD productivity manual: a guide to the measurement of industry

level and aggregate productivity growth. Paris: Organisation for economic cooperation and development, 2001.

[114] Olley G. S., Pakes A. The dynamics of productivity in the telecommunications equipment industry. Econometrica, 1996, 64 (6): 1263 - 1297.

[115] Olofsdotter K. Foreign direct investment, country capabilities and economic growth. Weltwirtschaftliches Archiv, 1998 (134): 534 - 547.

[116] Orea L. Parametric decomposition of a generalized malmquist productivity index. Journal of Productivity Analysis, 2002 (18): 5 - 22.

[117] Park B., Simar L., Zelenyuk V. Categorical data in local maximum likelihood: theory and applications to productivity analysis. Journal of Productivity Analysis, 2015 (43): 199 - 214.

[118] Park K., Weber W. A note on efficiency and productivity growth in the Korean banking industry, 1992 - 2002. Journal of Banking and Finance, 2006 (30): 2371 - 2386.

[119] Parmeter C., Kumbhakar S. Efficiency analysis: a primer on recent advances. Foundations and Trends in Econometrics, 2014 (7): 191 - 385.

[120] Parmeter C., Wang H., Kumbhakar S. Nonparametric estimation of the determinants of inefficiency. Department of Economics, University of Miami, Working Paper Series, 2014.

[121] Pavcnik N. Trade liberalization, exit and productivity improvement: evidence from Chilean plants. Review of Economics Studies, 2002 (69): 245 - 276.

[122] Pestieau P., Tulkens H. Assessing and explaining the performance of public enterprises. Finanzarchiv, 1993 (50): 293 - 323.

[123] Petersen N. Data envelopment analysis on a relaxed set of assumptions. Management Science, 1990 (36): 305 - 314.

[124] Phillips G., Sertsios G. How do firm financial conditions affect product quality and pricing? Management Science, 2013, 59 (8): 1764 - 1782.

[125] Portela M., Thanassoulis E. Malmquist-type indices in the presence of negative data: an application to bank branches. Journal of Banking and Finance, 2010 (34): 1472 - 1483.

[126] Porter M. America's green strategy. Scientific American April, 1991.

[127] Reinhard G., Lovell C., Thijssen G. Econometric estimation of technical and environmental efficiency: An application to Dutch dairy farms. American Journal of Agricultural Economics, 1999 (81): 44-60.

[128] Rodriguez F. Cleaning up the kitchen sink: On the consequences of the linearity assumption for cross-country growth empirics. Mimeo, Wesleyan University, Middletown, CT, 2006.

[129] Romer P. Endogenous technological change. Journal of Political Economy, 1990a (98): S71-S102.

[130] Salerian J. Analysing the performance of firms using a decomposable ideal index number to link profit, prices and productivity. Australian Economic Review, 2003 (36): 143-155.

[131] Schmidt P., Sickles R. Production frontiers and panel data. Journal of Business and Economic Statistics, 1984 (2): 367-374.

[132] Schor A. Heterogeneous productivity response to tariff reduction: Evidence from Brazilian manufacturing firms. Journal of Development Economics, 2004 (75): 373-396.

[133] Schularick, Moritz, and Alan M. Taylor. Credit booms gone bust: monetary policy, leverage cycles, and financial crises, 1870-2008. The American Economic Review, 2012 (2): 1029-1061.

[134] Sherman H., Gold F. Bank branch operating efficiency: evaluation with data envelopment analysis. Journal of Banking and Finance, 1985 (9): 297-315.

[135] Simar L., Vanhems A., Van Keilegom I. Unobserved heterogeneity and endogeneity in nonparametric frontier estimation. Journal of Econometrics, 2015.

[136] Simar L., Wilson P. Sensitivity analysis of efficiency scores: How to bootstrap in nonparametric frontier models. Management Science, 1998 (44): 49-61.

[137] Simar L., Wilson P. A general methodology for bootstrapping in nonparametric frontier models. Journal of Applied Statistics, 2000 (27): 779-802.

[138] Solow R. Technical change and the aggregate production function. Review of Economics and Statistics, 1957 (39): 294-301.

[139] Stevenson R. Likelihood functions for generalized stochastic frontier estimation. Journal of Econometrics, 1980, (13): 57 – 66.

[140] Stone G. Whittling away at the residual: some thoughts on Denison's growth accounting. Journal of Economic Literature, 1980 (18): 1539 – 1543.

[141] Sun K., Kumbhakar S. Semiparametric smooth-coefficient stochastic frontier model. Economic Letters, 2013 (120): 305 – 309.

[142] Syverson C. What determines productivity? Journal of Economic Literature, 2011 (49): 326 – 365.

[143] Tybout J., Westbrook M. Trade liberalization and the dimensions of efficiency change in Mexican manufacturing industries. Journal of International Economics, 1995 (39): 53 – 78.

[144] Wagner W. Diversification at financial institutions and systemic crises. Journal of Financial Intermediation, 2010, 19 (3): 373 – 386.

[145] Williamson O. The economics of discretionary behaviour: managerial objectives in a theory of the firm. Englewood Cliffs, NJ: Prentice – Hall, 1964.

[146] Winsten C. Discussion of Mr. Farrell's paper. Journal of the Royal Statistical Society Series A, General, 1957 (120): 282 – 284.

[147] Yao F., Zhang F., Kumbhakar S. Semiparametric smooth coefficient stochastic frontier model with panel data. Journal of Business and Economic Statistics, 2017.

[148] Yao S., Jiang C., Feng G., Willenbockel D. On the efficiency of Chinese banks and WTO challenges. Applied Economics, 2007 (39): 629 – 43.

[149] Zeitsch J., Lawrence D., Salerian J. Comparing like with like in productivity studies: apples, oranges and electricity. Economic Record, 1994 (70): 162 – 170.